被误读的美国

——美国生活读本

马巨 著

光明日报出版社

图书在版编目（CIP）数据

被误读的美国：美国生活读本 / 马巨著.
—北京：光明日报出版社，2016.12
ISBN 978-7-5194-2543-2

Ⅰ.①被… Ⅱ.①马… Ⅲ.①社会生活—美国—通俗读物
Ⅳ.①D771.28-49

中国版本图书馆 CIP 数据核字（2017）第 021717 号

被误读的美国：美国生活读本

作　　者：马　巨

责任编辑：郭玫君　　　　责任校对：程　刚
封面设计：李尘工作室　　责任印制：曹　净
策　　划：马　奕

出版发行：光明日报出版社
地　　址：北京市东城区珠市口东大街 5 号，100062
电　　话：010-67078258（咨询），67078870（发行），67019571（邮购）
传　　真：010-67078227，67078255
网　　址：http：//book.gmw.cn
E - mail：gmcbs@gmw.cn caoyang@gmw.cn
法律顾问：北京德恒律师事务所龚柳方律师

印　　刷：北京高岭印刷有限公司
装　　订：北京高岭印刷有限公司

本书如有破损、缺页、装订错误，请与本社联系调换
开　　本：710mm×1000mm　1/16
字　　数：264 千字　　　　印　　张：13.875
版　　次：2017 年 3 月第 1 版　　印　　次：2023 年 4 月第 2 次印刷
书　　号：ISBN 978-7-5194-2543-2

定　　价：38.00 元

目录

1 没有中国就没有美国

中国人习惯于“以此类推”的认识方法去看美国，往往迷惑，因为美国最大的特点，就是没有两个地方的事情是完全一样的。比如，美国各州结婚的法定年龄不尽相同，买醉的法定年龄也不尽相同；各州、甚至各城市对高速公路的时速限制也不尽相同。反之，许多在中国人看来绝对不应该相同的事情，在美国却偏偏相同。比如，美国的首都所在地称之曰华盛顿，却不妨再有一个名之曰华盛顿的州，也不妨在全国范围之内再有二十九个华盛顿县和十三个华盛顿市。新泽西州有一个普林斯顿市，也不妨在其他十二个州各自另有一个普林斯顿市。佛罗里达既已有座滨海名城迈阿密，也不妨俄亥俄州和印第安纳州再各有一远处内陆的迈阿密县。

相对于中央集权制的政治体制，美国是地方自治的联邦制。即使在美国生活多年的中国人，也未见得都意识到美国是一个自治联邦。因为中国从来没有过联邦制，从而欠缺联邦制的意识。美国政府称为“联邦政府”（federal government）。虽说这联邦政府也就是美国的中央政府，却不同于中国传统的中央集权式的中央政府，而是地方分权式的中央政府。二者的区别，简言之，在于美国联邦政府同地方政府的关系不是上下级的统辖关系，而是上下层的分工关系。美国联邦政府不仅不统辖地方政府，甚至也不能依靠地方政府在当地替其执行日常的行政工作。因此，美国联邦政府在各地区都设有办事处，以便处理诸如社会福利、移民、税收、社会调查等等由联邦政府负责的行政。这些办事机构往往集中在称之为联邦大厦的楼房里。若干年前被反联邦政府分子炸毁的俄克拉荷马城的联邦大厦，就是其中之一。联邦政府在各州分设办事处的做法，同中国各省在中央政府所在地首都北京设立办事处的做法，形成截然相反的对比，由此可见美国的联邦政府不同于中国的中央政府。

美国联邦政府为总统制而非总理制，没有国务院的机构，没有国务院总理的职位，各部部长直属总统。换言之，所谓 Department of State，其实不过是外交部而已。然而，中文对 Department of State 的惯用译名却是国务院，从而又产生“国务卿”、“国务院发言人”等等一系列误译。根据美国的法律，外交部长确为内阁之首席，但首席也好，次席也好（次席为财政部长），末席也好，都是同级的部长，没有上下级的关系，总之，即非总理制的政府，何来国务卿？此外，席位的高低，是就法律而言的地位，实际上哪个部长更有权势，还得看总统器重谁。比如，肯尼迪总统任上最有势力的部长是司法部长，因为司法部长是总统的老弟。尼克松任上的外交部长罗杰斯徒有其名，不是内阁成员的总统国家安全事务助理基辛格却是负责外交的实际人物。“国务院”与“国务卿”等等的错误译名使不少中国人误以为美国联邦政府属于总理制，误以为所谓的“国务卿”相当于中国的“国务院总理兼外交部长”。

1980年作者初来美国的时候，想要在商店里找到一件中国制造的商品，除非去所谓的“中国城”（China Town）。“中国城”以外，名副其实踏破铁鞋无觅处。不出二十年，情形大变。1997年《美国日报》有一篇题为 A ‘made in China’day in USA 的专题报道，兹摘要如下，括号内的文字为作者注释：

6：00：

闹钟把你唤醒。你的闹钟下面十之八九贴着“中国制造”的标签。进口闹钟有三分之二以上来自中国，无论是通用电气公司的、带无线电和录音机的黑漆漆的闹钟，还是黄橙橙的“肥猫”闹钟，一律都是中国货。

（通用电气公司生产的无线电·录音机·闹钟三位一体或无线电·闹钟两位一体由来已久，家有通用电气公司的闹钟，可视为美国传统生活方式。“肥猫”闹钟则是新近流行的玩意儿，“肥猫”，英文原文为 Garfield the Cat，是美国流行漫画和由流行漫画而衍生的流行玩具中的一只胖得可爱的黄猫。举这两种闹钟为例，其意在于说明无论身为保守的传统分子，还是赶时髦的人物，都逃不过中国这一关。）

6：10：

走进洗澡间。挂在浴缸上的塑料帘子大概也是中国货。如果你有胆上磅秤，而磅秤又恰好是 Health O Meter 的出品，你的磅秤也必定是中国做的。你的 Vidal Sassoon Slim Setter 牌卷发器和 Clairol Son of a Gun 牌吹风机，也想必印着“中国制造”的字样。

（美国人多在洗澡间放一磅秤，以便沐浴之后看看减肥没有。说“有胆”，是取笑大多数人的体重在不断增加，遂不敢面对现实。Health O Meter，Vidal Sassoon Slim Setter，和 Clairol Son of a Gun 都是时下最普通的牌子。）

7：00：

走进厨房，你的 Delonghi 牌磨咖啡器，Black & Deck 公司生产的 Brew N Go 牌咖啡壶和 Faberware 牌茶壶，也都是中国货。厨房里的杯盘碗盏的背面，也极可能印着“中国制造”四个字。

（Delonghi，Brew N Go，与 Faberware，都是时下最流行的产品。）

7：30：

穿衣准备上班。衣服是中国进口货中最重要的一部分，中国货占有16%的美国市场，价值60亿美元。从女人的丝巾到男人的衬衫，哪一样都少不了中国货。

8：00：

开车上路。旁边汽车里的人正在使用手机。你可知道27%的进口手机来自中国？

9：00：

坐在办公室环顾四周，从台灯、拍纸簿、日历、曲别针、订书机、镜框，到电子日程表、拼写查错器、防雷击插头，几乎没有一样办公用品不是中国产品。

12：00：

午休时换上球鞋出去散步。街上行人脚上穿的球鞋有一半是中国货，包括Nike、Converse等名牌产品。除去球鞋，各种体育用品，从鱼钩、旱冰鞋，到自行车、游泳用具等等，统统都不乏中国进口货。34%以上的进口鱼钩，37%以上的进口戏水器材，25%的进口自行车，全都来自中国。

18：30：

下班回家，看看有没有电话录音。18%的进口电话录音机市场为中国货。

走进厨房，你的炊具少不得会有些来自中国，21%的进口金属炊具是中国产品。Sunbeam公司的开罐头器是中国做的，Cuisinart公司的切削器也是中国做的。

19：00：

准备餐桌吃晚饭。桌布和餐巾，无论是棉的还是塑料的都可能是中国货。

吃过晚饭，孩子们拿出玩具来玩，又可能是来自中国的货色。中国玩具占进口玩具市场的45%。生产洋娃娃“芭比”和各种迪斯尼玩具的Mattel公司三分之一的产品都在中国生产。

20：30：

你踱进休息室，想听听音乐或看看电视。进口录音带和录像带的47%来自中国，其中不乏美国、日本和欧洲名牌。Universal Electronic公司的通用电视遥控器也是中国的产品。

23：00：

该睡觉了。红缎子的Victoria’s Secret睡衣是中国货，人造丝的内裤也是中国货。

（Victoria's Secret，是美国最受欢迎的女用内衣品牌。）

熄灯上床，床头柜上的台灯，同办公室的台灯一样，极可能来自中国。

如果你的床单属于低档，也许是美国货；如果是高档的 Windsor Heirloom 的手工产品，那又是来自中国的东西。

好了，临睡前别忘了上好你那中国做的闹钟。

《美国日报》的这篇报道发表在中美两国因贸易之争几乎爆发一场关税壁垒之战的前夕，其用意似乎是在提醒美国政府：闹僵了对美国并没什么好处。根据这篇文章的说法，美国人一天到晚都离不开中国货，简直可以说没有中国就没有美国了。事实当然并非如此。这倒不是说这篇文章有夸大不实之嫌。其实，美国市场上来自中国的产品还远不止该文提到的这些。比如，作者所有的五金工具，从起子、榔头、钳子、扳子，到钻头、锯条，都是来自中国。

说“事实当然并非如此”的理由有三。理由之一，美国市场上的中国货虽然种类繁多，但都属于日常生活的小品，没有科技、国防、交通等高端产品。

理由之二，中国货基本上因为便宜而畅销，有的产品质量尚需改进。比如，作者买过一部中国出产的电话，本有储存电话号码的功能，可这功能三个月之后就失效了。以为不巧买了个不合格的次品，到店里去换了一个，三个月后出了同样的毛病。

理由之三，所谓中国货，虽在中国生产，却不是中国的品牌，不是中国的设计，只不过在中国设厂制造而已。什么时候美国人需要仰仗中国的科技、国防、交通产品，视“中国制造”四字为“高贵”和“精美”的代名词，靠生产中国设计的产品而挣取外汇，那才真是没有中国就没有美国的时候。

90 年代初，作者碰到过一些人，对外国公司在中国投资设厂，利用中国的廉价劳动力等等，皆有不满之辞，说中国人的钱都叫外国人挣走了云云。这种说法其实是出于对商业的无知。劳动力无论多便宜，只要不是免费或倒贴，都是投资者的一项支出而非收入，收入永远是来自买方而不是来自劳动力。生产的东西如果卖不出去，无论劳动力多便宜，投资者都会亏损而不会获利。

作者问这些人家中有无彩色电视？都说有。有无自动洗衣机？都说有。有无电冰箱？都说有。有无电话？也都说有。90 年代以前可曾有过其中任何一件？大都说没有。由此可见，投资与接受投资实乃互惠互利之举，外国人从中国赚了钱，中国人也从外国赚了钱。让美国和其他外国人来中国投资是起步的基础，到美国和其他外国去投资是起步的目标。有基础固然不一定能实现目标，没有基础则肯定一无所有。

2 生活琐谈

2.1 衣装首饰

俗话说："佛要金装，人要衣装"。这话恐怕是放之四海而皆准的真理。不过，如何衣装，却不能不入境问俗，否则，搞不好会闹笑话。八十年代秋季学期开学当天，有两名从北京来的留学生穿西服、系领带，规规矩矩踏进美国某大学的教室。待师生到齐之后，这两位远方的来客赫然发现只有他们是衣冠楚楚之士。其余的人，从长衣长裙、鞋袜整齐，到背心短裤、赤脚拖鞋的都有，唯独没有穿西服、系领带的。当时从国内来的留学生极少，美国大学相当重视，晚间特为欢迎这两位首次从中国来的留学生举行了一次宴会。两位留学生吸取白天的教训，傍晚时双双便装赴宴。岂料行至宴会场所，又赫然发现唯有他们是衣冠不整之徒。其余的来客，包括白天赤脚拖鞋进教室者在内，无不西服笔挺、裙带翩翩。那时候，中国门户初开，外出者不多，因不谙美国人的衣装习俗而闹出这类笑话不足为奇。

所谓"习俗"，其实也就是"时尚"，既因地而异，亦因时而异。比如，美国大公司大都有所谓服饰条款（ dress code ），规定男女员工应当穿什么衣着上班。上个世纪 80 年代中期以前，服饰条款大都趋向保守，上班族非西服革履不可。如今的服饰条款大都规定为 business casual。所谓 business casual，大致相当于中国所谓的"休闲装"。美国西海岸有些公司尤其自由化，甚至听任员工穿短裤、拖鞋。云集东海岸纽约市华尔街的投资银行，则一向是美国保守势力的坚强堡垒，如今华尔街的上班族，不仅仍是西服笔挺，而且大都依然是三件头的西服笔挺，缺了背心都不成；不仅仍是革履笔挺，而且大都依然是系鞋带的皮鞋，没鞋带的皮便鞋也不成。

至于美国的大学，则无论东南西北，也无论是州立还是私立，一概受制于自由派。自由派的特点之一，在于强调个人生活的自由。如何穿衣，正属个人生活，因而在美国大学里，怎么穿衣一律听君自便，甚至穿与不穿都好像是个可以争议的问题。教授身着牛仔裤、足蹬球鞋来上课，司空见惯。柏克莱加利福尼亚大学一名男生走极端，竟然脱得一丝不挂在校园里招摇，这才引起物议，成为全国性的新闻。

在美国做生意，善于推销远比质量优良更加重要。有钱大做广告，质量再平常也照样能畅销；反之，则质量再好也不免乏人问津。替服装业做广告，本当是时装模特的差事。如今当红的时装模特虽然无不身价百万，在服装广告上最出风头的，却不是时装模特，而是体育明星。在各行运动之中，又尤以篮球明星与网球明星的风头最劲。时装模特替服装业做广告，无非是上天桥扭腰摆臀，或者去海滩三点泳装，卖点在于“色相”。体育明星做广告则不然，只消同服装公司签署一纸合同，同意穿该公司的运动服或球鞋上场，就可以让绿油油的美钞滚滚而来。球星们在球场上的收入固然动辄以百万计，靠服装广告合同挣来的钱往往更出其上。

不过，商业合同不是儿戏。既签署，就得照合同办事。1992 年夏季奥运会，美国为了夺回男子篮球冠军的称号，派出以头号职业篮球明星麦克·乔丹为首的所谓“梦之队”。不巧的是，同美国男子篮球队签定服装广告合同的公司，与同乔丹个人签有服装广告合同的公司，恰是商场上的竞争对手，乔丹因此而进退两难。倘若不履行合同，罚款自不在话下，而且会影响以后的商机。倘若履行合同，穿一身与队友不同的衣服亮相，美国观众会怎么想？乔丹不够爱国？唯利是图？总之，对乔丹的形象不会有什么好影响。乔丹究竟会怎么办？美国体育记者猜测纷纷，莫衷一是。不知是乔丹聪明过人，还是得了高人指点，但见他在上台领奖之际，用一面美国国旗掩盖住自身与众不同的服装，既体现了爱国主义精神，又不违背商业契约，一举两得，令人拍案叫绝。

提起乔丹，难免不想起以他绰号“空中飞人”命名的球鞋。在乔丹退役之前，不管扭开哪一电视频道，都少不得同“空中飞人”球鞋的广告打几个照面。这类球鞋广告不仅填满了球星的腰包，也把球鞋的生意搞得轰轰烈烈。如今美国举国上下不分男女老幼，穿球鞋已蔚然成风。脚穿球鞋，手提高跟鞋，临进办公室再换鞋，也成了大多上班女士的日常作业。几年前，某女明星上台颁发奥斯卡金奖时，身披一袭玲珑剔透的夜礼服，足蹬一双傻大笨粗的球鞋，令全场观众为之轰动。居然有些老实人以为伊人一时疏忽，临上台时忘了换上高跟鞋，把球鞋广告商的杰作好端端给糟蹋了。

除去聘请这批索价动辄巨额的明星，美国服装业也颇善利用分文不取的义务推销员。记得小时候在中国时，每逢买件新衣，回家第一件事就是找把剪刀把衣服上的商标给剪掉。那些商标也往往草草地缝在极不起眼的地方，仿佛有自会被剪掉的自知之明。美国服装业想必是聘请了心理学家做高参，把凡人的虚荣之心琢磨得透亮。凡是名牌货，或是把商标做得奇大、缝得奇密实，或是采用彩线绣在最显眼的地方，而那些舍得花大钱买名牌的顾客，也一个个巴不得有机会挂着这些名牌商标招摇过市，心甘情愿充当服装商的义务推销员。

美国的成衣买卖大致分为三个层次。廉价百货公司出售便宜货。便宜货之所以能便宜，原因不外乎三：其一，货源来自劳动力便宜的中国、东南亚，或南美洲诸国。其二，没有名牌商标，用不着支付高昂的设计费用。其三，廉价百货公司本身的开销低。高档百货公司与一般的成衣专卖店做中上层次的生意。这一层次的服装价格相去颇远。比如，一件纯棉的男衬衫可以从二三 十美元到一二百美元。女服的差价更大，比如，一件丝绸女衬衫可以从七八 十美元到七八千美元。高档成衣店则专做上层的买卖。一般来说，在这类商店出售的款式，不大可能在其他商店找得到。在竞争激烈的美国市场，各类商品都须寻找自我的市场位置。高档成衣店价格高昂，非中产阶级所能问津，如果没有各自的特点，如何能够吸引大富大贵之家？

在经营中档成衣零售生意的公司之中，最成功的要数 Gap（盖普）。盖普由杜纳德·费舍尔夫妇于 1968 年创业于旧金山，2007 年 3 月的营业额为 159 亿美元，2008 年 3 月的股票市场价格为 144 亿美元。据 2006 年 10 月的统计数字，盖普在世界范围内总共雇佣 15 万员工、经营 3,143 家分店。盖普经营的成衣分为三个品牌，高档的称香蕉共和国（Banana Republic），中档的称盖普（Gap），低档的称老海军蓝（Old Navy）。三个品牌都在中国出售，也许因为其档次差别不怎么为中国人所熟知，三个品牌在中国的价位竟然相去不远。

盖普的主要竞争对手是 Limited Brands，简称为 Limited。2007 年 3 月 Limited Brands 的营业额为 100 亿美元，股票市场价格为 110 亿美元，二者均不及 Gap。不过，Limited Brands 于 1982 年收购的 Victoia's Secret 后，却经营得极其出色。Victoia's Secret 专卖女人的内衣，大量雇佣世界一流模特，堪称以“色相”为卖点的最为成功的例子。1988 年，Limited Brands 又收购了 Arercrombie & Fitch。Arercrombie & Fitch 以富有家庭出身的中学生为其营业对象，也做得相当成功。

还有一类百货公司，比如 Marshalls、T. J Maxx、Poss 等专做高档百货公司的处理品生意。处理品缘何而来？大抵因季节更替或时尚变换，一些高档百货公司须将未能及时出售者清仓，以便购进新品种。但凡善于购物者，都可在这类百货公司用较低的价格买到高档衣服鞋袜。缺点是号码、颜色、款式都可能不齐全，不能任意挑选。北京秀水街也卖所谓的名牌，不过，秀水街卖的，并非这类处理品，甚至也不是名牌的残次品，而是彻头彻尾的名牌赝品，不仅手工极差，用料也甚次。如果不会砍价，必然吃亏上当。

鞋帽生意在中国是一种有别于其他服装的专卖行业，美国却不见盛锡福一类的鞋帽专卖商店。戴帽子的习惯曾经在西方风行过数百年，如今却成为陈迹了。女帽在铺子里倒还看得到，只是街上难得看到戴帽子的女人，男式礼帽则近乎绝迹。如今美国男人似乎只会戴印着某某职业棒球队队徽的棒球便帽，既不美观，亦乏实用之处。同帽子的命运不同，鞋子的生意在美国却一枝独秀，在各大商场中，鞋店的数量总是排名第一。同衣服买卖一样，鞋子买卖也分三个层次。廉价百货公司和廉价鞋店卖便宜货，货源大都来自中国。高档百货公司卖价格中等的鞋，货源大都来自美国或巴西。高档鞋店往往只卖某一种欧洲名牌。比如，想要买意大利名牌“古奇”（ Gucci ）非去“古奇”专卖店或者最高档的百货公司专为古奇安排的柜台。意大利名牌皮鞋价钱昂贵不比寻常，不过物有所值。男鞋底薄而耐磨，鞋帮看上去铮铮硬挺，穿起来却温柔体贴。女式高跟鞋的制作更有不可企及之奥妙。不少初次见到意大利高跟鞋的女士不信邪，以为看上去一样的高跟鞋，穿在脚上不可能产生两样不同的感觉。但是，一经试穿意大利高跟鞋，绝对是爱不释脚。

作者侨居美国的30年间，大小城市跑过不下四五十座，居住半年以上的地方也不下十处，正式的裁缝铺却只看见过一两家。其中一家在旧金山湾区的一个小镇上，一个极小的门面，几个东倒西歪的中文写着“香港裁缝专家”，连块英文招牌也没有，可见这家裁缝铺虽然地处美国，却并不属于美国社会。美国裁缝铺为什会这么罕见？因为在美国量体裁衣已经不是中产阶级所能支付得起的事，裁缝铺作为一个行当从而在社会上近乎绝迹。不过，改衣的生意倒是比比皆是。凡是高档百货公司和成衣店都会雇用裁缝替顾客修改衣服。据作者之见，改衣这一行之所以兴旺不衰，同美国服装买卖的经营方式不无关系。以香港为例，凡是上下装成套的衣服，一律上装和下装分两边悬挂，任顾客自行选择搭配。美国人却不然，大多把上下身事先配套，不容顾客拆散和重新组合，显然是认为上身穿几号几码衣者，下身一定得着几号几码裤或裙。有些中国人盛赞美国人的这种配套出售方式为科学管理，实际情形与这种认识大相庭径，标准身材者其实是踏破铁鞋无觅处。这种经营方式的结果是，但凡买套装，不在腰袖领裆边脚等处做番修改，难以上身。不过，令改衣生意兴隆旺盛的更为重要的原因，恐怕还是美国人的减肥。凡是有过减肥经验的人想必都会知道：减肥不难，难在保持减肥的效果。对于大多数减肥者来说，往往重复忽胖忽瘦的过程。人胖了，衣服不改不成；人瘦了，衣服不改也不成，改衣业因而总是有生意。

有人说服式的翻新其实不过是炒剩饭，无非是从高领到低领，再从低领到高领，从窄袖到宽袖，再从宽袖到窄袖，从裸背到袒胸，再从袒胸到裸背。这话不为无理，却也不尽然。有些样式，比如男装的燕尾服，女装的伞式百褶裙，终于一去不复返。十几年前，怀旧感强烈的美国总统里根恋恋不忘燕尾服，有些趋炎附势之徒于是特意定做燕尾服去参加里根的就职典礼，真是所谓上有所好，下有所阿。结果燕尾服还是不成气候，只落得昙花一现的下场。究其原因，在于衣服毕竟不是纯粹供欣赏的艺术品，不能同现实的生活方式脱节。如今的美国人要开车、下厨、剪草、上下自动扶梯、出入飞机，不再能着燕尾服或伞式百褶裙过悠哉游哉的绅士、小姐、太太的日子。

其实，真正变不出花样的，还不是衣服的式样，而是做衣的料子。除去人造纤维的创新之外，几千年来衣服的原料无非是棉麻丝革。不言而喻，皮毛是一切衣料的鼻祖，在今天也是最贵的衣料。近年来反对以皮毛为衣料的运动在美国颇为活跃。不过，反对的不是奢侈，而是着眼于仁慈，以为猎取野兽的皮毛残酷无情。这话听来不为无理，但是，每逢看到这些反对穿皮衣的人上街示威时个个足蹬皮鞋、腰系皮带，就忍不住要发笑。难道只有猎取灰鼠、银狐、紫貂、金钱豹之属才算残酷无情，屠宰牛类却无碍于成为大慈大悲的救世主？

如今运动装在美国极为流行，特别流行 的是现代的职业运动服。这种好尚使得以生产运动装为主的耐克（ Nike ）成为美国当前最大的服装公司，1994年耐克的利润高达三亿二千三百万美元。耐克的主要竞争对手锐步（ Reebok ）同年获利二亿五千四百万美元，居服装业的第三席。耐克与锐步在美国的名声名副其实家喻户晓，美国人脚下穿的球鞋十之八九不是耐克就是锐步的产品。这两家公司也是使“中国制造”这四个字深入美国人心的有功之臣，因为两家公司都在中国大规模生产球鞋，致使今天美国市场上的球鞋有一半来自中国。

美国的制衣业集中在纽约市,该市有 25 万人受雇于制衣这一行，居各行各业之首。由于制衣工厂用不着多大的资本就能开张，纽约有不少小规模、作坊式的制衣公司。这些地方的工作环境极差，工资更是低得出奇。美国有最低工资法，旨在杜绝过份的剥削。最低工资法规定每小时的工资不得低于一定数字。然而，道高一尺，魔高一丈。制衣业大都采取计件不计时的方式支付工资，得以规避最低工资法。有位国内来的朋友曾经在纽约一家中国人开的制衣作坊做过几天，一天 8 小时挣得的工资仅够供三餐。这位朋友本不是干这一行的，手头不够熟练。熟练工人当不会凄惨以至于此，但也好得有限。待遇如此菲薄，如果不是走投无路，谁也不会愿意在这种地方干下去。走投无路者大都是非法移民，在其他地方找不到工作机会。某电视台曾经派遣记者闯入纽约市华人区某制衣厂，企图采访工人，揭发制衣业的黑暗。无奈在车间里做工的大都是非法移民，唯恐被摄入镜头，从而招来官司，一见记者从前门进来，立刻拔腿从后门逃走，来不及跑的，都急忙伏案埋头。情形既然如此，记者自然是未能如愿采访。

美国的时装设计业也集中在纽约市，时装设计属于艺术，纽约市一向领导美国的艺术潮流，所以，纽约之成为时装设计业中心，自不足为奇。美国的时装设计水平如何？要看你问谁。有人嘲笑美国人错把牛仔装当时装，言外之意是：美国的时装设计尚未入流。不错，美国人无论男女老幼皆喜欢牛仔装 。牛仔裤配球鞋，大概是美国最普通的装束。记得初见牛仔装之时，不禁暗笑：不就是劳动布缝制的工作服么？那会儿北京工厂的女工，都在下班之前把劳动布工作服换下才上街回家的。究其原因，当然是觉得劳动布工作服不美。如今的牛仔装依旧类似劳动布的工作服，仅仅因为来自美国，就被国人视之为时尚，可见所谓美丑，本来并无定论。再退一步说，即使牛仔装配不配时装的称号，毕竟是美国的土产，美国人乐此不疲，无可厚非。

衣服的功能本在于御寒与遮羞，美观只能算是附带的作用。纯粹为美观而穿戴的是首饰。时下流行的首饰不外乎项链、耳环、手镯、戒指，与古时无异。作者在中国的时候，起先是不兴戴首饰，尔后首饰干脆成了禁品。岂料如今首饰在中国大行其道，以至世界黄金价格竟因中国首饰市场的需要而猛增。真是所谓三十年河东，三十年河西！

美国人也酷好首饰，女孩儿三四岁就去钻耳洞，男孩儿也不甘示弱，一个个早早地戴上项链；女人戴耳环者十居其九，男人戴耳环也屡见不鲜。不过，美国人似乎不像中国人那样热衷于金首饰或首饰中的含金量。木、石、塑料首饰的市场相当大，即使仅就金首饰而言，其含金量也没有24K的，充其量不过18K，10K、12K、或14K者大行其道。90年代初，一位朋友的妻子从国内来，下机伊始就叫丈夫带她去买金项链，说金首饰可以保值，免受通货膨胀之害。做丈夫的对此不甚了了，带妻子来问作者。作者告诉她说：黄金同美国货币之间的关系早已不复存在，所谓美金，其实不过是一张纸，依靠的不再是黄金储备的支持。黄金在今天如同其他上市的物品，诸如白金、白银、赤铜、蔗糖、大豆、棉花一样，价格随市场供求关系而浮动，并不具有恒定的价值。况且，美国金首饰中的含金量低，金首饰的价格同金子的价格之间也不存在恒定的比例。一席话说完，看她仍然一副将信将疑的神情，顺手扭开电视，在专门报道交易场所行情的频道，指给她看金价的浮动，再换到电视购物频道，让她看金首饰50%大减价的广告，如此总算是把她打发走了。可是，没隔几天，朋友告诉作者：她还是买了金项链，理由是既然在大减价，为何不趁此机会捡便宜？

戴首饰者的心理，应当是爱美。但据说有些美国人戴首饰乃别有用心。比如，耳环本是成双成对的，有人却仅挂一只。为何单挂一只？据说是同性恋的标志。有人对男人戴耳环，尤其是单戴一只耳环，看不顺眼。辛辛纳提棒球队的女老板就是其中之一，她对其麾下男球员挂耳环深致不满，口出恶言，结果招惹官司。又是赔礼又是道歉，才大事化小。据报道，戴不戴耳环，戴单还是戴双，是宪法赋予的人权，由不得他人指手划脚。可就在女老板招惹官非的同时，德克萨斯州发生一件类似的官司。一名男性小学生把头发梳成个鸡尾巴，校方处以禁闭处罚。学生家长大怒，把学校告到法院，法官却拒不受理。为何不受理？法官的解释是：校有校规，法院管不着。看来，怎么戴耳环在美国是受宪法保护的，怎么留头发却不见得。

2.2 饮食烟酒

美国流行一则所谓“好日子”和“苦日子”的笑话，这则笑话好像有几个不同的版本，但无论是哪一版，“苦日子”总是和“英国的厨子”分不开，可见英国人的不会做菜是公认的。说起英国厨子手段之糟糕，作者30年前在香港时曾有过一次亲身体会。一位既富且贵的英国学生邀作者到她高踞太平山顶的家中共进晚餐。主人共客人一起不过四位，侍候的佣人却有七八个之多。肴馔由其自英国祖家带来的家庭专用厨师制作，经由几传方才端上长大的餐桌，上桌之后又由专人负责切割分配，杯盘刀叉也是几经更换，排场不可谓不小。可惜的是菜肴一律色香味俱无，形同嚼蜡。幸而英国人不兴敬菜，客人曰不吃，主人绝不强加；客人按刀叉不动，也听其自便。否则，这顿晚餐就实在难以为继了。

美国人不是英国人，但美国人既然继承了英国文化，美国人的不会吃，可想而知。不过，还是不妨举个例子。1986年美国同法国、意大利同时派遣部队，以联合国维和部队的名义驻进黎巴嫩。不久，圣诞节来临，美国ABC电视网特派记者前往黎巴嫩实地采访三国驻军阵地圣诞大餐的实况。记者首先来到美军驻地，只见美国士兵或三五成群席地而坐，或形影相伴倚墙而立，或捧汉堡包狼吞，或持可口可乐牛饮。记者然后来到法军驻地，但见长条桌一字儿排开，士兵将校分两行就席；台布洁白，刀叉闪光；高瓶矮罐错杂相陈，大盘小碟各就其位；釜中的汤肴热气腾腾，杯中的醇酒晶莹透亮。记者最后来到意大利驻军阵地，所见与法军阵地略同，秩序或稍逊之，气氛则有过之无不及。这一系列对比鲜明的镜头把美国人的不谙饮食之道表现得淋漓尽至。电视记者在报道时，也不得不耸肩张手做无可奈何状。

谈美国人的食，不能不谈快餐；谈快餐，不能不谈“麦当劳”，麦当劳公司之所以名为麦当劳，是因为当初有麦当劳氏两兄弟狄克和麦克，1948年在加利福尼亚小镇圣伯纳蒂诺开的一家专做汉堡包的外卖店。麦当劳氏兄弟筚路蓝缕之功自不可没，但是，如果没有雷·克洛克其人，恐怕就不会有今天在全球饮食业称王称霸的麦当劳公司。克洛克本是搅拌器推销员，因推销生意来到麦当劳氏兄弟的那家小店。这人显然是推销高手，一眼就看出麦当劳的汉堡包大有被推销上市的前途，遂毅然放弃推销搅拌器，同麦氏兄弟签下一纸合同，成为麦当劳专利字号的经纪人。

这里所说的“专利字号”，指的是英文的franchise。一般英汉字典都把franchise译作“专利”。其实，与中文的“专利”相对应的英文应当是patent而不是franchise。Franchise的本义指商品的推销权，如今往往用来指打着同一注册的招牌，遵照同一经营方式，做同一种生意的联营企业。专利字号的拥有者大都开设第一家营业点，并通过广告征求他人入伙。入伙者要缴纳一定的入伙费和公积金，并保证按照专利字号管理机构制订的章程做买卖，然后用自己的资金开设一家或多家专利字号营业点。各入伙商家自负盈亏，专利字号的管理机构负责广告、推销，以及其他涉及专利字号全面生意的事务。一个成功的专利字号往往能够广集小股资本，把一个名不见经传的字号发扬光大成为广为人知的招牌。

成功的专利字号企业在美国屡见不鲜，但成功得像麦当劳的例子却绝无仅有。1955年克洛克在芝加哥近郊开张第一家麦当劳，不出三年，麦当劳联营企业的营业额就上升至1,100万美元。两年后，营业额又翻三倍，增至3,800万美元。1961年克洛克用2,700万美元从麦当劳氏兄弟手中买下专利字号的所有权，并于同年在芝加哥创办麦当劳学校，专门培训麦当劳企业管理人员。1994年麦当劳的营业总额创下83亿美元的新记录，同年麦当劳的股票市场价格高达230多亿美元。股票市场价格是随时变化的，十四个年头过去了，2008年的3月某日，麦当劳的市场价格为690亿美元。同年同月同日，赫赫有名的通用汽车公司的市场价格不过130亿美元，杜邦财团的市场价格不过430亿美元，均为麦当劳之下。

麦当劳在钱财上的成功固然令人垂涎三尺，但麦当劳的成功还有更令人可望而不可及的另一面，姑名之曰社会性的成功。如今麦当劳不仅已成为美国快餐业的代名词、餐馆业的象征，而且俨然已成为美国社会的一快招牌。正是这种社会性的成功，令人谈美国饮食，不能不谈快餐；谈快餐，不能不谈麦当劳。也正是这种社会性的成功，令麦当劳的创始者克洛克在1990年荣登美国《生活周刊》“20世纪最重要的美国人”的名人榜。

也许有人会问：麦当劳公司何以能把世界上规模最大的麦当劳开到素以美食著称的中国首都北京，并且宾客盈门？首先，北京本地居民就有上千万之众，外来流动人口又不下几百万，只消有1%的人去尝新吃一回，就够麦当劳忙个够的了。其次，麦当劳的东西只是乏味，并不难吃。乏味而不难吃的东西自然有个“还可吃”的口碑。有口碑如此，也就不难招引更多的人勇于一尝，甚至一尝而再尝。第三，崇欧美者大有人在。不信的话，不妨假想麦当劳来自非洲某个角落，如今宾客盈门的景象不变换成门可罗雀才怪。

美国的快餐固然以麦当劳最为成功，不过，麦当劳的食客始终以儿童为主。到了上高中的年纪，即使原本为麦当劳铁杆拥护者，也大都弃麦当劳而不顾。至于披萨，情形就不同了。儿童对披萨的热衷也许远不如对汉堡包，不过，随着年龄的增长，美国人对披萨的爱好渐趋浓厚，很多大学生皆以披萨为其主要快餐选择，成家立业之后，大都对披萨的嗜好有增无减。倘若望文生义，也许会以为汉堡包来源于德国的汉堡，实则为美国的土产，同德国的汉堡拉扯不上任何关系。至于披萨，则的确源出意大利。不过，在美国最流行的披萨却是所谓纽约式的披萨，其次为芝加哥式的披萨，反而与意大利不着边际。美国最大的披萨联营店，就是在中国颇为成功的必胜客（Pizza Hut）。必胜客的披萨没什么特点可言，大抵属于纽约式。芝加哥式披萨基本上不出芝加哥地区，远不如纽约式普及。究其原因，恐怕是芝加哥式披萨烤制费时太久，称不上是快餐。为何费时过久？因为芝加哥式披萨不仅有馅儿，而且馅儿厚得多至两寸左右，非烤 45 分钟不熟。作者在芝加哥大学就读时，不时光顾一家校园附近的披萨店，照例提前一小时打电话预订，方能免于久候苦等。

美国人固然不会吃，也不讲究吃，但如果用麦当劳、披萨、或任何形式的快餐来概括美国菜，恐怕连美国人也会大喊冤枉。无论汉堡包、披萨之类的快餐如何流行，毕竟是不登大雅之堂的流外品，入流的美国菜应当首推牛排。在美国无论走南到北，也无论居城居乡，四处可见“牛排馆”，可见牛排之普及。一般美国大学的食堂都是自助餐型，各式荤素随意取食，牛排则大都一周仅见一次，而且各人只能取食一块，可见牛排是美国人的牙祭。在餐馆叫一客牛排，照例是两道菜。有些餐馆第一道菜任客人在汤和沙拉之中择一，有的餐馆则只供应沙拉，没有选择余地。然而，无论有无选择，这第一道菜大都乏味。倘若是汤，一般都太咸。美国的沙拉同中国西餐馆常见的沙拉大异其趣，既无荤腥，亦无土豆，清一色凉拌蔬菜。浇头倒是有多种供选择，多到作者至今搞不清究竟有多少种。比较流行的沙拉浇头有“千岛”（Thousand Island），“农场”（Ranch），“意大利”（Italian），“法兰西”（French）等。档次稍高的餐馆大都会问客人要不要胡椒，倘若要，服务员就会从木制葫芦形的容器里现磨出少许黑胡椒来撒在沙拉上。低档的餐馆没有这一套，但餐桌上总是会有一小瓶胡椒，中国的胡椒尚白，美国的胡椒却是黑的好。

牛排大概有两、三种款式，最常见的是所谓纽约牛排，最高档的牛排称之为 Filet Mignon，源出法文，意思是“一块里脊”。在超市出售的 Filet Migno 大约 25 美元 1 磅。在比较好的饭馆点一客 12 盎司的 Filet Migno 很可能需要破费 50 美元。在饭馆点牛排，要回答服务员问你要几成熟。客人的答复或是生，或是熟，或是半生不熟。据作者的观察，要半生不熟者居多。初来乍到的中国人往往会选择熟。尝试过一次，大都不再来。凡是能一而再、再而三地光顾牛排馆的，早晚也会选择半生不熟。熟，则肉干而燥，味同嚼蜡；生，则血水横流，难以下咽，唯半生不熟深得美食之道。

很多在美国的中国人都说不喜欢西餐。这说法其实对错参半。之所以说对，是因为即使奉上上乘的西餐，大部分中国人仍然可能不喜欢。之所以说错，是因为大部分中国人并没有尝试过上乘的西餐，因而不具有发言的资格。牛排固然可以说是美国人的牙祭，充其量不过相当于中餐里的红烧肉，只算是大众食谱，不入精品之流。想吃上乘西餐，得去高档的法式或意式餐馆。这一级别的西餐馆中国人鲜有光顾者。原因何在？原因之一，在于价钱昂贵。且不说平均每道菜的价格是中餐馆的 5、6 倍，光是打赏服务员的小费就是一笔可观的数目。二十几年前美国CBS电视新闻报道过纽约一家高级法式餐馆服务员的小费收入，竟然高达10万美元一年，比平均收入最高的医生这一行还要高出一筹。由此可见，在这类餐馆吃饭，得拿出多少钱来给服务员小费方能免于有失体面！原因之二，在于不方便。一是去这类饭馆吃饭，少不得要预先订位，倘若即兴而去，则势必因座无虚席而碰壁，不得不扫兴而归。作者刚到芝加哥大学时，收到商学院寄来介绍芝加哥生活的资料，其中一份上写道：如需在毕业时去某某法式餐馆庆祝，务请立即订位，以免届时等座。那某某餐馆，正是芝加哥两所五星级餐馆之一。吃顿晚饭竟然要提前两年订位！大概是因为毕业典礼时期高档餐馆格外拥挤，平常的日子料想不至如此近乎荒谬的程度。不过，美国人喜欢按既定方针办事，为吃顿饭而提前几个月订位乃司空见惯。中国人大多不喜如此为之，故视这类餐馆为畏途。二是高档餐馆大都不接待小孩。中国人上饭馆，喜欢全家老小倾巢而出，故觉不便。

美国最高档的餐馆有多少家？根据《无比旅游指南》杂志的排名，2008年美国总共只有五星级餐馆十七家。纽约四家，居全美之冠。芝加哥与拉斯维加斯各两家，旧金山、费城、亚特兰大各一家。意外的是：首都哥伦比亚特区、文化名城波士顿、影视明星云集的洛杉矶、旅游热点迈阿密、夏威夷，以及以餐馆饮食业著称的新奥尔良，竟然都榜上无名。

高档西餐以什么菜肴为佳味？羊肉在美国好像吃不开，一般超市根本没有羊的踪迹，大多数餐馆的菜单上也没有羊肉菜肴。想吃羊肉，大抵要去法式或希腊餐厅。真正被视为珍品的还不是羊肉而是鹅肝。鹅肝在西餐中究竟“珍贵”倒什么程度？同熊掌在中餐中差不多，普通餐馆的厨师根本不会烹调。近年来美国反对虐待动物的运动极其成功，结果是纽约、芝加哥等地相继投票通过禁食鹅肝的地方法律。纽约、芝加哥等地是少数几个有厨子会烹调鹅肝的所在，在纽约、芝加哥等地禁食鹅肝，也就差不多等于是在美国禁食鹅肝。或问：食鹅肝与虐待动物有何干系？因为采取了填鸭式的饲养法以增大鹅肝。幸而“填鸭”这说法不广为美国人所知，否则，恐怕北京烤鸭也要遭到禁止了。在芝加哥通过禁食鹅肝法之时，某报记者请一位以擅长烹制鹅肝的高级厨师谈谈想法。厨师愤然不平道：这也禁，那也禁。咱美国人早晚得吃草！

早年来美国的中国人在吃的方面大都尝过不少苦头，那年月除纽约、旧金山等华人集中的大都会之外，中餐馆难得一见，中式副食商店更加无从问津。自80年代以来，情形大有改观。现在几乎凡是像样的城市都有中国人开设的超级市场，南北杂货上自山珍海味如海参、鱿鱼、淡菜、香菇、木耳，下至家常小品如红枣、绿豆、粉丝、酱豆腐、梅乾菜，无不齐备。冷冻食品从甜酒糟、汤圆，到各类鱼虾，也万象包罗。新鲜的蔬菜，则有大小白菜、红白罗卜、丝瓜、苦瓜、茄子、韭菜等随季节更换，甚至连蒜黄、蕹菜也不罕见。会做菜的人，办一桌酒席都不难，更不用说家常便饭了。

中式餐馆也日见普及，人口以百万计的大城市，中餐馆往往不下百家。即使在一些穷乡僻壤的小镇也能出人意表地看到打着“湖南园”一类招牌的中式餐厅。这里举“湖南园”为例，不是信口道来，而是因为“湖南园”，“湘园”一类的招牌在美国比比皆是。为什么湘菜在美国大行其道？有人说是因为美国人爱好辛辣。此话不假，只是不能解释同样以辛辣著称，而且在国内更为流行的川菜何以在美国远不如湘菜吃得开？其实，与其说湘菜流行美国，倒不如说湘菜这块招牌流行美国。挂羊头卖狗肉的例子比比皆是，为了迎合美国人的口味而把风味搞得一无是处的中式餐馆多如过江之鲫。反之，真正的湘菜餐厅并不多见。旧金山的中国城曾经有一家门面极窄的湖南馆子，生意极其兴隆。20多年前作者去尝过，只能说是有些湖南风味的家常便饭。离这家馆子不远处有家稍具规模的潇湘阁，作者也去尝过。这家饭馆的炒腊合辣得够劲，可惜腊鱼和腊肉都不够资格称之为湖南风味。记忆中最好的湘菜馆，是位于芝加哥市中心区最繁华地段的湖南园，中午生意清淡，一味做晚饭的生意，菜价比一般中国饭馆高出不少，但物有所值，色香味俱佳。作者最后一次去这家餐馆在1989年。十年后去芝加哥出差时特意寻访，适逢其关门大吉。问起原因，说是房租高昂，支付不起。

有人说：在美国最出名的中国人既不是孔丘，也不是毛泽东，或者邓小平，而是左宗棠。因为在美国的中餐馆，无论是否打着湘菜的旗号，菜单上大都会有一味左宗棠鸡。这当然是讲笑话，菜单上的中文其实大都写作“左公鸡”，对照的英文大都连“左”字都予以忽略，简单译作 General's Chicken，并没有什么美国人知道那道菜同左宗棠有什么瓜葛。其实，那道菜也的确与左宗棠毫不相干，据说是旅居台湾的某位湘菜师傅设计的，而美国中餐馆中所谓的左公鸡，为了迎合美国人的味口，早已偏离那位湘菜师傅的制作。

除去湘菜之外，在美国流行的还有粤菜和京菜。海外的华人以广东人居多，粤菜本来在中国公认一流，其流行理所当然。但是粤菜似乎不怎么合美国人的口味，所以一般粤菜馆都集中在华人较多的大城市里，不能像湘菜那样在美国遍地开花。自从中美关系正常化以来，北京已成为美国人最熟悉的中国城市，京菜的流行有如顺水推舟。好的京菜馆云集美国首都哥伦比亚特区，大都以北京烤鸭作为招揽顾客的手段。美国人本来不怎么吃鸭，但是对北京烤鸭却情有独钟，甚至于午餐时也能见到吃北京烤鸭的美国人。说“甚至于午餐时”，是因为美国人大都不把午餐当回事，只注重晚餐。北京烤鸭居然在午餐时都有生意，足见其受欢迎的程度。然而，在哥伦比亚特区以外，想这么轻易吃北京烤鸭却近乎不可能，仿佛在中国首都出名的菜，到了美国也不肯降低身份流落到首都以外的城市去。近年来，一种类似于北京烤鸭的所谓北京片皮鸭在加利福尼亚大为风行，也以皮取胜，却不如北京烤鸭肥腻，正好迎合大部分美国顾客的恐肥心理。

中式自助餐与中式外卖也在美国大行其道，几乎是无处不在，除去预制的菜肴外，很多自助餐馆都可由顾客自己选择荤、素、调料，由餐馆厨师当面现炒，美国食客对这种做法似乎特别欣赏。外卖餐馆的菜单上大都有粤式捞面、扬州炒饭、麻婆豆腐、宫保鸡丁等等。有意思的是，所谓扬州炒饭，也正是国内餐馆提供的西餐炒饭。同样的炒饭，在中国是西餐，在美国却是中餐，真所谓“外来的和尚好念经”。中式自助餐与外卖的之所以会流行，大抵因其价格低廉。比如，便宜的中式自助餐不过每人6、7美元，贵的也不过15、16美元。

说起美国的中式餐馆，还有一点不能不提。无论中餐馆的规模或是何菜系，服务员都会在结账之时送上 fortune cookie ，每人一份。甚至只做外卖生意的中餐馆也按所购菜肴件数按比例附送。所谓 fortune cookie，是用面粉制作的一种甜点，看上去有点像炸的或者烤的小馄饨，中空，可是无馅儿，或者说只有一张纸条做的馅儿。纸馅儿当然不能吃，仅供阅读。纸条的一面大都用英文印着一句吉利话，另一面用阿拉伯数字印几个幸运号码。Fortune cookie 的中文叫什么？据说有“幸运签饼”、“ 签语饼”、“ 幸运饼”、“ 占卜饼” 等等，不一而足。大多数美国人都以为这玩意儿是中国的文化传统，其实当然只是误会。追源溯始，究竟出自何方？竟然还有争论。一说出自旧金山某日式餐馆，另一说出自洛杉矶某中式餐馆。竟然还打官司，旧金山法院裁决旧金山胜，洛杉矶法院裁决洛杉矶胜。竟然还有日本某大学为此而进行考证，结果不言而喻，当然是主日本说。这么一个不相干、白送的甜点，其发明权怎么会激发这么大的热情？原来这玩意儿较受美国食客的欢迎，不是因为好吃，也不是因为喜欢纸条儿上那句吉利话，而是因为喜欢纸条儿上的幸运号码。据说因为有不少人按照纸条儿上的幸运号码去买六合彩，居然中奖了。

美国人无论怎样喜欢中餐，早点还是一定要西餐。据说美国人无论怎样喜欢中国菜，内脏是一定不吃的，所以美国中餐馆中的爆三样一定不是真货。说美国人不吃内脏其实是失诸笼统，因为白人虽不吃，黑人却不嫌。早些年美国人不仅不吃内脏、不吃鸭，甚至连鸡、鱼也极少过问，一心一意于牛肉，堪称名副其实的肉食者。自从70年代以降，减肥之风日盛，鸡、鱼等因脂肪较低，有利于减肥，这才逐渐有了市场。中餐没有一大块牛排的菜式，于是也一度被视为健康菜式。中餐在美国之流行是否同此有关，并无人做过调查研究。但是，如果把中餐作为健康饮食的形像予以破坏，中餐业的生意是否会每况愈下呢？有些人显然以为会如此。《美国日报》刊载过一篇专题报道，说是根据抽样调查的结果，发现中餐不像人们以为的那样低脂肪，一盘宫保鸡丁的脂肪既高于一个汉堡包，也不亚于一袋炸土豆。该文作者郑重声明无意中伤中餐的形像，只不过是把科学分析的结果公布于众。时隔不久，《美国日报》又刊载出另一篇专题报道，这一回的打击目标是意大利面食。几个星期之后，墨西哥菜遭到类似攻击。所谓无独有偶，就在这一系列文章问世的同时，电视上出现了大声疾呼“牛肉才是晚饭的正料”的广告，使人不得不怀疑这些文字同这广告一样，只不过是牛肉工业发起的一场反击战。

Hot dog 中文大都译作“热狗”，未见其是。所谓 hot dog，不过是一根小泥肠，与狗风马牛不相及。英文 dog 另有“钩”的意思。煎熟的小泥肠通常弯曲为钩状，或者因此而得 hot dog 之名。当以译为“煎泥肠”为妥。

饮食饮食，谈食而不谈饮，未免有欠周全。在美国谈食，不能不谈麦当劳；谈饮，则不能不谈可口可乐。上文谈到麦当劳的生意如何成功，但是如果同可口可乐作一番比较，麦当劳的生意就显得简直无足挂齿了。1994 年可口可乐公司的市场价格将近 702 亿美元，恰是当时麦当劳的三倍。时至 2008 年 3 月，可口可乐的股票市场价格为 1,380 亿美元，如果不计通货膨胀的话，价值几乎翻了一倍。同麦当劳的暴发不同，可口可乐公司的历史可以上溯至 1886 年，在立国不过二百多年的美国，堪称历史悠久了。可口可乐也不是以广集小股资本取利的专利字号，而是一个常规的股份有限公司，畅销全球的可口可乐都是总部设在亚特兰大市的可口可乐公司属下工厂生产的。

中文的“可口可乐”译自英文的 Coca-Cola。本来 Coca-Cola 既是公司的名字，也是公司主要产品的名字。如今公司的名字仍叫 Coca-Cola，饮料却改称 Coke。为什么要用 Coke 取代 Coca-Cola？一说是因为美国人性急，不耐烦吐四个音节。据说当年可口可乐公司为改这名称下了不少工夫，公司雇员若是错用了旧称会遭到扣工资的处罚。但是中文译名并没有改，仍称“可口可乐”。有人说“可口可乐”堪称最佳译名，其实那是过奖了，因为英文原文既无“可口”的意思，也没有“可乐”的意思。不过，这两层意思倒正是可口可乐公司的各种广告极力想表现出来的。如果说中文译名译得好，那也只能说是歪打正着 。为了防止别人侵占 Coca-Cola 或者 Coke 的便宜，可口可乐公司不惜资本，把一切发音或拼写相同、或类似的字母组合都当成注册商标给买了下来。比如，即使你想用 Koke，也会涉嫌侵犯可口可乐公司的权益。听起来很像是“王麻子剪刀”，“玉麻子剪刀”，和“汪麻子剪刀”的故事。可口可乐公司如此这般保护其商标，不可不谓用心良苦。不过，可口可乐公司也不是没犯过大意失荆州之错，真是所谓“智者千虑，必有一失”。这一失，失在可口可乐公司似乎忘了饮料是否受欢迎，关键并不在牌子而在味道。可口可乐公司的疏忽大意。不巧被其商场上的劲敌 Pepsico 公司觑个正着。

Pepsico，中文译作“百事可乐”，Pepsico 的看家饮料 Pepsi，中文也译作“百事可乐”，大有偷袭“可口可乐”之嫌，。可口可乐的那次失误，发生在 20

年前。那一年，百事可乐公司在德克萨斯州达拉斯市举办了一场百事可乐对可口可乐的比赛。怎么比？在公众场所摆出百事可乐与可口可乐各一杯，不加商标甄别，让过路行人品尝之后自定甲乙。结果可口可乐一败涂地，不少人自以为是可口可乐的忠实信徒，却偏偏错把百事可乐评为上品。百事可乐公司于是通过电视网络向全国各地大肆渲染比赛结果，致令可口可乐公司只有招架之功，全无还手之力。可口可乐公司口头上自然是不认输，骨子里却在另谋出路。过了不多久，可口可乐公司终于宣布采用一种新的配方以取代沿用了近百年的老配方。这自然谈不上是什么高招，实际上等于是认输了。用新配方制成的可口可乐喝起来居然有几分百事可乐的味道，这就更是笨得令人伤心了。喜欢百事可乐的，不会因为新的可口可乐有几分接近百事可乐而改喝可口可乐。可口可乐的忠实信徒，对公司放弃百年秘方一举则深恶痛绝，群起而攻之还不算，居然竞相号召抵制用新配方制成的可口可乐。面对顾客的抨击，可口可乐公司先是装聋作哑，寄望于时间平息风波。尔后眼看时间不起作用，遂用所谓“经典”（classic）可口可乐的牌子重新推出用旧配方制成的可口可乐，同新的可口可乐一起上市，最后是不声不响地停止生产新产品。可口可乐经这一回较量，元气大伤，百事可乐因而在营业额上后来居上。

不过，说百事可乐公司营业额超过可口可乐公司，并不等于说百事可乐在饮料市场上的营业额超过了可口可乐，因为当年的百事可乐除去生产饮料，还兼营快餐。同麦当劳的其他竞争者不同，百事可乐不卖汉堡包，而是通过收购的手段，先后把必胜客（Pizza Hut）、塔可巴（Taco Bell）、肯德基家乡鸡（Kentucky Fried Chicken）等各具特色的快餐专利字号收入百事可乐的旗下。肯德基家乡鸡是炸鸡专业户；塔可巴以墨西哥风味的春饼为主，生意兴隆得连麦当劳也卖起这种春饼来，必胜客的披萨没什么特点，但以分店数目众多取胜，是美国最大的披萨联锁店。如今百事可乐早将这些快餐出售，集中精力经营饮料的生意。独立后的肯德基家乡鸡、必胜客都已经在中国开业。至于塔可巴，虽然也于 2003 年进军中国，不过，在中国却不称 Taco Bell 而改称 Taco Bell Grande。经营方式也由原来的快餐店改为正式的墨西哥式餐馆。

可口可乐与百事可乐这类酒精含量可以忽略不计的饮料，在美国称之为 soft drink，中文本来称之为“汽水”，近来却据英文字面的意思而改称为“软饮料”，饮料在中文向来只有浓烈和清淡之分，“硬水”和“软水”同样是蹩脚的译名，而不是中文固有的词汇。绝大部分汽水都是甜的，越喝越渴，越渴越喝，造成一种恶性循环。也许正因为此，美国人一天消耗的汽水量大得惊人，连同水份灌下去的糖份少不得导致脂肪的增长，于是各公司竞相推出所谓减肥汽水，诸如“减肥可口可乐”，“减肥百事可乐”等等。减肥汽水喝起来大都像是难以下咽的药水，可是大多数美国人照样乐此不疲，大概是以为把糖换成甜味剂等化学品，汽水就当真成了减肥的灵丹妙药。

作者来美之前识一位40年代留美、50年代回国的学者，这人80年初来美国作学术性访问，作者问他旧地重游，印象之中最大的变化是什么。他说，抽烟的人少了，喝酒的人多了。不错，美国人除了爱喝汽水，也爱喝酒。不同的是，汽水是无论上班还是下班都喝个没完，酒则一般只有等下班之后方才能开怀痛饮。为何有此区别？因不少公司都禁止在上班午饭时喝酒，倘若令上司有所闻，即使不被解雇，也绝不会有益于晋级升薪。不过，美国人的所谓喝酒，不是喝中国的白酒。中国的白酒再好，如茅台、特曲、五粮液，美国人只会敬而远之。美国人大都只喝啤酒与葡萄酒。不过，不可因此而小看了美国人的酒量。美国人并非害怕酒精，只是不喜欢白酒下咽时的那股辣味。喝起啤酒与葡萄酒来，美国人大都有海量，非一般中国人所能及。中国人喝酒，大都喜欢有下酒菜。文革时在北京看见非洲留学生喝啤酒而不买下酒菜，误以为是出于捉襟见肘的无奈。来美国后看见美国人喝啤酒也大都是空口喝酒，并无酒菜，方才悟出喝酒时就不就菜，只是习惯使然，与囊中羞涩并无关系。

美国最大的啤酒公司叫 Anheuser-Busch。Anheuser 是公司创始人的姓，Busch 是第二代接班人的姓，这第二代接班人是创始人的乘龙快婿，因为创始人无子，遂成了接班人。Anheuser-Busch 虽然早已是股票上市的公司，如今的总裁仍然姓 Busch，是仅有的几个创业年代久远而管理权仍然操在创业家族手上的大公司之一。有欧洲民族姓氏常识的人想必能从 Anheuser 和 Busch 的字面上猜得出 Anheuser-Busch 啤酒公司同中国的青岛啤酒公司一样，同德国有些瓜葛。事实上，Anheuser 和 Busch 都是德国移民。不过，与青岛啤酒不同，Anheuser-Busch 啤酒公司的啤酒并非德国风味的啤酒，而是典型的美国啤酒。

Anheuser-Busch 啤酒公司的总部设在密苏里州的圣路易斯城，滨临美国最长的河流密西西比河。公司生产的啤酒名目繁多，最为流行的牌子叫百威（Budweiser）。2007年初，Anheuser-Busch 啤酒公司的营业额为157亿美元，远在可口可乐的249亿美元之下。究其原因，恐怕是前者在国际市场上的成功度远在后者之下。看到可口可乐的饮料畅销全世界，Anheuser-Busch 不甘落后，也想把美国啤酒像可口可乐一样推销全球，却不料出师不利，在欧洲碰了个小钉子。原因是有 一种啤酒的牌子发音与 Budweiser 雷同。俗话说：“过江龙斗不过地头蛇”，Anheuser-Busch 虽然财大气粗，在欧洲毕竟是个外来者，与产家争夺商标权的官司，以 Anheuser-Busch 败诉告终，导致公司不得在欧洲使用 Budweiser 这牌子。

想打入欧洲的啤酒市场，牌子其实还在其次，更重要的是看 Anheuser-Busch 有什么方法让欧洲人接受美式啤酒的风味。美式啤酒同欧洲啤酒之间究竟存在多大的差异？行家们的意见是差别不小。据行家的评论，美国有一种叫做 Anchor Stream 的啤酒，可以同欧洲少数几个名牌货色一起列为啤酒的极品。可是，Anchor Stream 在美国啤酒市场却名不见经传，除该厂家所在地旧金山湾区外，踏破铁鞋无觅处。作者在旧金山湾区居住之时，特意买过一箱 Anchor Stream 以享宾客。可能是因为品味过于特别，并不怎么受客人欢迎。除去啤酒本身味道上的差别之外，美国人在喝啤酒的方式上同欧洲人也有不同的讲究。同中国人一样，美国人要喝冰镇啤酒，而欧洲进口啤酒的标签上分明印着“摄氏 10 度左右饮用为宜”的字样。摄氏 10 度左右的德国啤酒喝起来很像是温过之后又放凉了的绍兴花雕。由这种喝法来看，欧洲人并不视啤酒为夏季的清凉饮料。

味道和喝法的不同，皆可能使 Anheuser-Busch 公司难以顺利进军欧洲市场，却未能把欧洲啤酒阻挡于美国的市场之外。凡是有传统可寻的东西，美国人都视欧洲人的品味为上乘。从汽车到啤酒，莫不如此。舍得较高的价钱喝欧洲进口啤酒，不仅表示有钱，而且也表示在饮食之道上有修养。于是，美国的高档啤酒市场自然就非德国、荷兰莫属了。有鉴于此，美国第二大啤酒公司 Miller 公司也买下一家德国牌子，啤酒其实是在美国酿造的，只是牌子和商标是德国的，以期混水摸鱼。作者初来美国之时，也上过几次当。不过，平心而论，该啤酒的品味不错，价钱虽比普通美国啤酒贵，却比真正的德国进口货便宜，所以，倒是可以说虽然上当却并未吃亏。在为数众多的进口啤酒之中，青岛啤酒既可以说已经占有一席之地，也可以说尚未有立锥之地。在华裔众多的大都市，即使在一般超级市场也可以买到青岛啤酒。但是，在其他地方，想要买青岛啤酒就非得去华人开的超市不可。下饭馆想要青岛啤酒，也除非是中式餐馆。可见青岛啤酒虽然已经进入美国市场，但仍然以美国的华裔为其主要销售对象。

近年来中国啤酒消耗量大增，业已跃居世界第二位，仅次于美国。如此巨大的市场，Anheuser-Busch 自然是不会放过。Anheuser-Busch 早已在中国武汉建厂，如今不仅在青岛啤酒公司有所投资，而且还收购了哈尔滨啤酒公司。因为在中国没有牌子纠纷，其主要产品早已一帆风顺地称之为“百威”。中国酿造高档白酒或啤酒，比如茅台、青岛，皆以当地的水源取胜。这种生产方式的优点，在于其他厂家难以仿造。可这优点本身也是缺点，因受水源的限制，不仅别人仿制不了，自己也很难扩大生产，更遑论到其他地区或国外去建厂促销。与中国的这种生产方式相反，Anheuser-Busch 采用近乎提纯的水作为水源，啤酒的色、香、味皆取决于加工工艺，与自然水源完全无关。正因为此，Anheuser-Busch 可以在世界各地开工而保持其啤酒的品味几乎相同。这两种生产方式的区别，正好反映了传统作坊手工业生产方式与现代大规模工业生产方式之间的不同。

除啤酒之外，在美国最流行的酒类要数葡萄酒。美国最大的葡萄酒产地在旧金山东北湾区的几个县。中国曾经转播过美国的电视连续剧“鹰冠庄园”，讲的就是“酒乡”葡萄酒世家的故事。故事虽属虚构，剧中那幢别具一格的庄园房子却不是布景，而是“酒乡”的实物，房子的真正主人也确为一位酿酒商人。密苏里圣路易斯县是美国第二大葡萄酒产地，这里的葡萄酒厂同Anheuser-Busch啤酒公司一样，经营者原本皆来自德国。1920 年至 1933 年间，美国一度严禁酿酒，但凡有酿酒器具者皆以犯法论。该地产家不相信禁酒令能够长久施行，纷纷把酿酒器具运回德国祖家。经过十三年耐心等待，终于等到开禁，再从德国把器具运回，得以重操旧业，堪称用心良苦。葡萄酒厂大多是规模不大的家庭企业，也都向游客开放，听其参观酿酒设备与免费品尝样品。免费品尝当然只是手段，目的自然是希望游客于品尝之余采购几箱带走。

欧美的葡萄酒从色泽上来讲，有红白之分；从韵味上来讲，有 dry，不怎么 dry，和不 dry 之别。所谓 dry，就是不甜的意思。无论红与白，也无论 dry 与不 dry，喝起来其实都略带酸涩，绝谈不上甜。初次喝欧美的葡萄酒，简直以为是兑了水的醋。不过，说来奇怪，在美国喝惯了这种酸涩的葡萄酒之后，再喝国产葡萄酒，反而觉得像是掺了蜜糖的果汁而不像是酒了。

在美国贩卖酒类需要特别营业执照，初来美国的时候，有不少州禁止在星期日卖酒，理由是星期日是上帝规定的休息日，喝酒是对上帝的大不敬。真是所谓痴人说梦，星期六买的酒，星期日不是照样能喝？可并没什么美国人觉得这种规矩可笑，想必也是习惯成自然。90 年代以降，这种禁酒令渐渐放松，如今很多超市仍然有星期日上午不卖酒的规矩，可见当年的禁令犹有影响。美国各州对法定喝酒年龄与法定买酒年龄也有规定，但也像对法定结婚年龄一样，各州的规定并不尽同。结果，每逢周末，位于法定年龄较低的州境内的酒馆，往往就能因此而招引一大批邻州不够法定买酒年龄的青少年越过州界来买醉。买醉倒是合法了，只是不少人在酩酊大醉的状态下驱车回家时，因车祸而一去不复返了。有鉴于此，有人呼吁由联邦政府来统一规定合法的买酒年龄，奇怪的是，美国人的反应并不热烈，这类提议没过多久就烟消云散，无人问津了。

在谈过汽水之后紧接着就谈啤酒和葡萄酒，似乎对咖啡有欠公允，因为咖啡的普及程度大概居于汽水和啤酒之间。公司里的上班族，不分男女，也不分老中青，上班第一件事大都是冲一杯咖啡，休息的时候，也是冲一杯咖啡。开大会，会场往往提供免费咖啡；开小会，与会者经常会各自捧着咖啡杯入席。近年来美国提倡健康饮食的风气大盛，搞得草木皆兵，咖啡里的咖啡因也开始令美国人诚惶诚恐。于是，不含咖啡因的咖啡就应运而生。说来可笑，咖啡之所以为人所好，本来正是因为含咖啡因之故；不含咖啡因的咖啡，其实已不再能称之为咖啡，就像把糖份排除之后的糖水，只能称之为水，而不再能称之为糖水一样。既对咖啡里的咖啡因心存恐惧，不喝咖啡也就罢了，可是美国却偏偏有不少人对这种不含咖啡因的咖啡上了瘾，大杯小杯喝个没完。开始以为这些人是喝真咖啡上了瘾，现在对真咖啡害怕了，遂捧杯假咖啡，以收望梅止渴的效果。后来发现并不尽然，一些年轻人从来就没敢去碰过真咖啡，却也对假咖啡有瘾得很。

美国人既然这么好喝咖啡，以理推之，咖啡馆应当早就是兴隆的大生意，可事实却并非如此，直到 1987 年浩德舒尔茨购下西雅图一家名叫星巴克（Starbuck）的咖啡馆，咖啡馆的生意才开始出现曙光。有些类似于麦当劳的发迹，浩德成功地把星巴克打造成一家专利连锁店。到 1992 年星巴克成为上市公司的时候，旗下分店已有 165 家。根据 2007 年 3 月的资料，目前星巴克是世界上最大的连锁咖啡馆，在世界 42 个国家共有 15,011 家分店。这其中自然少不了中国，国内各大城市闹市区、机场、旅游点等等人客众多之处似乎都有星巴克的踪影。2000 年，星巴克甚至在北京故宫开设了一家分店。这家分店却不如其他分店那么走运，从一开张起就招来一些非议。尔后更因记者某某撰文抨击，终于在 2007 年 7 月关门大吉。对于这起星巴克事件，作者曾在网上写过一篇题为“谁不应当进故宫？”的评论，兹摘要如下：

星巴克竟然在北京故宫博物院开设了分店！记者某某以为“是可忍，孰不可忍？”于是撰文大声疾呼：星巴克糟蹋中国文化，从故宫搬出去！有人质疑这一提法，指出：星巴克进入故宫，问题在中国主管单位而不在星巴克。这样质疑此显然是符合逻辑的，如果中国有关当局不许可，无论星巴克怎么想糟蹋中国文化，都绝对办不到。

不过，作者并不认为星巴克有糟蹋中国文化的动机与目的。作为一个商家，在哪儿开店的着眼点应当仅仅在于生意。故宫是北京旅游热点之一，可望生意兴隆，故星巴克看上了故宫。倘若时光倒流，故宫成为不对外开放的所在，星巴克绝对不会打故宫的主意。做生意的目的在赚钱，要赚钱就得有顾客。怎么才会有顾客？得罪顾客绝对不会有顾客。倘若星巴克确有糟蹋中国文化之心，星巴克就绝不会到中国来做生意。除非，嘿嘿，除非中国人自己以糟蹋中国文化为乐。

作者也根本不认为星巴克的进入故宫是个问题。故宫从来就有小卖部这类生意，星巴克也不过就是一个小卖部。唯一的不同，仅在于其他小卖部是国营的或国人开设的，而星巴克是洋人开设的。内外有别，允许自己人做买卖，而不许外人做买卖，并非合理的商业管理之道。再进一步说，即使故宫从来没有生意，星巴克为破例的第一家，作者也不认为是个问题，除非只许洋人开张，不许国人坐铺。换言之，问题的关键仍然仅仅在于是否内外平等、华洋一视同仁而已。

记者某某在文中问：难道北京烤鸭店可以进入白宫？狗不理可以进入国会山？继之以“洋人对星巴克进入故宫感到恶心”的论断。这一问一承，正好说明记者貌似国粹，实为唯洋人是瞻的应声虫。洋人不干的事，记者也就觉得不能干。洋人觉得恶心，记者的恶心也就得到道德的认可了。此外，这一问也说明记者缺乏基本的常识。故宫是个供旅游的博物馆，白宫、国会山是政府机构所在，风马牛不相及。全世界的大规模博物馆，没有不设小卖部、咖啡馆、甚至餐厅为游客服务的。如果北京烤鸭店、狗不理包子铺有心进入、而不能成功进军外国的博物馆，只能说明这两家商店经营乏术而已，与有无糟蹋外国文化之心绝无瓜葛。

文中的另一观点是：星巴克是不登大雅之堂的小铺子。言下之意是：倘若是家高雅的名店，那就可以另当别论了。嘿嘿！这难道不是公然的商业歧视么？其实，铺子的高雅与否，与铺子本身并无关系，关键在于光顾的客人。客人高雅，铺子再小、再简陋、再便宜，也不失为高雅之所在。客人鄙俗，铺子再大、再豪华、再昂贵，也不免为鄙俗之所在。依作者之见，但凡嫌别人俗者，自己必定为俗人无疑。如果国人应当担心有人把故宫搞俗了，首先应当禁止入故宫的，不是星巴克，而是嫌星巴克俗的俗人之流。

英国人有喝下午茶的习惯，美国人却没有，即使是喝茶的人，其知识也仅限于红茶，对于茶叶的其他品种皆缺乏认识。作者有一回在一个美国朋友家中作客，主人新近从中国朋友处收到一听上好的龙井，可是他只喝红茶，对绿茶不敢尝试，问是否可以转送给作者。作者一向喝绿茶有瘾，当即笑纳了。在随后的闲谈中，主人问作者茶有多少种，区别在什么地方，作者在回答时信口提到绿茶的加工最接近自然，既不像红茶和乌龙茶那样经过发酵，也不像花茶那样掺入香料。没想到主人是健康饮食的忠实信徒，不等作者的回话落音，立刻伸手把转送给作者的龙井从桌上抢走。“对不起”，他说，“凡是最自然的，也就是最有益于健康的，我从此要改喝绿茶了”。主人的从“谏”如流，使作者深刻体会到“人之患，在好为人师”。如果作者对主人的问题装聋作哑，上好的龙井绝不会得而复失。

作者既然喝茶有瘾，上班时自然少不得要喝。有一回在办公室沏茶，让一位美国同事撞见，问作者杯中为何物。答曰：茶。岂料此人竟大惊小怪地问：怎么像是树叶子，而不是盛在纸袋子里？作者告诉他：茶本来就是树叶子，盛在纸袋子里的也是树叶子。他将信将疑地走了，以后每逢有机会，他就向别的同事介绍，说作者喝的茶不是盛在纸袋子里，而是一片一片的树叶子。说那话时的神情，俨然像是发现了一块新大陆。

烟既不属于食，也不属于饮。可烟民们不是喜欢说什么：饭后一支烟，赛过活神仙么？可见烟与饮食关系密切，谈饮食而不谈烟，也有欠周全。不过，想过这般神仙日子的烟民们如今却不适宜到美国来。说“如今”，是因为抽烟也曾在美国风行过。最好的见证莫过于在电视上重播的50年代的老电影。剧中人物无论男角女角，也无论正派反派，无不嘴叼香烟或雪茄，装模作样地吞云吐雾。这种风光的日子，对于如今的烟民来说，真是称得上往事不堪回首了。80年初，抽烟的还能自由自在，卖烟的已经缚手缚脚。香烟广告不准上电视，报纸杂志虽然还能登香烟广告，却必须明确注明抽烟有碍于健康的官方警告。80年代末，抽烟的空间开始受到压缩，上班族不再能在办公室抽烟，烟瘾发作时，得到专辟的抽烟室去。专辟抽烟室自然会增加办公室的开销，开销不起的公司干脆就不再雇抽烟的人。90年代初，专辟抽烟室的法令取消。不过，却不是抽烟者的福音，只是意味着想抽烟时，得跑到办公室外。如今无论是三九严冬，还是三伏盛夏，都时常可以看到一小撮男女聚集在写字楼外。此非他，正是烟民在享受其“神仙”般的日子。

某航空公司带头在短程班机上禁烟，其他航空公司一哄而上，争相效仿，唯恐落后，终于导致无论短途长途，客机上一概禁烟。航空业全面禁烟成功后不久，一些城市争相效仿。城市怎么效仿？制定法令，规定在其行政辖区内的一切公共场所皆不得允许吸烟。在电影院这类场所实行禁烟令，想必不会影响生意。不准餐馆专辟吸烟区，那就未必了。大城市如纽约、芝加哥，餐馆跳不出其手掌，非从命不可。小城市也实行禁烟令，效果就未见得理想。作者家住一小镇的对面，该镇总共不过十七、八条街，年前居然也通过全面禁烟法。结果，本来开设在该镇的餐馆统统搬迁到不实行禁烟令的邻镇去经营。该镇居民想下餐馆时，照样得同烟民共享，还得多花点儿汽油。至于该镇政府，除因商业税收减少而面临财政危机外，一无所获。

美国社会对烟民的态度如此不宽容，烟草公司的处境可想而知。有烟民某死于肺癌，其遗孀控告烟草公司，索取巨额赔款。有非烟民某患了癌症，也向烟草公司索取巨额赔款，理由是受害于间接抽烟。刀能杀人，从未听说生产刀的公司因有人死于刀而成为被告；枪能杀人，也从未听说生产枪的公司因有人死于枪而成为被告。烟是否能杀人，其实尚属疑问，而美国人对控告烟草公司的案子却极为认真，没人当笑话看。

世界上最大的烟草公司是美国的Philp Morris，该公司生产的香烟占世界香烟市场的15%。1985年Philp Morris更名Altria Group。不过，好像美国人仍旧习称其旧名。无论是旧名还是新名，在中国大概尚不为人所熟知。不过，若是提起Philp Morris生产的“万宝路”（Marlboro），恐怕即使非烟民也会有所耳闻。90年代之初，卖烟与抽烟既然相继失去自由，股票专家大都预测Philp Morris公司的日子不会怎么好过。这猜测的结果却只能说是对错参半。以1994

的股票行情为例，Philp Morris 的股票市场价格从第六位跌到第七位，不能不说是行情看跌。可第七位仍然意味着高于当时股票专家们一致看好的微软公司（Microsoft）和英特尔公司（Intel）；而且，Philp Morris 在当年的利润几乎突破 50 亿美元的大关，雄踞美国各公司之冠。相比之下，可口可乐公司的 25 亿美元的利润就显得是小巫见大巫了。据 2007 年 3 月的资料，Philp Morris 的股票市场价格为 1,766 亿美元，远在中国人所熟知的 HP（1,062 亿美元）、Intel（1,080 亿美元）、IBM（1,340 亿美元）之上。Philp Morris 公司之所以能在逆境中保持不败，要诀有二。其一，转移阵地。如今的 Philp Morris 虽然仍是美国第一大烟草公司，却已同时成为第一大食品公司，其利润增长的大部分来自食品生意而不是来自烟草生意。其二，转移市场。美国对烟草广告限制诸多，其他国家却不见得如此。Philp Morris 公司于是向亚洲人口密集的国家和地区重点出击，结果是：在国际市场上所获，足以弥补国内市场上的损失。

2.3 美国梦

人各有梦。有人梦发财，有人梦出名，有人梦娶妇，庄周梦见自己化为蝴蝶，汉文帝梦登天。不过，在中国最为人所熟悉的梦，莫过于“黄粱梦”或“南柯梦”。美国人所津津乐道的所谓“美国梦”（American dream）却是买下一幢住宅。在美国，人人都想做房东，没人愿意当房客。说来理由很简单，缴纳所得税时，因买房借贷而付的利息可以从收入中扣除，而房租却不能。买房屋最普通的贷款方式，原本是三十年定期分期付款，前二十年支付的款额中的绝大部分都是利息而非本金。因此，因借贷而在纳税上带来的节省绝不是可以随便忽略的区区小数。

为什么政府的税收法左袒房东而歧视租户？刚来美国时听到的最为流行的解释是：利息是额外开支，对利息上税因而是不合理的。稍有经济学常识的人，都会明白这说法纯属无稽之谈。凡是从你钱包里流出去的钱，无非是开支，无论是利息还是租金，根本不存在本质上的区别。早些年买车借贷利息也可以免税，因而利息与租金不同的谬论还颇能迷惑一般人。在里根总统任上发生一次税收改革，结果之一是取缔买车借贷利息的免税权。利息与租金不同之说于是 难以自圆其说，就不大再听人说起了。

另一种解释是：建筑业是美国经济的支柱，对买房借贷利息免税有助于促进美国经济支柱的稳定发展。这种解释言之成理，却不符合事实。美国的经济是建立在市场经济学说的基础之上的，市场经济学说的特点之一，就是各行各业的兴衰生灭听其自便。由政府出面支持某些行业的主张是新近才有人提出来的，而购房借贷利息免税却是由来已久的惯例。再说，这种新出现的经济主张在美国并没有成为被广泛接受的主流。美国政府如果当真要支持美国经济支柱的稳定发展，就不会在同为经济支柱的汽车工业最不景气的时候取消买车借贷利息的免税权了。

税收法左袒房主的真正原因，其实是政治的，而不是经济的。在税收法制订之初，只有有产者才有发言权。由房主制订的法案如果不左袒房主，而左袒租户，那才是咄咄怪事。如今虽说没有财产的人也有了投票权，但大多数人都拥有房产。根据《美国日报》的报道，70%左右的白人家庭和40%左右的黑人家庭拥有自己的房子。黑白人种大约各占美国人口总和的12%与75%，拉丁美洲裔人口的百分比与拥有房产的百分比与黑人相差无几。根据这几项的统计数字，不难推算出半数以上的美国家庭是房主而不是租户。换言之，大多数美国人都是这种税收法的受益人，自然也就无人追究其是否合理了。

“房主”一词可能会引起一点误会，因为美国人买房子大都是通过抵押贷款方式。没钱的人买房，非贷款不可。有钱的人买房，也照借不误。为何如此？因为抵押贷款因有抵押之故，利息相对较低，通过抵押贷款买房而将手头上的钱投资于别处，往往是有利可图的良策。既然是抵押贷款，借债人若不能偿清债务，债权人就有权将房产出售以抵债。因此，就法律意义而言，债权人才是真正的“房主”；借债人所得，不过是房屋的使用权与转让权。

多年以来，美国的房屋抵押贷款只有三十年定期定利率一种方式。在卡特总统任内，三十年定期利息高达令人望而生畏的程度，不仅使卡特连任的希望泡汤，也使浮动利率贷款的方式应运而生，尔后陆续出现十五年定期定利率，以及种种浮动利率的变种。顾名思义，所谓“浮动利率”，指利率在贷款期内可以发生变动。变动以何为依据？调整的幅度是否合理？这类问题并没有确切的答案。正因为有这样的问题，所以，一般来说浮动利率贷款的年限较短，上调的幅度也会有所限制，否则，风险过大，难得打开市场。传统的定期定利率贷款方式，是以死约方式签订的，借债人倘若想要提前偿还，须支付罚款。如今这种陈规已经废止，借债人可以随时偿还而无需向债权人支付任何补偿。于是，更新贷款的生意便应运而生。每逢利率下挫，就会有专做更新贷款生意的找上门来，游说借债人以较前为低的利率重新贷款。借债人既然可以通过支付小额服务费用而降低贷款利率，何乐而不为？前几年美国利率一路下跌，于是，大多数借债人皆在数年之中一而再、再而三地更新贷款。从事更新贷款生意者，则因买卖兴隆而大发横财。难道这种生意确实是买卖双方皆可获利而毫无风险可谈的么？未必如是。风险又从何而来？

如果在而立之年以三十年抵押贷款方式买下一幢住宅，耳顺之时能还清债务，就成为房产的真正主人了。这种推算言之成理，事实却并不然。因为美国人平均四年更换一次房产，一生一世，买卖房屋不知凡己，至死而仍旧不得偿清抵押贷款者大有人在。房屋的更换为何如此频繁？原因大抵有二。其一，“水往低处流，人往高处走”，美国人在就业成家伊始，只能买所仅遮蔽风雨的陋室；数年之后，收入增加，积蓄增多，遂弃旧居乔迁新宅。如此这般一而再、再而三。其二，美国有不少跨州公司，但凡在这类公司任职者，难免不被公司支来支去，周游各地。倘若不肯迁移，则难逃被解雇 。倘若欣然就道，则搬迁者不仅可从公司领取搬迁补贴，而且往往升迁有望。面临“胡罗卜加大棒”的政策，罕有不就范者。作者家对面的邻居迁来不到半年，屋外就竖起出售的牌子。房主无奈地告诉作者，他在该公司任职十五年，被迫搬迁十二次。

美国的住宅大致说来可分为三类。最普遍的一类称之为 single house。所谓 single house，就是单门独户、不与邻居共墙的房子，也就如今国内称之为“花园洋房”或者“别墅”者。这样的房子有个院子，院子里种不种花就不一定了。即使有花，其规模和格局一般说来也去花园远甚。而所谓院子，也不过是房子四周的一块空地而已，很少有用围墙圈起来的。用篱笆筑成的后院倒是很普通，篱笆一般只有两三尺高，大都是为防止猫狗跑出去而设。七八尺高的篱笆也有，大都是当街的房子用来隔音；或是因为院子极小，没有一道高的篱墙，前后相邻的房子就会一眼望穿，毫无隐私可言。数栋连在一起，各栋自有其门户的房子称之为 town house，其中仅两栋相连的又称之为 duplex。顾名思义，town house 本当指城里的房子，现在却多见于郊区。第三类称之为 condominium，简称之曰 condo。从建筑式样上来看，condominium 与 apartment 并无区别，不同的只是 condo 指分层出售者，而 apartment 则专指出租者而言，两者都相当于中国的单元楼房。

除去以上三类之外，尚有所谓 mobil house，直译成中文，就是可移动房屋。英文原意也是这个意思，不过，如今事实上是指在工厂盖好，由大卡车拖来，一经安装妥当，也就不再移动的简易住宅。这种房子结构差，与地基的衔接也欠牢靠。美国中西部时有龙卷风，遇上龙卷风时，mobil house 往往被连根拔起，撕得粉碎。

结构最牢固的，自然是钢筋框架结构的高层楼房，这类房屋大都集中在大城市的繁华地段。其次是砖房，砖房也大都在城里，而且大都是七、八十年以上的老房子。四、五十年以前，这些城里的砖房子有过一度风光的日子，如今市区内的住宅区大都沦落凋零了。近几十年建造的住宅大都是木架结构的，而且大都在郊区。木架结构的房屋的墙，不过是在木架两边各钉上一块灰板，两块灰板中间夹一层塑料纤维材料。木架承重，塑料纤维保温，灰板既起加固作用，也构成墙的立面。灰板的表面是一层纸，纸不防水，所以，内墙的灰板之外需再抹一层以石灰为主的灰泥，灰泥之上再涂上 一种水质的涂料。未干之前一洗即掉，既干之后基本上不怕水。

外墙之外，则加砌一层单砖或者抹上一层灰泥。更为普遍的，是加钉一层所谓边料。20年前的边料无非是木条或铝板。木条除非经过特别化学处理，否则，每隔三五年就得油漆粉刷一次。如今有所谓“无须保养”的边料大行其道，这种边料是塑料制成的，一般保用三十年。高档住宅往往四周都用砖而不用边料，普通房屋则大都只在正面用砖。这不仅是因为边料远比砖头便宜，而且也因为砌砖所须工时远较敷设边料为高。

木架结构之所以会取代砖结构而成为美国住宅的主流，主要原因是劳动力日益昂贵。盖一方砖墙所须时间远较盖一方灰板墙为多，因而木结构房屋的造价可以大大低于砖结构房屋的造价。不过，影响房屋价格的最主要的因素还不是劳动力，而是地点。凡是搬得动、运得走的东西，因地点的不同而造成的差价必然有限，这限度就是运费，如果差价远远超过运费，势必有人竞相把货物从价廉的地方贩到价贵的地方去牟利，直到两地的差价降低到接近运费的水平而后止。

地皮是搬不走的，所以，相同的房屋盖在不同的地区，其价格相去之远，可以达到令人瞠目结舌的程度。比如，一幢在旧金山值美金五十万的房子，若是换到芝加哥，也许能卖到美金二十五、六万，若是搬到休斯顿，也许就只能指望卖到美金十三、四万。不同地区的收入也可以相去甚远。举例来说，一份在亚特兰大市年薪三万五千美元的工作，若是换到纽约市，就可能会变成六万美元。因此，简单地比较两地的房价而不考虑收入的差别，得不出任何有意义的结论。有鉴于此，美国人对房屋价格作调查分析时，往往采取如下方法：如果某地区的中等收入家庭恰好有能力购买该地中等价格的房屋，定该地区的房价指数为100%；如果只能买得起相当于中等价格70%的房屋，定该地区的房价指数为70%；如果能买得起相当于中等房价120%的房屋，定该地区的房价指数为120%。据1994年公布的资料，在美国50个主要城市及其郊区之中，旧金山地区的房价最高，指数为70%；房价最便宜的地区包括休斯顿、达拉斯，亚特兰大、圣路易斯等地，房价指数大约在120%至140%之间。如今十多年过去了，各地区的房价指数基本稳定。

不同地区的房价差是由市场供求关系确定的。美国人大都向往阳光海水，加利福尼亚两得之，因而加利福尼亚的房价日见上涨。旧金山湾区南部在五、六十年前本是不值钱的农地，尔后因电脑工业在该地崛起，遂使该地区的房地产价格猛涨。80、90年代，不少资金从台湾、香港流入加利福尼亚，其中大部分流入的资金最终变成旧金山和洛杉矶一带的房产。于是，当年有些美国人认为加利福尼亚房地产价格暴涨的主要原因在于这些从海外流入的华人资金，这种说法立即遭到美国华裔的反驳：从海外流入的华人资金仅构成加利福尼亚房地产生意额中的极小部分，凡是把加利福尼亚房地产价格上涨归咎于从海外流入的华人资金的说法，都有种族歧视之嫌。

论战双方都罗列一些数字作为其立论的根据，局外人不清楚这些数字的真实程度，很难判断究竟哪一说更附合实际的情况。料之常理，说加利福尼亚房地产价格上涨的主要原因在于从海外流入的华人资金，恐怕是夸大不实之词。不过，海外华人在加利福尼亚的房地产投资肯定不是一个微不足道的数字，对于加利福尼亚房地产的价格有一定的影响也是不容否认的事实。80 年代末、90 年代初，美国经济衰退，东西两岸尤为严重，可是加利福尼亚房地产的价格只受到轻微的冲击，而东北部却一蹶不振。由此可见，加利福尼亚房地产生意在相当大的程度上依赖于美国以外的资金。20 多年前作者在加利福尼亚做房客，而房东恰好是一位远在香港的华人，通过其在美国的经纪人遥控其在美国的房地产。60 年代以前，美国对华人的种族歧视十分严重，加利福尼亚的情形尤其糟糕，竟然明文规定华人不得拥有房地产。当今加利福尼亚房地产的价格高得令加利福尼亚人叫苦连天，确有海外流入的华人资金所致的原因。

地区相同，地段不同，房地产的价格也可以相去甚远。比如，90 年代中期圣路易斯地区的中等房价在 9 万元左右，而某郊区小镇上的最低房价却是 50 万，平均价格更在 100 万元以上。这种同一地区内的差价是由贫富不同而造成的。有钱人家的住宅区不仅房子大，院子也大；不仅单位面积的造价高，单位面积的地皮价格也高。结果不仅是穷人买不起，连中产阶级也只有可望而不可及的份儿。为了保障这种唯富独尊的局面，富有的市镇往往规定房子和院子不得小于一定的面积，不合规格的房子不许在镇上建造自然是不在话下，如果有人计划在这类市镇周边兴建价格比较低廉的房屋，也势必会遭到镇上居民的激烈反对，往往不能如愿以偿。

反对在附近兴建价钱低廉的房屋的情况极其普遍，并不限于有特别有钱人家的住宅区。比如，20 多年前中国某建筑公司在美国佛罗里达州投资兴建一片住宅，以价廉物美相号召，结果引起附近居民的一致反对，就是因为不了解美国的这一国情，犯了美国人的大忌。中国人在美国犯这种错误情有可原，令人意想不到的是，连美国地方政府对于美国人的这种心理，有时也会估计不足。比如，15 年前某美国发展商经哥伦比亚特区当局许可，计划在特区西北某地建造一片售价 15 万到 20 万美元的住宅。比邻的波特马克镇上的居民群起而攻之，竭力阻挠这一计划付诸实行，理由是 20 万的房子太便宜，与波特马克镇平均 35 万美元的房价不相称。政府方面的发言人说，政府只料到建造专门卖给低收入家庭的那种廉价住宅会招来麻烦，却万万没有料到兴建中等收入家庭 15 万到 20 万元的房子也会遭到反对。

美国的城市本是白人的天下，二次世界大战结束之后，大量黑人开始涌入城市寻找就业机会。不过，那时黑人基本上在社会上不存在发言权，白人可以合法地把黑人排斥于白人的生活圈子以外。比如，白人的住宅区不容黑人迁入，白人的学校不容黑人就读，甚至公共汽车、公共厕所也是黑白分离。所以，虽有大量黑人进城，却还没有太多的白人出城。60 年代以后，白人从法律上失去了凌驾于黑人之上的地位，不再能在城里保持一个与黑人完全隔离的生存空间。于是，大量白人开始从市区迁往郊区，把城市留给黑人。美国的白人不都有钱，美国的黑人也不都穷。但是，在美国的黑人和穷人之间划等号基本上也不错。因此，把城里的住宅区留给黑人，也就等于是把城里的住宅区留给穷人。于是，穷与黑就构成了美国社会所特有的社会问题。美国人称之为 inner city problem，姑且译为“市中心之患”。

所谓“市中心之患”，可以概括为“三高”，即犯罪率高，失业率高，退学率高。最普遍的罪案包括抢劫、强奸、杀人、吸毒、贩毒。像纽约、芝加哥、达拉斯、洛杉矶，每天有几口子死于非命不足为奇；像费城对岸的堪顿市，失业率长期高达 95%；很多大城市市区的中学生的退学率高达 60-70%。曾经有两件属于“市中心之患”的悲剧因受到新闻界的注意而轰动全国。悲剧之一的主角原本是个流落街头的黑人，后来被某流浪者收容所收留。不巧，该收容所坐落在一个以白人为主的小镇上，该流浪汉不堪种族歧视的压力，时时想回到以黑人为主体的城里去。某电视台在制作一部有关种族问题的专题节目时，凑巧访问了这个流浪汉。这个流浪汉在采访中说他已决心返回市区，虽然这会意味着重新流落街头，但至少是可以活在“自己人”中间。岂料就在他返回市区的当天，还没来得及在街角找个地方打开铺盖卷歇脚，就被持枪行劫的“自己人”打死在街头。悲剧之二的主角是个黑人小学生。学校老师叫学生们各写一封信给总统，目的本是在练习写作而已。这个小学生却在信中忧心忡忡地写道：他每天都提心吊胆，因为在家门口时时有歹徒发生枪战，他担心有一天他会化为流弹下的冤魂，就在他的这封信寄到克林顿总统手上的时候，他当真被街上的流弹打死在自己的家门口。

城里黑人聚居的地区究竟有多可怕，作者缺乏切身的经验，只能说有过一点边缘性的感受，那是在芝加哥大学就读的时候。芝加哥大学位于芝加哥市南部，地名唤作“海德公园”（Hyde Park），与英国伦敦那鼎鼎大名的海德公园同名，恐怕不是偶然的巧合。据说芝加哥大学的创办人极为崇拜德国的学制和英国的建筑，因而芝加哥大学今天仍有德国学制的遗风，而绝大部分校舍仍是英式的。在模仿英国建筑之时，顺手牵羊，把英国地名也一起拐带了过来。海德公园东邻密西根湖，出路还算不错；其余三面则均受困于黑人的住宅区。有一年赶上地方选举，报纸上刊载了一张各选区的平均收入图。收入中等以上的地区印成红色，收入中等以下的地区印成绿色。芝加哥市的白人大都居北，黑人大都居南，因而地图自市中心以南一大片皆绿，唯独海德公园例外，恰似

“浓绿万枝红一点”。海德公园之所以红，是因为大部分居民是芝加哥大学的教授，美国教授的收入虽不算高，毕竟远在贫困线以上。

海德公园被一条叫做中途道的、相当宽敞的马路自东向西一分为二。不过，切割得极不均匀，路北的区域宽广得很，路南则只有沿中途道而延伸的狭窄的一条。芝加哥大学校园的绝大部分都在中途道以北，而分给作者的宿舍却不巧正在中途道以南，与比邻的黑人区只有一街之隔。芝加哥大学的人一谈到中途道以南，有如谈虎色变。作者在那里一住四年，倒也还相安无事。料其原因，大概有三。其一，同楼和邻楼里住的都是大学里的研究生，没有外人。其二，防范严密。虽说地处边缘地带，毕竟仍是校园的范围，楼前楼后经常有校警的警车巡逻，大门之外有报警的专用热线电话。其三，运气好。这第三点绝不是开玩笑，作者的邻居就不都如作者幸运。楼上的一位邻居眼睁睁从窗子里看着他锁在后院的自行车被跳过院篱的偷车贼连锁车用的木架一起搬走。两个邻楼的女学生午夜时分结伴从图书馆回宿舍，在跨越中途道时被四个持枪的歹徒劫持强奸。令人不寒而栗的是，这群凶犯居然在做案次日若无其事地到做案地点游荡，简直视做案如家常便饭。可巧老天有眼，让当时正在案发现场协助警察搜集罪证的一名受害人撞个正着，当即捉拿归案。

十年前因公去芝加哥，趁便旧地重游。旧居对面的黑人区依然一片凄凉，旧居这一边却有了一番新景象。围院子的钢丝网不仅更新、加高，而且在顶上添了一层带刺的钢丝圈，看起来俨然像座兵营或监狱。与邻楼之间本来有一条狭窄的通道，如今被钢丝网封锁了。院子北面的停车场原本没有遮栏，现在被一人多高的钢丝网四周圈起，出入口更增添了自动闸门。加强安全措施不能算是坏事，但也绝谈不上是什么好事。如果不是治安进一步恶化了，怎么会有必要加强治安措施？

美国富贵人家的住宅有多豪华、多阔绰，作者同样没有亲身的经验。大富大贵人家的住宅大都隐蔽在高墙或密林之后，即使特意开车穿过这类住宅区，往往也只能管中窥豹。有一回路过一处正在开发的豪华住宅区，出于好奇，顺便下车去参观了一幢样板。美国郊外的住宅区很少由个人零星盖成，往往由一家建筑承包商兴建。不过，也不是一气呵成，盖好一大片再出售，而是先盖几个样板，吸引顾客前来参观，然后根据顾客选择的设计、位置以及内外装修款式，逐一兴建。

作者看的这幢样板是一座一层半式的楼房，一层半的楼房是 90 年代初时兴的设计。所谓一层半，从外表上看，同传统的两层楼房并无二致，只是进门之后，才会发现厅子不是传统的单层厅，而是两层打通的双层厅，目的在于营造出高敞阔大的气派。因为楼上的空间被两层高的厅占去一部分，所以，楼上的使用面积比楼下小，这就是一层半的来由。除去厅占两层以外，一层半设计的另一特点，是主卧房在楼下，而不在楼上。

从正面看，这幢样板是两层，从背面看，却是三层。这是因为这幢房子盖在斜坡上，地下室的背面完全呈露在地面上，露出地面的部分门窗齐备，看起来俨然又是正式一层。这种格局的地下室称之为 walk-out basement，直译为中文，就是“走得出去的地下室”。一层半和“走得出去的地下室”在中档住宅中屡见不鲜，并不是豪华住宅的特点。这栋房子之所以能称得上豪华住宅，是因为有如下几个特点：

第一，院子大。普通住宅院子不过四分之一到二分之一英亩，这栋房子的院子占地一英亩以上。

第二，房子面积大。一般中产阶级的住宅面积如果不算地下室，大都在2,000至3,000平方英尺之间，而这栋房子的面积有5,000平方英尺，折算成国内通用的面积单位，大致为450平方米。

第三，壁炉多。普通住宅有一个或至多两个壁炉，这幢房子却有壁炉五个。壁炉在今天早已不具有取暖的实用价值，只能起到装饰和烘托气氛的作用，但美国人对壁炉情有独钟，大都多多益善。

第四，盥洗室多。普通住宅大多有盥洗室两间半到三间半，而这栋房子的盥洗室有七间半之多。所谓半间，自然比一间小，但半间的说法却不指大小，而是指只有抽水马桶和洗手盆，没有洗澡设备的盥洗室，大都设在客厅附近供来客使用。

第五，装修考究。例如，厅子的地面是用从意大利进口的大理石铺成的，所有的房间都嵌有高档木料的护壁。

第六，院子里有网球场二，游泳池一。

最后，也是最特别的一点，是这房子有两套设备豪华的厨房，大概较小的一套为家常便饭而设，较大的一套专为摆酒设宴而备。中国人的厨房往往可以概括为脏小杂乱四个字。凡是没有来过美国的中国人，大概很难想象出厨房在现代美国住宅中的地位。在新式美国住宅中，厨房是最值钱、也是最值得一看的房间。因为除去盥洗室之外，其余的房间都是徒有四壁，而厨房却集中了各种现代化的电器设备。此外，美国人下厨时，很少有油锅炒菜，烧出来的菜肴固然谈不上好吃，却因此而得以令厨房干净、明快、滴油不沾、一尘不染。

在豪华住宅这个级别之中，这幢样板只能算是下驷之乘，离上等豪华住宅的标准还差得很远。究竟差在哪些地方？大致说来有三：其一，院子不够阔大，只有一英亩有余而不是四，五英亩。其二，车房太少，只有三间而不是五，六间。其三，没有同主建筑分开的佣人套间或客人套间。美国最著名的上等豪华住宅区，要数加利福尼亚洛杉矶的巴伐利山。那里的房子固然不同凡响，更主要的还在于房主人有不少是好莱坞的电影明星，因而其知名度远非其他富贵人家的豪华住宅区所能企及。每年慕名而来，以一睹巴伐利山明星住宅为快的游客数以万计。

前几年美国拍了部电影，就以“巴伐利山 xx 号”为名。据说该片对巴伐利山的明星住宅之豪华极尽渲染之能事。作者不曾看过此片，不过，却在报纸上看过一篇采访片中女主角的文章。这位女主角年方二八，初出茅庐就有演主角的份儿，大概同乃父即是该片的监制人不无关系。该文说千万别以为这位小演员因拍摄这部电影，遂得以住进巴伐利山而大开洋荤。事实上，对她来说倒是委屈求全了。何以言之？原来她同父母一起住在巴伐利山对面的波莱区。一般小民百姓只知道羡慕巴伐利山，而巴伐利山的居民却眼巴巴地望着对面的波莱区发呆。当年里根总统即将卸任之际，有拍马屁者献上豪宅一幢供其退休，地址正在波莱区内。

据说这位演员的家曾经是美国最大、最豪华的私人住宅。记者问：家里一共有多少房间？回答是：从来没有想去数清过。有什么与众不同的特点呢？这个她倒是清楚得很：有一间标准大小的电影院。之所以特别点明这演员的家“曾经”是美国最大、最豪华的私人住宅，是因为这第一豪宅的地位如今已改属微软公司的创始人比尔盖茨的私第了。盖茨在西雅图东郊海湾兴建的私第究竟有多豪华？可从以下几个数字窥见一斑：园林占地 31.5 亩，主建筑面积 4,600平方米，车房、杂屋面积 1,500 平方米，盥洗室 25 间，2005 年估价 136,617,000 美元，2006 年所纳财产税额为 1,012,321 美元。据说动工期间邻居不胜施工骚扰，颇有怨言，盖茨听了，把工头唤来，叫他转告左邻右舍，但凡有装修需求者，只管去做，一概由他盖茨付账，从此盖茨成为该地区最受欢迎的邻居。

如此的豪宅，当然又是最高档中的例外，谈不上具有代表性。一般上乘豪华住宅可以奢侈到什么程度呢？作者曾经在报上看到过一篇介绍盥洗室装修生意的文章，文中提到一家专做高档盥洗室生意的公司，由这家公司装修的盥洗室，起码价格是 10 万美元一间。那是十多年前的事，当时美国官方的贫困户定义是：四口之家，年收入不足一万美元。

中国的电视剧《北京人在纽约》中有这么一段剧情：男主角的女儿刚从北京飞来美国，问父亲为什么不住在城里而住在郊区长岛，父亲告诉女儿，长岛是富人区，有钱才住得起。可见编剧者对中国富不居乡，美国富不居城的这种情况已经了如指掌。不过，如果有人因为听了这段对话就以为住在纽约城里的都是穷人，那就大错而特错了。纽约、芝加哥、旧金山等，是少有的几个不符合“富不居城”这一普遍规律的城市。这几个破例的城市集中了美国最富有的一小撮。这群巨富之所以能不逃离城区而迁往郊外，大概是因为有钱佬在这几个城里为数相当可观，能够占据一大片区域，购成一个城中之城。

在纽约的这座城中之城包括中央公园附近的几条街道，其中以公园大道（Park Avenue）最为著名。凡是在公园大道上的公寓楼里拥有一个单元的，势必是身家亿万之辈。当年尼克松总统因轰动一时的水门事件被迫辞职之后，曾经想在公园大道上买个单元，尝尝隐居于闹市的滋味，结果因不受同楼住户的欢迎而未能如愿以偿。有个报业大王的掌上明珠想在公园大道上觅一处温柔乡，也因邻居反对而好梦不成。可见，想要成为公园大道上的住客，光是有钱还不行，还得与在公园大道上的原住客气味相投。尼克松之所以受拒，是因为身为在野的总统，身边少不得有几个联邦调查局的便衣保镖，公园大道上的住客不愿意让这种前呼后拥的架势打搅他们的雅兴。那位报业大王的千金之所以不受欢迎，则据说是因为她来看房子的时候带着一个黑人男朋友。这自然是隐藏的真实原因，而不是拿出来做借口的冠冕堂皇的理由。如今的世道毕竟不再比60年代以前，种族歧视的理由是说不出口的了。据作者所知，这条公园大道上也住着不少华裔，其中一户半最为知名。这一户的户主是业已作古的顾维钧；这半户的女主人是华人，男的是白人，但同中国的关系除去有个华裔老婆之外，也还有些别的东西，而且如今在中国的知名度很可能远在顾维钧之上。此人是谁？老布什总统任上的驻中国大使、克林顿政府负责远东事务的外交部长助理洛德。

如果有人问谁是公园大道上最有钱有势的人物，恐怕会众说纷纭，如果把问题改成谁是公园大道上最出风头的角色，那么，千夫所指，想必非哈雷酒店（Harle Hotels）的老板娘莉奥娜莫属。在莉奥娜偷税漏税的案子被揭发之前，莉奥娜频频亲自出马替哈雷酒店做广告。当时莉奥娜已经年愈不惑，但保养得法，打扮入时，称得上“徐娘虽老，风韵犹存”。只是一副笑容可掬的嘴脸掩盖不住两眼凌人的盛气，有一回莉奥娜在公园大道的家中接受CBS电视网鼎鼎大名的记者瓦理斯的采访，电视摄影机没有从正面显示室内的陈设，但见瓦理斯东张西望，咋舌不迭。富家贵族，瓦理斯不知会见过凡几；数以百万计的年薪，瓦理斯也不知挣过多少年。能把瓦理斯搞成像是刘姥姥初进大观圆，莉奥娜在公园大道上的公寓有多豪华，也就无须眼见而后知了。不过，令莉奥娜风头出尽的，还是当年因逃税几百万而锒铛入狱的案子。更确切地说，是莉奥娜的女佣在法庭上揭发莉奥娜说过的那句“只有小民百姓才纳税”的名言。偷税漏税的富翁富婆在美国多如过江之鲫，一个个高枕无忧，唯独莉奥娜身败名裂。难道是因为出言不慎，一语道破天机？其实，把莉奥娜捉拿归狱也只是做做样子以平民愤。莉奥娜在一所条件良好的监狱中没蹲几个月就以贵体欠安为由假释外出，依旧回到她在公园大道上的豪华公寓中去过养尊处优的日子，只是没再好意思到报章杂志和电视上去抛头露面而已。

很多事情美国人都喜欢自己动手，自己盖房子的却不多见，原因是麻烦诸多。第一大麻烦在借钱难。借钱买房子同借钱盖房子是两回事。买房子有现成的房子做抵押，债务未还清以前，债权人是房子的法定主人，有权把房产变卖抵债。借钱盖房子，没有现成的房子做抵押，万一房子没盖起来而贷款却用完了，债权人要落得个竹篮子打水的结果。所以，借钱盖房子难得很，即使借到，也少不得要付较高的利息，因为债权人须承担更高的风险。

麻烦之二在于手续复杂。如果你自己没有大学土建系毕业文凭，不少地方政府都不允许你作为合法的建造人。换言之，即使你有钱有地，也极可能须花钱雇用一名有文凭的人替你承担建造房屋的法律责任。花钱事小，找到可靠的人并不容易。此外，你要同木工、电工、水泥工、自来水公司、下水道公司、电话公司、煤气公司、供电局、盥洗室装修商、厨房装修商等等诸多机构和人员打交道。关系处得不好时，轻则延误工期，重则卷入官司。

麻烦之三，满足官方的建筑要求也可能颇费周折。这些要求往往归房子所在地的政府规定并监督执行。有的地方马马虎虎，巴不得有人来开发。有的却严格得很，对房子离路须多远，地基须有多深，墙须多厚，门窗须用何种规格，等等等等都有详细的规定，稍不如法，则有被勒令拆除的风险。如果你通过建筑承包商盖房子，所有这些麻烦都同你擦不上边，一切有承包商替你包办。而对于建筑承包商来说，这一切都只不过是日常的业务，根本无所谓麻烦可言。

房子无论盖得多好，都难免没有天灾人祸，于是，房屋保险的生意就应运而生。对于借款买房子的人来说，房屋保险是非买不可的，是获得抵押贷款的先决条件，因为债权人不想看到其抵押品有毁于一旦的风险。最普通的房屋保险包括风火偷盗。风火指房子本身以及房内的财产，如家具、衣物、首饰之属；偷盗则专指房内的财产而言。一般来说，保险业是有赚无赔的买卖。例外的情形当然也有。某年佛罗里达州迈阿密一带遭到空前规模的台风袭击，受毁于风雨的房屋数以万计，某保险公司不巧承担了该地区绝大部分住宅的保险，结果该公司的股票因此而大挫。

另一家保险公司赔钱的例子，则大有讽刺意味。赫赫有名的韩卡克斯保险公司在波士顿兴盖一座全玻璃墙面的摩天大厦。盖好之后发现所用玻璃不合规格，于是要求建筑公司更换玻璃并赔偿因此而造成的业务损失。韩卡克斯保险公司原以为少不得有一场官司同建筑公司打，却不料该建筑公司一口承应了一切要求，但结果却令韩卡克斯保险公司哭笑不得。原来建筑公司之所以这么好说话，不仅是因为买了建筑施工过失保险，有保险公司替其承担赔偿，而且还因为承担这项施工过失保险的不是别人，正是韩卡克斯保险公司自己。

保险公司之所以经常有赚无赔，根据的是统计学的原理，只要能够卖出一定数量的保险，保险公司所冒的风险则必然会低于所得的利润，卖得越多，风险也就越小。除此之外，要懂得如何耍赖皮。保险合同常常写得不清不楚，有利于保险公司一方的漏洞多，一旦真出事，保险公司雇有高明的律师替其开脱责任，雇不起懂行律师的小民百姓只有任其宰割的份儿。作者有位朋友住在达拉斯，一个周末外出度假，回来后发现房子被盗，电视、录像机、电脑以及首饰均不翼而飞。他向保险公司报失索赔，保险公司要求出示所失物品发票，朋友是个细心的人，一切贵重物品大都不仅有发票，而且还有照片为证。却不料仍少不了为一条24K金的项链同保险公司扯皮。保险公司用鄙夷的态度告诉他说：首饰根本不可能有24K金的。言外之意，朋友想敲榨却又外行得很，以至于丢人现眼。美国的首饰的确是没有24K金的，一般都是10K、12K或14K，连18K的都难得一见。朋友告诉保险公司：他那项链是从中国带来的，24K金首饰在中国多的是，只有美国人才好意思把10K金的首饰称之为金首饰而不脸红。唇枪舌战的结果，朋友似乎没有输，只是无济于事。保险公司要朋友向中国的首饰店出具证书来方才予以考虑，那条项链是朋友家里祖传的，叫他上哪儿去找证书，只好不了了之。

美国的住宅因为大多是木结构，除去担心风火地震之外，还要担心白蚁。没有保险公司做白蚁保险的生意，由此可见房屋受白蚁危害之大。做喷杀白蚁药剂生意的公司则频频打电话上门，警告你如果还不请他们来喷洒药剂，你的房子立刻就要遭殃。有一家灭蚁公司更是耸人听闻地在电视上宣称：美国的住宅只有两种，一种是已经让白蚁蛀伤了的，另一种是即将被白蚁蛀伤的。据说美国白蚁为害最严重的地区数达拉斯，达拉斯因而被人笑称为“白蚁之都”。作者在达拉斯的那位朋友不仅曾受害于达拉斯的盗贼，也曾受惊于达拉斯的白蚁。他在买房不久发现白蚁的踪迹，立刻打电话向某灭蚁公司呼救。接电话的人问他在哪儿看见白蚁，他回答说在后院的墙上，对方听了大笑，说院墙上有白蚁用不着大惊小怪，连他自已家里的院墙上也有，哪儿有功夫去管这么多，等白蚁进了房再杀不迟。达拉斯的白蚁竟然多到连专做灭白蚁生意的公司都赖得管的地步，可见这“白蚁之都”的称号绝不是凭空得来的。

白蚁在美国为害之深、之广，也可以从房屋买卖手续上窥见一斑。房屋过手，无论新旧，卖方都得出具一纸无蚁证书，证明房子在出卖时没有白蚁，如果房子在过户后30天内发现白蚁，由卖方负责聘请灭蚁公司上门喷杀。看起来好像很认真，其实不过是一纸空文。盖新房子用的木料都经过化学处理，一年半载之内不会有白蚁活动。旧房子的卖主没有不在出卖之前请灭蚁公司上门喷射药剂的，一般每喷药一次，可以保证几个月之内无白蚁之忧。

美国的住宅价格虽然有所波折，却并非一路青云直上，但多年来以上升为主，不少人因此而误以为房屋是不折旧的可居奇货。造成如此误解的原因大概有二。其一，房屋的价格包括地皮的价格在内，地皮无所谓新旧，当然无折旧可言。其二，美国自二次世界大战以来人口增长迅速，造成住宅市场供不应求，房子的价格逐年上升，造成不贬值的假象。之所以说是假象，是因为如果比较两幢除新旧之外别无不同之处的房子，则新的肯定比旧的贵，而且新住宅的价格上升率也远高于旧住宅。十年前美国人口增长的势头明显减弱，令一些经济专家预测买房子不再是很好的投资。不过，这样的预测至少在2006年以前在加利福尼亚并不灵验。加利福尼亚房地产价格在此之前持续上升，令从外地迁入者叫苦不迭。有位房地产经纪人对电视记者说，每逢引领外地迁入者看房时，她都得随身带着面巾纸以备不时之须。什么不时之须？不少人对加利福尼亚的高薪水兴奋不已，一旦得悉房产的天价，往往忍不住破笑为啼，要用面巾纸拭泪。

自从2006年以降，房地产价格跌落的预言终于在美国全国范围内成为事实。据2008年3月公布的资料，房产价格下跌最惨的十大城市为萨克拉门托、拉斯维加斯、圣地亚哥、坦普尔、洛杉矶、迈阿密、菲尼克斯、杰克森维尔、底特律、亚特兰大。与前一年相比，分别下跌18.5%、17.2%、17.1%、11.7%、10.7%、10.6%、9.5%、8.7%、7.7%、7.1%。

房价下跌，只可能对一种人有利：手上无房又恰好准备买房的人。至于其他人，无不视之为坏消息。处境最糟的，以常理推之，应当莫过于刚刚购进者，可事实上却是大量发放房地产抵押贷款的商业银行。比如，美国花旗银行就因此而严重亏损，不仅令其股票大跌，而且导致整个美国股票市场一蹶不振。原因何在？也许有人会说：根本的原因在于银行的贪得无厌。不过，商业之道本来就是一个“贪”字。不贪，无以为商。撇开这一根本的原因不谈，最直接的原因在于前几年出现的两个现象。现象之一，房地产抵押贷款利率普遍下降到极其低的程度。现象之二，房价普遍迅速上涨，加利福尼亚则呈飞涨之势。房价迅速上涨，大抵因为利率一再走下。加利福尼亚房价飞涨，则大抵因为其增长率本来一向高于其他地区，其他地区既然迅速上涨，加利福尼亚自然就成了飞涨。至于抵押贷款的利率为何一再下挫，不少经济学权威都认为根结在中国。何以言之？中国利用美金外汇储备购买大量美国国债，美国联邦储备银行从而降低对美国商业银行购买美国国债的要求，商业银行于是而拥有更多的资金发放贷款。利率同其他商品的价格一样，高低取决于供求关系。可用于放债的资金过多，相对而言，借贷的顾客数量就等于减少。为了争取更多的顾客，商业银行于是争相降低利率。

如果银行止于争相降低利率，而不曾违背通常的房产抵押借贷规则，那么，也许还不至于导致如今的惨淡境地。什么是通常的房产抵押借贷规则？其一，28%-36%的上限。所谓28%-36%的上限，指借贷者每月所支付的房产抵押贷款不得超过每月毛收入的28%，所支付的房产抵押贷款与非房产长期贷款的总额不得超过每月毛收入的36%。其二，借贷者须缴纳20%的首期。倘若借贷者选取只缴纳10%的首期，则每月须支付额外的借贷保险金。所谓借贷保险金，只是个说法，其实等于是提高了利率。其三，发放的贷款额不得超过房产市场价格与首期之差。比如，房产市场价格为50万美元，首期所付为10万美元，则贷款额不得超过40万美元。

眼见加利福尼亚等地房产价格飞涨，银行纷纷在加利福尼亚以及其他房价涨势迅猛的市场打破通常的房产抵押借贷规则，新招迭出。什么新招？比如，放宽28%-36%的上限规则，令本来不具备借贷条件者也可借贷。不要求借债人支付20%的首期，甚至根本不要求借债人支付任何首期。最糟糕的手法，是发放高于房产市场价格的贷款。比如，房产只值50万美元，银行却愿意贷款60万美元。倘若房产继续上涨，这些打破常规的新招的确仅见其利，未见其弊。可世上哪会有不散的筵席？本来房价飞涨之地，如今恰为价格猛挫之区。

倘若借贷者支付了相当可观的首期，除去负隅顽抗，等待房产市场起死回生外，恐怕别无他路可走。不过，对于没付首期，甚至借得高于房产下跌以前价值的贷款者，情形就不同了。这些人可以采取走为上计，一走了之，看你银行拿我如之何！加利福尼亚甚至有一家公司应运而生，名字就叫“一走了之”（Walk Away），专门经营协助借债人撒手赖债的生意。银行当然不是束手无策，根据法律，产权本在银行之手，一旦借债人不付款额，银行可以将房产收回出售。问题在于，借贷时房产价值高，收回出售时房产价格低，即使收回，差额自然成了银行的亏损。倘若银行曾经发放高于房产当时市场价格的贷款，亏损自然就更加惨重。

令发放抵押贷款银行陷入困境的另一原因，在于重新贷款。如上所述，由于前些年利率持续下跌，很多房主在数年之内一而再、再而三地重新贷款。新旧贷款更替之时，房产须重新估价以确定可借款的上限。那年头房价上涨不已，因而每逢重新借贷之时，借债人都有机会借得超过偿还旧债的款额。很多借债人于是趁机多借，以为是飞来鸿福。一旦房价急剧下挫，“飞来鸿福”就立即化为灭顶之灾，即使卖掉房产，也无法偿还贷款。怎么办？也是一走了之，把麻烦留给银行。

美国房产市场在连续兴旺多年之后终于成为泡沫，原因何在？这可与中国没有关系，大抵是因美国经济即将进入、或者已经进入萧条状况。至于萧条因何来临，专家们往往只会提供一些马后炮般的解释。以作者之见，物极必反乃是任何事物的自然规律。一往无前，有进无退，只是一厢情愿的理想，从来不存在于现实之中。

同样年头的房子，保养得法与否，对其折旧率的影响极大。为了保持房子的价值，几乎家家户户都为油漆粉刷、更新设备而忙个不停。于是，建筑材料零售生意兴隆得很。经意这种生意的商店往往规模庞大，货品齐全，从地板、磁砖、木条、灰板、壁厨、碗柜、澡盆、马桶，到油漆涂料、五金电器、水管门窗，凡是维修房屋用得着的，无不具备。有的还兼做园林庭院的生意，大小树木、四季花草、化肥农药、剪草机器、浇灌设备，凡是美化环境用得着的，也无不毕集。十多年前，经营建材生意的商店数目相当多，如今则近乎被 Home Depot 与 Lowe's 两家公司所垄断。据作者的观察，垄断之后，商品的选择范围明显不如以前。垄断之害，由此可见。

房子无论保养得多好，岁月久了，总不免在格局和设备上落后于时代。于是，专做房屋局部翻新改造的生意便应运而生。局部翻新改造也不是件简单易行，说做就能做，做完就了事的事情。凡是牵涉外观改动的工程，往往须先将图纸呈送地方政府核准。如果房子属于比较好的住宅区，在把图纸呈送地方政府之前，还要先经住宅区管理委员会审批。许多管理委员会订下极琐碎的章程，凡是违章的设计一律打回，根本没有呈交地方政府的机会。翻新改造一旦竣工，还得重新估量房子的价值，以便调整财产税的税额。

新房子的交易大都在买方与开发商之间直接进行，不少开发商甚至拒同房地产经纪人打交道。旧房子的交易则普遍通过房地产经纪人，由卖方直接出售的例子不多，据说是不请房地产经纪人从中斡旋，害多于利。所谓利，当然是指能省下付经纪人的佣金。所谓害，则不止一端。例如，房主在家，来看房子的客人可能觉得不自在；没有中间人，讨价还价均不方便；缺少懂行的人，买卖协议书可能有法律漏洞；如此等等，不一而足。房地产经纪人替卖方做广告，领买方上门看房子，替买卖双方讨价还价，看起来像是替买卖双方服务，而事实上传统的房地产经纪人都是卖方的代理人，房子一旦成交，房地产经纪人从成交额中提取佣金，目前的提成标准是 6%。受雇于买方或买卖双方的房地产经纪人属于新型代理人，数量甚少，也未见有逐渐流行之势。根据法律，受雇于卖方的房地产经纪人须向买方交代自己身为卖方代理人的身份，以免买方误解而受欺，但法律并没有规定交代身份须在双方洽谈生意之始，于是，不少房地产经纪人都等到生米煮成熟饭，买方欲退不能时，方才装模作样地亮相。

上文提到超过半数的人是房东，这不等于说剩下的就都是房客。除去房东和房客，还有什么人？无家可归的人。这种人究竟为数多少？比较保守的估计是 300 万，比较不保守的估计是 1,350 万。数字相去如此之远，一方面固然是因为无家可归者四处漂泊，行踪不定，难以统计；另一方面也是因为美国举国上下对这些失落者甚少关心，一切社会福利都止于有地址可寻的穷困户，没有地址的流浪者似乎已被视为社会以外的分子。

说“美国举国上下对这些失落者甚少关心”，可能还过于轻描淡写。事实上，如今美国人对流落街头行乞的无家可归者不仅欠缺同情，而且大有不肯容忍之势。对此，作者曾经写过一篇评论，兹摘要如下：

今日上网，赫然在《美国日报》网站上看到这样一则报道：近年来越来越多的美国城市已经通过或酝酿通过禁止在闹市区等地行乞的法律。立法的理由呢？居然是有碍观瞻。有的城市竟然立法，视行乞者为争取怜恤而说谎为犯罪行为。

今日美国竟然有如此的社会现象与民情，委实令作者吃了一惊。美国宪法不是赋予公民以“言论自由”权力么？难道乞丐不能算是公民了？

接着看报道，果然有维护人权的组织认为这样的地方法律违反了宪法赋予公民的“言论自由”权，也果然有某地方高等法院以此为据而判决这样的法律无效。再接着看，却又看到说某城市的立法被宣告无效后随即把法律条文改头换面，以妨害交通为借口而重新通过。

在穷国有行乞现象，不足为奇。在世界上最富足的美国也有行乞现象，虽然多少有些奇，并不难理解。富足并不必然会导致社会福利的完善，即使有完善的社会福利制度，也并不能保证杜绝行乞的现象。

难以理解是：为什么美国近年来有越来越多的城市出现禁止行乞的要求？是因为行乞的人数增多了？还是因为社会对行乞的容忍度降低了？前者是经济出了毛病，后者是社会出了问题。无论是因为前者还是因为后者，抑或是因为二者兼而有之，都绝不是什么好消息，值得有关当局警惕、关注、研究、从而寻求出补救的方法。企图依靠立法禁止，造成眼不见为净的假象、掩盖真实、粉饰太平，绝对是下策。

美国作家欧·亨利写过一篇有关流浪者的故事：夏日在公园里的长板凳上过夜，每逢冬季来临，就在光天化日之下打破商店橱窗的玻璃，等候警察将其捉拿到监狱去过冬。欧·亨利写的是一百多年前的美国，如今的流浪者不能像其一百年前的前辈那么幸运。如今美国的公园即使没有门和墙，也大都在入口立着一块牌子，上面写着早上几点几点开，晚上几点几点关的字样。也许有人会问：既然没有门和墙，怎么个开法和关法？初来美国时作者也曾把这种牌子当笑话看，直到某一天午夜时分企图穿过家门口一个极小的街心公园而遭警车截住时，才知道这种牌子并不是一纸空文，搞不好要吃官司。由此可见，如今的流浪者，在夏天恐怕没有在公园的长板凳上过夜的福气了。

如今美国的监狱囚满为患，杀人、放火、强奸的歹徒都可以因为监狱超员而提前释放，打破块玻璃哪还有机会混进监狱去过冬？在纽约街头时常可以看到流浪者坐在大厦的暖气排气口，凭借暖气余热取暖。某年冬日，作者从芝加哥机场乘地铁南下，沿途看到好几处三五成群的流浪者在围着废弃的汽油桶内点火取暖，这就是无家可归者过冬的方法。顺便说明一下，美国的地铁并非全在地下，往往一驰离市中心区就跑到地面上来，有时甚至跑上高架轨道。否则，坐在地铁里如何能看到沿途的景象？流浪街头的不仅有汉子，而且也有女人。流浪的妇女一个个蓬首垢面，勾腰驼背，其景况之凄凉，较之流浪的汉子，有过之无不及。某年电视和报刊竞相曝出一则新闻：一对在流浪中邂逅的男女居然决定结婚。有好事者闻讯之后慷慨解囊，让新郎新娘得以披上礼服婚纱，是模是样步入教堂成礼。婚后的日子怎么过？照旧沿街讨乞，路边过夜？对于这些无家可归的流浪者来说，所谓的“美国梦”，只是好梦难成罢了。

2.4 无车寸步难行

生活在当今的美国，出门无车，寸步难行。美国人的生活方式是以有车为既定前提。住家同上班之地相去八、九十里，寻常得很；买趟菜跑上十二、三里，逛趟商场跑上二、三十里，更是等闲视之。距离遥远且不说，而且公共交通工具缺少。因此，如果出门无车，只能坐困家中。

如何会产生这样的前提？有人说是美国汽车工业一手造成的，把责任完全推卸给汽车工业，有些因果倒置 。如果不是大多数美国人都是以车代步，汽车工业的本事再大，恐怕也不可能造成今天这种局面。

80 年代之初，美国的汽车工业为“通用”、“福特”、“克莱斯勒”、“美国”四家汽车公司所垄断。“美国汽车公司”规模最小，势力最弱，终于没能熬过 80 年代初的经济大萧条，被法国的雷诺汽车公司收购。尔后，其生产吉普车的部门又被克莱斯勒公司从法国人手中买回，成为克莱斯勒公司旗下的摇钱树。由该部门生产的“大切诺基”（Grand Cherokee）不仅大为畅销，而且简直掀起一个时兴 SUV 的新潮流。想当初，“美国汽车公司”沉没之时，克莱斯勒也如泥菩萨过江自身难保。为何克莱斯勒不曾与“美国汽车公司”同时关门大吉，却反而能够收购“美国汽车公司”留下的遗产？基本上是因为美国联邦政府出面干予，从财务上予以担保之故。

不过，被美国舆论界吹捧为克莱斯勒公司救星的，却不是美国联邦政府，而是李·亚柯卡。李·亚柯卡何许人？此人原是福特公司副总裁，当时福特公司的总裁一职仍然操在福特家族之手，外界的传闻却预测总裁一职即将会由福特家族以外的人接替，而大众心目中的“外人”，正是李·亚柯卡。岂料福特总裁在卸任之前一脚把李·亚柯卡踢出福特公司门外，福特总裁一职的确落入“外人”之手，不过这“外人”却不是李·亚柯卡。正当李·亚柯卡忿忿然、悻悻然又无奈何之际，克莱斯勒公司面临全面崩溃的危机，在联邦政府的支持与斡旋之下，物色新人出任总裁一职。不少专家对克莱斯勒公司的生存不抱什么希望，李·亚柯卡却认准克莱斯勒公司是奇货可居，一经相邀便欣然上任。

李·亚柯卡上任伊始就宣称：既然公司亏损严重，他只领取一块美金象征性薪水。好一副临危受命，大义凛然的气慨！相比之下，被赛洛克斯公司（Xerox）请去救命的那位总裁，在谈身价的时候竟然要把女儿上大学的学费都写进聘用合同，简直是太小家子气了。当年纨绔总统肯尼迪宣布不受薪水，算的自然是政治账，这回富翁总裁李·亚柯卡领取一块的薪水，算的却是经济账，因为在只领取一块钱薪水之下还有下文。什么下文？他要分享克莱斯勒公司的利润。当时克莱斯勒公司的账簿上一片通红，找不到一个黑字，大大小小的债主都大眼瞪小眼，看着收不回的烂债干着急，哪有什么利润可言？于是，无论李·亚柯卡如何狮子大张口，克莱斯勒公司的董事们都点头如捣蒜，应承不迭。孰料不出三年，克莱斯勒公司就无债一身轻；不出五载，克莱斯勒公司的利润就如春潮滚滚而来。于是乎，李·亚柯卡大发其财自不在话下，而且被新闻媒体炒作为企业管理的旷世奇才。

美国人一旦出名，立刻树碑立传，目的却不见得在于遗臭流芳，大多只是向钱看。李·亚柯卡的传记也及时出版，不多时便风靡全美国。当时共和党当政，一些不甘久居林下的民主党政客看上李·亚柯卡的风头，纷纷游说身为民主党人的李·亚柯卡出山，同共和党总统候选人布什一决雌雄。无奈李·亚柯卡对政治缺乏热忱，谢绝了政客们的邀请。他不仅无心卷入政界的纷争，即使在商场也颇识激流勇退之道。正当克莱斯勒公司的股票上升至顶峰之际，他在一片歌功颂德声中辞去总裁之职。功成身退之时，据说李·亚柯卡从克莱斯勒公司分取的利润早已不下几十个几百万。算准了经济账且不说，更有锦上添花的好事在等着他。正当李·柯卡春风得意、踌躇满志的时候，福特家族却霉得捉襟见肘，以至要出售位于底特律的豪华私第。产业易手之后，新业主的庐山真面目才为世人所知，原来不是别人，正是当年被旧业主一脚踢出福特公司的李·亚柯卡。

自从“美国汽车公司”覆灭之后，美国的汽车工业于是形成三足鼎立的局面。不过，美国的汽车市场却并不由这三大汽车公司所垄断。80年代初，最大的外来势力数德国。当时满街都是德国大众汽车公司的“甲虫”（Beetle）和“兔子”（Rabbit），名副其实地大众化。有钱人坐的不是“奔驰”（Benz），就是“宝马”（BMW），也都是从德国来的进口货。其次数法国与意大利，法国的标致、西门卡，意大利的菲亚特都有一定的市场。至于日本汽车，不过刚刚挤进美国市场，身价低得可怜。丰田、本田与日产的小车子被说成只配给家庭妇女上街买菜，好像一上高速公路就会被美国的大车压扁似的。当时美国大号

(full size）轿车也的确够大，足有日本小车两个长，一个半宽。不过，日本车之所以被美国人小觑，同车子的大小其实并没无关系。德国的“甲虫”和“兔子”不是也同样小得很么？怎么不曾被美国人小觑？真正的原因是美国人从心里没把日本人当回事，以为日本不过是小日本，哪配有本事在美国汽车市场夺占一席之地！

车大自然费油，一辆新的美国大号骄车在高速公路上跑六、七英里就得消耗一加仑汽油，旧车子在市区内的耗油量之大就更不用提了。70年代末的石油危机令汽油的价格猛涨，为省油的小车创下千载难逢的机会。机会是天赐的，能否把握住机会还要看人。日本人把握住了，德国人、法国人、意大利人、美国人都没有。德国的“甲虫”不能满足80年代提出的反空气污染法的要求，只能从美国市场光荣退役。接替“甲虫”的“兔子”，在舒适方面未能有所改进，在可靠性能方面却退步良多，凭借“甲虫”的余荫行销了一阵之后就不再受人欢迎了。法国、意大利生产的小车既无新意，亦无特点，平庸得令人望而却步。至于美国的三大汽车公司，先是对小车市场视而不见，一俟发现有利可图，又手忙脚乱地推出粗制滥造、毛病百出的产品。只有日本汽车工业在设计和性能上精益求精。结果，不出数年，日本汽车就在美国大行其道，俨然成为高质量与高效率的代名词。法、意汽车眼看在美国生存无望，先后从美国市场全面退出。德国的大众坚持不走，几经奋斗，终于起死回生。不过，那是90年代的后话。在80年代之时，只是苟延残喘而已。

日本汽车不仅成功进入美国市场，而且不断扩大在美国的市场，逐渐令美国三大汽车公司招架不住。于是，三家公司竞相游说联邦政府，试图让美国政府出面对日本车的进口实施限制。美国政府素以自由贸易的旗手自居，动辄指责他国搞保护主义，如何好意思向日本启齿？正当美国政府进退维谷之际，日本人摆出以德报怨的高姿态，主动提出限制对美的汽车出口。不过，日本车的进口量虽然受到控制，美国市场对日本车的需求却并没有因此而减少。求过于供的关系致使日本车价上涨，结果是日本公司虽然少卖了车，却并没有少挣钱。于是，有些人忿忿不平地指出日本人的算盘真是打得太精了！说日本人会打算盘固然不错，不过也应当看到求过于供只能怪美国人自己，怪不上日本人。此外，如果不是日本人放慢入侵的步伐，克莱斯勒公司起死回生的奇迹恐怕根本不可能发生，福特公司未必能有机会在90年代生产出曾经畅销一时的“金牛”（Taurus），通用公司恐怕也不能顺利地搞出一个专门生产小车的分公司“萨特”。所以，虽说日本人会打算盘，也还是对美国人施舍了些许德政。

正当美国三大汽车公司为在中低档轿车市场上的形势有所好转而沾沾自喜的时候，日本的丰田和日产相继推出豪华级别的“凌志”（Lexus）和“无极”（Infiniti），令三大公司虚惊一场。说“虚惊”，因为当“凌志”和“无极”初上市时，其价格同美国的豪华轿车“卡迪拉克”，“林肯”、“纽约客”相近，让美国人以为美国的豪华轿车将是日本汽车公司的下一个打击目标。岂料“凌志”与“无极”问世不过两年，各汽车杂志和报纸的评车专栏齐声喝彩，把日本豪华轿车捧为豪华轿车的新标准。言下之意是：一向被视为豪华轿车标准的“奔驰”和“宝马”已经败落下风，美国的“卡迪拉克”之流哪还有资格与之相提并论？性能超越“奔驰”、“宝马”，还不足以同“奔驰”、“宝马”并驾齐驱，价廉物美并不是推销奢侈品的成功之道。有钱人要炫耀的不是如何会省钱，而是如何会花钱。丰田与日产深谙个中奥妙，“凌志”与“无极”上市不出三载，就调整价格，令其与同类型的“奔驰”、“宝马”看齐。于是，有钱佬遂蜂拥而来，公路上的“凌志”与“无极”日见增多。结果，美国汽车公司的一场虚惊，演化为日德汽车公司之间的一场实战。

据说通用生产的“卡迪拉克”在国内受欢迎的程度不在“奔驰”、“宝马”之下，倘若属实，则真是咄咄怪事。“卡迪拉克”在美国从来不是“奔驰”、“宝马”的对手。这其中也许不乏崇洋媚外的心理，但“卡迪拉克”无论在质量上还是在性能上的确不能媲美“奔驰”与“宝马”。每逢发生车祸，警方与保险公司都会调查肇事的原因，如果有多起事故源于汽车设计或生产上的纰漏，联邦政府会勒令厂家召回有关车辆维修。倘若汽车公司拒不受命，这就意味着在汽车公司和联邦政府之间有一场官司要打。更多的时候，汽车公司心中有数，会主动召回有毛病的车辆。高档车不应有召回的事件发生，即使偶然发生，受牵连的车辆应当为数甚少，毛病应当不甚严重。“卡迪拉克”却远远不能达到这种标准。比如，1994 年通用公司一次就主动召回 1991 年至 1993 年间出厂的全部四十多万辆“迪维尔”型“卡迪拉克”，原因是通向引擎的一条油管漏油，业已引起二十七起火灾。

除去质量不行之外，“卡迪拉克”不能媲美德日豪华车的原因还在于形像不够时髦。在美国人心目之中，“卡迪拉克”是“爷爷奶奶”的车。何以会如此？通用公司的推销策略要负直接责任。根据通用公司的理论，顾客只有捱到两鬓飘霜才买得起豪华汽车，因而“卡迪拉克”的性能与外型迎合的都是老年人的口味，多年来替“卡迪拉克”拍广告片的也都是年逾不惑的绅士淑女型模特。如今美国年纪轻轻就腰缠万贯或虽不腰缠万贯而出手大方得有如腰缠万贯者大有人在，这些年轻人绝不想认同“卡迪拉克”广告片中的富翁富婆，也绝无口味欣赏“爷爷奶奶”的车款。十多年前，通用公司悟出自己的失策，曾经一度试图模仿“奔驰”与“宝马”来改造“卡迪拉克”的形像，结果却既得罪了“爷爷奶奶”，又没巴结上“孙儿孙女”。没办法，通用公司只好还是把“卡迪拉克”牵回“爷爷奶奶”的车队。

日本车走俏美国，虽然也令德国汽车工业的出口生意受损，受打击最大的自然还是美国的汽车公司。经过二十年的竞争，美国三大汽车公司中最小的克莱斯勒首先招架不住，在1998年同生产“奔驰”的德国公司戴莫勒合并了。名曰合并，其实是被戴莫勒吞并。因为合并之后，实权皆操在戴莫勒经理人员之手。戴莫勒吞并克莱斯勒是否是明智之举？从一开始就有人质疑，没过多久就有了答案。也许出于文化背景的不同，也许出于其他的原因，总之，合并之举并未能扭转克莱斯勒继续亏损的走向。2007年戴莫勒终于认栽，把克莱斯勒转手给美国一个称之为Cerberus Capital Management的私人财团，克莱斯勒从而以非上市公司的身份重返美国汽车舞台。再度起死回生的克莱斯勒究竟能维持多久？作者不看好。Cerberus Capital Management聘请克莱斯勒的总裁，并非是管理汽车的行家如李·亚柯卡，而是对汽车这一行一窍不通的、擅长捣钱的高手。为何聘请外行当家？“醉翁之意不在酒”，显然是在打变卖的主意，结果极可能是把尚有盈利能力的吉普车部门卖掉，获利之后就关门大吉。

通用与福特的状况如何？也不比克莱斯勒好多少。以车辆销售数量而言，通用多年来一直雄踞世界首位，因此而号称世界第一大汽车公司。2007年丰田首次超越通用，从通用手中夺走了这世界第一的称号。其实，就利润与股票市场价格而言，通用与福特早就不是丰田的对手。据2008年3月的资料，上个会计年度通用亏损近20亿美元，福特亏损近13亿美元，而丰田的利润接近12亿美元；通用的股票市场价格为180亿美元，福特为149亿美元，而丰田则高达2,177亿美元，是通用的12倍、福特的14.6倍。或许早晚有一日，通用或福特会步克莱斯勒的后尘，成为历史的陈迹。

出门无车难，出门有车也不容易。有车之难，首先难在要有钱买车。90年代末的平均车价据三大汽车公司的统计是一万七千美元，据联邦政府的统计是两万美元。无论相信哪一说，都与当时大学毕业生的实际年平均收入相去无几。所谓实际收入，指扣除各项正税杂税之后的净收入，大约相当于毛收入的65%至70%。一般来说，存钱买车不是办法，因为工资增长率总是追不上通货膨胀率，通货膨胀率总是追不上车价上涨率。于是，像买房子的情形一样，大多数人都是通过贷款买车。传统的新车贷款方式是两年定期定利率，尔后出现三年的方式，近来更有定期四年，甚至五年者。定期的期限越长，每月的分期付款额就越低，收入低的人只有走这条路，不会算账的人也以为这是可趁之机。其实，对于很多美国人来说，并不是机会而是陷阱。何以言之？因为不少美国人喜欢每隔两、三年就换辆新车，倘若如此，则换车时卖掉旧车的全部所得，将不足以清偿定期四年或五年的车债。

除去买车之外，尚有租赁一法。常见的租赁法是为期两年或三年。每月所付租金低于买车的分期付款。不过，租约到期，车还原主，租赁者一无所有。有人鼓吹买车上算，有人鼓吹租车上算。其实，两说都有理由，却也都不尽然。如果当真有一种方法比另一种方法合算，那么，不合算的方法就不可能存在。购买和租赁之所以能并存，是因为在某些情形下租优于买，而在另外的情形下却是买优于租。具体到某个人，买与租之中则确有一种方法比较上算。一般来说，凡是不打算长期拥有车辆的人，凡是租赁可以减少所得税的人，租优于买。反之，则买胜于租。

车价不是有车的唯一大宗开支，保险金往往不是一笔小数目，可以从一年五、六百美元到一年一千二、三百美元不等。所保项目买得越多，所保的金额越高，保险费也就越高。同样的保险，车与车主的条件不同，保险费用也会有差别。比如，车子的安全性能愈佳，车主的开车经验愈长，事故和违章的记录愈少，车主住宅地区的治安状况愈好，每年所开里程愈短，保险费也就会愈低。反之，则保险费就会愈高。这也不难理解，令人不得其解的是，美国每年因酒后开车而造成的严重事故数以万计，因抽烟而肇事的例子从未有所闻，不抽烟的人却可以享受保险折扣，不喝酒的人却不能。

车债未偿清以前，债权人是车子的法定主人，车子买不买保险，怎么买法，都由不得车子的买主做主，虽然保险费要由买主完全承担。债权人不愿眼见车子的价值因事故而有所损伤，自然会要求买主买较高限额的保险。一旦还清债务，保险买不买，买多买少，取决于所在州的法律与车主自己的选择。二十几年前，不少州政府并无必须购买保险的规定，近来情况有所变化，要求必须买保险的州逐渐增多。一般来说，州法律规定的是一个下限，规定必须买的项目与起码的保险额，目的旨在保障他人的生命和财产，车主的选择在于选取一个上限，目的旨在保障自己的生命和财产。

除去保险费，还有一项没有人心甘情愿付、却又不得不付的费用。什么费用？罚款。常见的罚款是停车违章与超速行驶。英文的 no stopping 和 no parking 的意思不同，前者指“不准停留”，后者指“不准停放”。凡是有 no stopping 牌子的地方，只要车子不在移动，即使人在车中，引擎还开着，也属违章。凡是 no stopping 的地方，自然也是 no parking 的地方，而凡是 no parking 的地方却不一定也是 no stopping 之处。一般来说，no stopping 的地方甚少，而 no parking 的地方甚多。

停车违章不止发生在不准停车的地方，更多的时候是因为停放时间超过了塞进停车收款机的硬币所允许停放的时间。有的收款机上标明不得停放若干时间以上，碰上这种情形，即使你在停车时间到后又重新投下硬币，继续停车仍属违章。曾经有人把车停放在只许停放一小时的某地，停车人走后，来了个警察，用粉笔在前后两轮与地面相切的地方作上记号。一个小时以后，警察回来看见车子仍旧停在原来的位置，于是，开出一张罚票。受罚者不服，声称在警察前后两次来察看之间，车子开走了又开回，只是凑巧停在同一切点。官司打到法院，法官却把案子转交给某大学的数学系，请教授们算算这种凑巧的机会有多大。案子结局无人问津，这个问题却被当作习题而写进统计学的教科书，因而得以流传于世。

有些不准停放车辆的牌子上更注有细则，比如，一星期之中有哪几天不准停，一天之中有哪几个小时不准停，什么时候违章以罚款论，什么时候违章把车拖走等等。1985 年夏作者驱车去芝加哥大学商学院夜校部上课，匆忙中没有看清停车牌上的这类细则，回来时发现车子被拖走了。幸亏事发地点在芝加哥的旅游区，而且时当盛夏，虽然时近夜半而路上行人络绎不绝，询问了几个做夜生意的人，才打听到车被拖往的地点。又幸亏那地方不远，步行可达。走到停放地点，当然不能就这么把车子开走，要先留下罚款外加拖车费用一共 150 美元。作者身上从来不带现款，负责看车子的人却拒不接受信用卡。作者问：信用卡是你们美国人的一大发明，你们警察局的人凭什么不收？看车子的小伙子听了之后，又是摇头又是耸肩。首先声明他不是警察局的人，只是警察局的临时工，只知道看车和收钱，其余一概不管。接着声明他不是美国人，既不喜欢美国人，也不喜欢美国人的信用卡，只喜欢美国人的钱，一旦赚够了美金，就回意大利的老家去娶妻生子。幸亏那日作者同载了一位出无车的同学，此人虽然无车，钱包里却不乏钞票。

有些人不把停车罚单当回事，一扔了之。如此这般，偶一为之尚可，每每如此，则少不得要遭殃。普林斯顿大学有位京戏爱好者，每逢周末必去纽约市中国城的京剧票友会玩票。纽约市的停车位既难寻找又价位高昂，此人既懒得费劲，又不情愿付钱，总是随便找个地方就把车停下，仗着车上的牌照是新泽西的，以为纽约警察拿他无可奈何，对纽约警察开的罚单一概开丢。如此这般两三年，罚单积累了几百张，纽约的警察终于把他车上的牌照列入黑名单。某个周末，此人照例把车子随地一停，唱完戏出来，发现车子被拖走了。想要把车子赎回来吗？请先偿清几百张罚单的罚金外加每张罚单积累下来的利息。鉴于大多数人拖欠停车罚款，芝加哥的警察局购得一种锁车轮的设备，警察每逢看到非法停放的车辆，就通过无线电话同警察局的电脑中心联络，如果该车有十次以上停车违章罚单未付，立即把车就地锁住。想要开锁，也得连本代利偿清罚款再说。美国各大城市几乎都入不敷出，像纽约和芝加哥这类城市，每年的停车罚款数以百万计，如果都能收上来，对于维持市政府的财政平衡不无小补，所以各城市对停车罚款都抓得颇紧。不过，也有例外。1984 年作者在旧金山湾区时，适逢旧金山因为盈余几千万，竟然宣布对于当年以前的停车罚款一律赦免，不再追究。作者之所以记得如此真切，是因为恰在那一年在旧金山中国城附近得到一张停车违章罚单。被罚的原因既不是超时，也不是停在不准停的地方，是因为车子停在斜坡上，只拉了手闸，却忘了把前轮打成 45 度角斜靠马路沿。

西北欧各国的高速公路上往往没有时速限制，理由是相信开车人不会开到自己不能控制的地步。美国政府却不如此相信群众，不仅在公路上每隔一段距离立下一块时速限制牌，而且经常在上下坡或树丛隐蔽之处埋伏下警车，用雷达追踪来往车辆的车速。70 年代末的石油危机发生以前，美国大部分高速公路上的时速下限为 45 英里，上限在 70 英里以上，由各州立法机构自己决定。石油危机发生之后，国会决定由联邦政府统一规定时速的上限，定为 55 英里，据说是因为这个速度最省油。不少中国人喜欢称道美国人的守法精神，如果仅从高速公路上观察，却看不出美国人的这种品质，几乎所有车辆的车速都在 60 英里以上。70 年代的石油危机过后，有鉴于 55 英里的时速限制没有效力，国会又通过决议，把权力重新下放给各州。此后，除东部外，不少州都把时速限制放松到 70 英里，不过各大城市均以车的流通量太多为理由，在市区和郊区的高速公路上仍保留 55 英里的规定。比如，芝加哥远在距市区 40 多英里之外，就竖起时速限制 55 英里的牌子。一些小城市大概是不想被人小看，也仿大城市之例，在 5、6 英里外令车降低时速。开车人想要不超速，除去知道一般性的时速限制之外，还得时时留意路边的这些标记以便及时调整速度。

即使计入通货膨胀，如今的汽油价格也早已高过 70 年代石油危机时期，国会却并无授权联邦政府重新规定时速上限之举。说来奇怪，对于近三年来的油价飞涨，不仅美国国会与联邦政府无动于衷，美国民间的反应也远谈不上激烈与敏感。直至目前为止，耗油量最大的 SUV 仍然充斥各级公路。

各州各市对时速的监督宽严相去甚远。内华达州管得最松，即使在联邦政府要求 55 英里的时候，在内华达州开 85 英里也很少会遭警察截拦。目前内华达州已回到没有时速限制的状态，作者曾在时速限制为 55 英里的时候两次沿 80 号公路横贯内华达州，根本没有看见警车的影子，绝大部分时间不仅没有警车的影子，在视野所及的前后左右连任何车的影子也不曾见着。内华达州之所以管得松，很可能同根本没什么车好管不无关系。有人警告作者在犹他州和俄亥俄州要特别小心，作者也曾两次沿 80 号公路横贯犹他和俄亥俄，结果被警察拿下两次。一次在犹他州首府盐湖城以东的山地，另一次在俄亥俄邦前不着村后不着店的荒野。在犹他州的那一次，仅仅超速 3 英里，换在别的州，警察根本不会予以理会。在俄亥俄的那一次，时近半夜两点，大雨如注，却偏偏有警车埋伏在树丛里守株待兔。由此可见，这两州的管得紧，并非浪得虚名。

管得松或管得紧，并不一定意味着注重或漠视交通安全，很可能只是因为当地的警察局是否想叫人留下买路钱。《美国日报》登载过这么一则报道：俄亥俄州有个唤做林德尔的小村庄，人口不足 200。71 号公路有 440 码从林德尔穿过。林德尔每年开出 5,000 张超速罚单，收取罚款 40 万美元，占全村财政收入的 80%。这消息之所以上了全国性的报纸，是因为有一次罚错了人。说“罚错了人”，不是指被罚者并未超速，只是此人不是寻常百姓人家，而是俄亥俄州的议员。议员大人被罚之后大怒，在州议院发起一项提案，规定地方政府至少得有 880 码公路穿过其管辖地区方有资格签发罚单。该提案经州议会投票通过，成为俄亥俄州的法律。林德尔村政府不肯罢休，说州议会通过的这项法律有违宪法，打算上告联邦法院。结果如何，不得而知。

因为有车而招致的罚款并不止于停车违章和超速行驶这两项。记得在旧金山湾区居住时，某日从商场的停车场开车出来，要驰上最靠左的路线以便左转进入高速公路。因为左线上车水马龙，无缝插针，只好先转上中间的一线。行到十字路口时，左线地面上有白漆的左转箭头，中线有白漆的直行箭头，分别指示左线只能左转，中线只能直行。十字路口的交通灯柱上一字排开三盏灯，两绿一红。左边绿灯上有左转箭头，中间绿灯上有直行箭头，用意同地上的白漆箭头相同。当左边的绿灯亮时，停在左线的司机明白作者有进入左线的意图，客气地挥手让作者先行。岂料刚刚转入高速公路，一辆警车从后追来将作者截住。警察递上一张罚单，上面写着两项违章：一为违反地面箭头，一为闯红灯。作者申辩说：左转讯号为绿灯，闯红灯之说不能成立，应当只有违反地面箭头一项。警察二话不说，从裤带上解下手铐，问作者是想锒铛入狱，还是老老实实在罚单上签字。俗话说：“好汉不吃眼前亏”，姑且权充一回好汉，在罚单上中规中矩签上小名。

在罚单上签字并不表示认罪，想打官司，仍可按罚单上规定的地点和时间出庭。倘若罚单上没有出庭地点时间而只有法庭的电话号码，收单人就得主动打电话去询问出庭日期与地点。倘若置之不理，可遭逮捕。不过，同警察打交通官司，赢的概率近乎零。凡是去出庭的，大都并非寄望于打赢官司，只是希望开罚单的警察因故不能出席，官司因此而不得不取消。如此，则不仅免交罚款，而且不留违章记录，一举两得。作者有过一次出席芝加哥市交通法庭的经验，事缘在某十字路口正准备掉头时被一名当街而立的女警喝住，作者申辩说十字路口并无不准掉头的标记，女警说用不着有，她的话就是命令。不仅开上罚单一张，而且还警告道：如果不乖乖儿在罚单上签字走人，就会以阻碍警察执行任务为名，再开第二张。于是，作者又权充了一回好汉。出于好奇，决定不付罚款而去法庭见见世面。同作者一起出庭的不下五、六十人，大都衣裳褴褛。由此推测，有钱人是绝不来此地自讨没趣的。等了不下二十分钟才见一位女法官慢悠悠踱上法官席，等法官站立定了，庭下一名职员高声喝令全体起立，法官却并不回礼，傲然就坐。待法官坐定之后，职员拿出一张名单，念出三、四十个名字，吩咐这些人立即退庭。等这批有幸免予起诉的人乱轰轰退出之后，有那么四、五名警察走进法庭，其中包括给作者开票的女警。职员把留下的被告逐一唤到法官面前，由法官问一声是否认罪。在作者之前的被告统统认罪，于是，由该职员引到一旁，吩咐如何付款。一看这架势便知官司没打头，轮到作者时，也依样画葫芦，认罪了事，随大流去出纳处排队，等着破财消灾。

以上两次遭遇的警察皆蛮横霸道，彬彬有礼的警察作者也有幸遇见过一次。那是在首都郊外，一辆把警灯藏在车内的警车在作者车后尾随了足有一英里，然后闪亮警灯，示意作者在路边停下。警察走上前来，先是举手致敬，口喊一声 Sir，然后斯斯文文地道上缘由，说在作者的车后跟踪了一英里以上，发现作者的车速一直在 70 英里，而该处的时速限制是 55 英里，所以不得不开一张罚单。作者在罚单上签过字之后，警察又一次举手敬礼，并祝作者一路顺风。首都地区的警察是否受过不同的训练，因此才会如此与众不同？

有位朋友期末考试后驱车回家，思想尚在思索一道没解开的试题，遇见红灯竟然忘了停车。被警车截住后，忙不迭解释心不在焉的理由，警察一声不响，一连开下三张罚单，把朋友吓得魂飞魄散，回家之后才敢把三张罚单摊开来定睛细看，却见三张罚单上的出庭日期都写的是“12 月 25 日”。那日子是圣诞节，全美国没有哪个衙门开门，叫他圣诞节去出庭，朋友以为该警察一定是跟他开了个大玩笑。初听这真实的故事，也以为这警察风趣得很。直到又听到另一位朋友的另一个同样真实的故事，才对这位警察究竟是幽默还是糊涂，不能不存疑了。这另一个真实的故事也是有关闯红灯，所不同的是，朋友说她的车子开过去时是黄灯而不是红灯，而警察只给她一张罚单而不是三张。事发在 1996 年 5 月某日，罚单上的出庭日期却写着“1995 年 6 月 18 日”。荒谬之处还不仅止此，朋友的车是黑色四门的轿车，罚单上写的却是绿色双门的轿车。朋友打电话给法院，说她没办法回到 1995 年去出庭，法院说日子错了也得出庭，权且改为 1996 年 6 月 18 日。朋友在法庭上又指出她的车子既非绿色，亦非双门，这才胜诉。不解的是，虽然胜诉，却照样得承担开庭费。据这位女性朋友说，她不仅有碰上糊涂警察的运气，也有碰上天真警察的运气。有一回她超速行车被警车截住后，急中生智，告诉警察说车里的小孩急于要上厕所，这才开快车，警察听了之后，不仅未给她罚单，反而催她赶快上路，并告诉她前面不远就有一处休息场所，千万别错过。只是不知这位警察截住了超速的男人，是否也会如此通情达理。

绝大多数初从国内来的留学生，手头拮据，不得不舍新车而买旧车。买旧车有买旧车的难，如果不懂车，十之八、九上当。有些人以为不从私人手上买，只从旧车经销商手上买，虽不懂车，也可免于上当。其实却并不尽然。据统计，在美国最不受人信任的就是旧车经销商，其次才是政客。可见在旧车经销商手上吃过亏、上过当的不知凡几。所谓懂车，不是指会开而已，而是指懂得什么样的车会有些什么样的毛病，什么样的毛病无关紧要，什么样的毛病千万不可取。不少报纸杂志都有介绍如何买旧车的文章，有的一本正经，有的除提供经验之谈外还幽默可读。比如，有篇文章说：开动引擎，如果收音机里传来的是聒噪的摇滚乐，传动系统可能有毛病；如果是古典音乐，机油可能一年前就该换了。想要听懂这笑话，先要知道美国无线电台的播音方式。各电台不是什么节目都播，而是各自占据一个山头称孤道寡。播放古典音乐的，不放摇滚乐，播放摇滚乐的，不放古典音乐，井水不犯河水。听其人所收听的电台而知道其人所好，知其人之所好而揣测其人之性格，藉其人之性格而猜测其车的毛病所在，虽曰玩笑，亦颇近乎正道。

一般来说，买旧车最关紧要的，是要选择可靠性好的牌子。如果车子新时可靠性就不好，旧了会如何自然是可想而知。美国有不少汽车杂志对各种车辆做种种评论，不过，特别重视可靠性的却不是汽车杂志，而是《消费者报告》（Consumer Report）。《消费者报告》并不限于报道和分析汽车的质量，几乎是所有的消费品无所不包。不过，总是以对汽车做全面综合分析评介的那一期最受欢迎。以作者之见，但凡是《消费者报告》不推荐的，都不可取。如此之说，可能会惹怒一批喜欢美国而讨厌日本的中国人，因为《消费者报告》虽是一本地道的美国杂志，受该杂志推荐的美国车却如凤毛麟角，而几乎所有的日本车都在推荐之列。

除了牌子，其次重要的是看年头和里程。四、五年，四、五万英里者最理想。年头长而里程过短并不是好兆头，因为这种车大概经常跑短途，常跑短途的车，其机械的损耗，有甚于常跑长途者。凡是出过较大事故的车也不宜取。怎么看出有无事故？看车身是否有局部地方的油漆光泽同其他地方不同。如果有，就说明该局部地区曾受过碰撞，外伤虽经修补，内伤如何难以判断。引擎的马力还剩下多少？可以拔下几根汽缸接头，看看是否仍能发动，从而估计个大概。或者，可以花点儿小钱，请修车店查出个比较精确的数字。至于轮胎和刹车的新旧，车内外保养的好坏，只能用做讨价还价的砝码，不宜当做取舍的依凭。

无论买新车还是买旧车，还另有一难。难在何处？难在还价。美国新旧车市场上最缺德的陋习，就是漫天要价。不懂得就地还钱的顾客，只有任其宰割的份儿。其实，无论新车还是旧车，都可以从相关杂志或书本上查到合理的价钱。至于能否按照本本上写着的合理价格买下车来，却是另一回事。据报道，汽车推销员特别喜欢欺负女性与非白人种。通用汽车公司麾下的分公司“萨特”有意改变这种讨价还价的陋习，所有“萨特”车一律明码实价。有人在报上为“萨特”的这种新风尚叫好，可是其他公司，包括通用公司的其他分公司在内，均无效仿之意，而且某报还登出一项统计，说是绝大部分顾客更喜欢讨价还价的做法。如今从网上购车大行其道，之所以会大受欢迎，是因为网络不仅能够提供车辆讯息与参考价格，也能替不善当面讨价还价者提供隐身之所。此外，通过网络，还可以足不出户，叫众多卖主报价，反客为主，抢占先机。

据美国国家高速公路安全局的统计，美国1994年因车祸而造成的损失高达1,505亿美元，平均每人580美元。不幸中的万幸是，由于新近生产的车辆的安全性能有所提高，因车祸而造成的死亡率似乎有所下降。比如，1994年死于车祸的人数比1990年减少了4,000人。酿成车祸的原因多种多样，最常见的是酗酒与超速。据1994年的统计，因酗酒而酿成的车祸占车祸总数的41%，因超速而酿成的车祸占造成死亡的车祸总数的31%。

在作者的相识者中间，凡是有过几年开车历史的，几乎没有人不曾因开车而卷入事故，所幸的是，还不曾有任何一位因事故而受重伤。即使买了保险，即使不曾受伤，即使卷入的事故小得绝对谈不上是祸，也仍然是件令人头疼的事。如果没有另一方卷入，损坏的只是自己的车，就要首先报告保险公司，去保险公司指定的地方检查和验证伤痕。如何修？找谁修？也得听保险公司的调遣。否则，保险公司会拒不付款。一切都遵照保险公司的要求做了，也并不等于万事大吉。首先，你自己还是得支付自付额所规定的款项。此外，等保险合同到期，需要延长合同时，保险公司极可能会提高保险金额，理由是你已属于有出事记录的非安全驾车者。

如果是同其他车辆相撞，事情就很可能复杂得多。美国有少数州是所谓"无错州"，"无错州"的得名，在于事故发生之后，不问肇事原因，一律由各自的保险公司负责处理各自的损失。之所以制订这种不问青红皂白、各打五十大板的法律，官方的解释是为了省却因追究责任而可能招致的没完没了、纠缠不清的官司。不着手改革司法程序而出此下策，足见这些州的立法人员是十足的酒囊饭袋。幸而大部分州尚未如此这般依样画葫芦，事故发生后首先要判断哪一方是肇事者，一切损失都由肇事者及其保险公司负责赔偿。在没有争执的情况下，谁错谁非可以私下了结。一般的方法是记下肇事者的驾驶执照号码与保险公司的名字，然后将事故报告自己的保险公司，由双方保险公司处理赔偿细节。也有的肇事人不想在其保险公司和交通局留下记录，愿意当场付现款赔偿的。若有争执，就要等交通警前来仲裁。

千万要记住的是：在警车来到之前不可移动车辆，因为警方可能需要通过事发时车辆的位置来判断肇事的原因。此外，除非当场赔款了结，或者对方同意写清事发的原因和损坏的细节并签字划押，否则，私下了结不如等警察来立下官方记录为宜，因为对方很可能事后讹诈或者抵赖。多年前，作者在旧金山几乎被人讹诈成功。那是一个星期六下午，作者带外地来的朋友去金门大桥观光后回宅，当时公路上拥挤非常，连续二、三十分钟内手脚不停地忙于换档和刹车。一不小心，刹车踩慢了一步，车前的防撞板同前车的后防撞板发生了极其轻微的碰撞。两车均未受任何损伤，但是前面那辆车的司机说他开的车子是公司的车，为慎重起见，要记下作者的驾驶执照号码。当时心急赶路，又听他口头承认车子并无任何损伤，遂懒得等候警察，把驾驶执照号码告诉他后继续上路。上车后忽然心生疑窦：那人既然同意并无损坏，有何必要记下作者的驾驶执照号码？于是，急忙拿起照相机把那辆车的车尾拍下。第二天，疑心的事果然发生了。一个女的打来电话，自称是某公司的秘书，说该公司的一辆汽车的侧面被撞伤，用车的人留下了作者的驾驶执照号码，说是作者的车撞的。作者告诉她：这儿有照片为证，不仅能证明两车当时一前一后，不可能发生侧面的碰撞，而且也能证明两车发生极其轻微的碰撞后，前车完好无损。那女人听作者言之凿凿，立即挂断电话，不再啰嗦。

小时候听说上海有位财神爷极其节俭，没有私用轿车且不说，上街总是乘公共汽车，连出租汽车都不肯坐。可是他在上海兴盖住宅时却在大门外留下一块可供车房用的地皮。财神爷的朋友们不懂他的用意，笑他多此一举。他回答说：他自己虽然不会买汽车，死后他的败家子们哪会不买车？如果现在不把车房的地皮准备好，将来要买地盖车房时岂不是会被人大敲竹杆？看来，此人的发财并不是因为节俭，而是极有商业头脑。美国纽约市兴起盖房的时候，私用汽车尚不普及，盖房子的人的智慧大都不如此人，没有预先留下供车房用的地皮，以至如今想在纽约有块停车用的地皮，价钱会高得同其他地方的一幢房子相当。纽约市绝大多数居民因此而没有私用汽车，成为美国绝无仅有的缺车户。

这当然并不是说纽约城里没有车，恰恰相反，纽约是美国交通最拥挤的城市。除去公共汽车和出租汽车外，私用汽车也不少，只是大都不属于纽约市的居民而属于外来人。外来人大致可分为两种，一种是游客或出差者，另一种是住在纽约不远，有空来纽约采购、下饭馆、看表演、参观展览的。作者在普林斯顿大学居住时，就属于第二种。在纽约开车，有时会有令人绝对意想不到的经历。某个周末，作者的车在纽约某十字路口遇红灯停下来，五、六个黑孩子一拥而上，不由分说便向车窗上喷洒肥皂水，然后七手八脚拿起毛巾擦玻璃。别以为这是义务劳动，美国没有学雷锋的运动，这是一种变相行乞，或者说变相勒索。说是行乞，因为有几双手同时在车窗外张开，等着你把钱放下去；说是勒索，因为没有人敢不放钱。如果不给钱，会有什么后果？车窗被敲破？车身被划坏？轮胎被戳穿？不知道，因为从来没敢尝试过。

美国第二大城洛杉矶是汽车大行其道之后才发展起来的，城市铺得极宽，高速公路四通八达。洛杉矶居民的麻烦不是不能有车，而是非有不可。车多了，空气不免污染。这问题不限于洛杉矶，但由于洛杉矶背枕高山的自然条件，空气污染的问题尤为严重。洛杉矶与加利福尼亚另一大城市旧金山都极力号召上班族拼车上班，旧金山的海湾大桥还特别辟了一条拼车专线。过桥本是要收费的，拼车专线免费，使用拼车专线的条件是车上至少要有三人共载。每逢上下班时间，各线在收费站附近总是挤得水泄不通，唯独拼车专线畅通无阻。可见政府虽号召，响应却并不热烈。

除洛杉矶之外，以交通拥挤闻名的还有芝加哥和休斯顿。休斯顿之所以拥挤，据说是因为城市发展太快，高速公路的修建跟不上人口的增长。芝加哥人对于芝加哥之所以拥挤，却持恰恰相反的看法，以为是高速公路修得越多就越拥挤，因为芝加哥的经验是：每有修建新高速公路的计划，计划中的高速公路所经之地必然大兴土木建造住宅，高速公路一旦通车，路面立即为车所填满，让人觉得还须再修一条高速才够用。对于芝加哥的拥挤，作者有过切身的体会。旧金山湾区的交通拥挤已经令当地人叫苦不迭，但当作者从旧金山迁居芝加哥后，才认识到旧金山不过是个小巫见大巫。美国人称上下班这段交通特忙的时间为“rush hour”，相当于中文的“高峰期”。芝加哥的非“高峰期”的拥挤状态同其他城市的“高峰期”相去无几。芝加哥的“高峰期”会拥挤到什么程度呢？不太坏的时候，车辆可以名副其实地爬行；真正糟糕的时候，高速公路就成为延绵上十英里的停车场。鉴于号召拼车上班不见成效，如今洛杉矶与休斯顿等地方政府定下法令，规定凡是在市区设有一定规模办公机构的公司和组织，必须指派一定比例的雇员在家上班。在家如何办公？通过电话线或电视电缆把家中的个人电脑同公司的电脑网络连接起来。美国人把这种上班法称之为 telecommuting，是个尚不被字典收录的新字。Commuting 指定期往返，引申之，指上下班。大凡同“电”有关的词，都冠以 tele，比如，telephone 是“电话”，television 是“电视”。以此类推，是否可以把 telecommuting 译之为“电传上班”？这种上班方式是否会普及，目前情形尚不明朗。管人的人大都持保留态度，管人的人一旦看不见被管的人，心里的不畅快不难理解。管人的人就是有权的人，有权的人觉得不舒服的事情，想要流行，就不那么容易了。

出远门，自己开车的也不少，但距离若是超过一天的行程，就以乘飞机居多。80 年代初，美国的航空公司不过寥寥数家。最出名的有“泛美”，“联合”，“美国”，和“环球”。不久，联邦政府在航空业推行反管制法，取缔对航空生意的管制，任其自由竞争。于是，大大小小的航空公司如雨后春笋冒出头来。其中最为活跃的一家叫做“人民航空公司”，以廉价机票相号召，把一些大公司打得措手不及。在这种自由竞争的新环境下，好几家公司不能及时调整适应，相继关门大吉。在这批垮台的公司之中，最出人意表的是泛美航空公司。眼见这家在航空史上曾经辉煌灿烂的公司消失于一旦，多少人都不肯置信。然而，在这场竞争之中最具戏剧性的还不是“泛美”的倒台，而是首先挑起机票战的“人民航空公司”终于自食其果，开张不足十年就倒闭了。经过几番搏斗之后，老一代航空公司中只有联合航空公司和美国航空公司尚能自保，其余的两三家不是处于风雨飘摇，危在旦夕的境地，就是业已投靠外资，寄人篱下了。后起之秀是西南航空公司，竞争的手段也是以廉价相号召，是否也会昙花一现好景不长？

80 年代之初，美国各航空公司班机上女服务员同中国如今的情形一样，一律年轻，真正为“空中小姐”。人不能青春常驻，空中小姐不年轻时何去何从？打发到售票处一类的地方去干别的活儿。尔后不久，美国兴起反对年龄歧视的运动，于是，如今美国的空中小姐大都演变而为空中大姐、空中大婶、空中大妈。这种改变对于班机上的服务员而言，自然是莫大的福音。对于乘客而言，却未必如是。人到了一定的年龄，反应、动作都不免缓慢。在某特定年龄，还可能会态度粗暴。如此等等，难免会导致服务水平下降。

长期以来，芝加哥的鄂海尔国际机场是美国最繁忙的机场，最近却被亚特兰大国际机场挤到次席。鄂海尔国际机场每天起落的飞机高达 2,000 架次以上，每年经鄂海尔国际机场上下机的旅客不下 3,000 万人。繁忙程度仅次于亚特兰大与芝加哥的是达拉斯-福特斡斯国际机场，每年迎送旅客 2,500 万。再往下是洛杉矶、旧金山的国际机场。造成机场如此忙碌的原因，在于各大城市之间从早到晚几乎每隔一小时就有一班飞机往来。哪来这么多乘客呢？绝大多数是因公出差的人。美国大公司的出差率高得惊人，有些公司甚至自有旅行社，专为公司内部出差人员订购机票、租赁车辆和安排旅店。航空公司为了笼络这批旅行常客，竞相推出一些奖励花招。比如，在一定时间内飞行一定里程，则赠送免费机票等等。这批旅客不仅是航空公司的笼络对象，也是航空公司的摇钱树。出差的人往往不能预先安排出门的计划，说走就走，说取消就取消，出差者也往往不愿在外过周末，总是在一周之内往返。航空公司看准了出差者的出门方式和心态，把可以随时购买，随时退换，在一星期之内往返的机票说成是标准机票，价钱定得极高，常常是所谓非标准机票的两倍甚至三倍。此外，飞机上的所谓商务舱、头等舱这类高价席位，也都是为出差者而设。

头等舱的票价已经不是一般人能高攀得起，不过，坐头等舱的却并不是真正的达官巨富。联邦政府的官做到部长，地方政府的官做到大州的州长或大城市的市长，出入有专机接送自不在话下。就理论而言，政府的高官只有在公干时方能乘坐官方的专机。事实上遵守这种规定者甚少，假公济私早已司空见惯。布什总统任上的白宫幕僚长塞纽纽却因此而丢了乌纱帽，事缘做得太过份，太显眼。此外，还一向藐视记者，从而成为众矢之的。

美国是个商业社会，不当官而有钱的为数甚多。这些人虽无特权坐官方的专机，却有大把钞票购买私用专机。美国各大中城市除去设有供航空公司用的大型机场之外，大都设有小型机场一所或多所，专供这些私用飞机起落。有钱买得起私人飞机的，自然不是等闲之辈，但在美国商业社会中还算不上是高手。美国的大公司都有自己的机队，钱由公司出，所有权也在公司名下，使用权却只限于一小撮公司的高层管理人员。既然是慷他人之慨，公司机队的飞机从设备到服务自然都做到尽善尽美，民航机的头等舱都不能与之相提并论，就是官方的专机也望尘莫及。享受这种免费豪华飞行服务的人，才是真正的高手。1993 年陪同美国商务部长布朗来中国访问的那些公司总裁就都是惯于享受公司专机的高管，其中不少人抱怨联邦专机的条件太差，而那架专机也真是不争气，从北京飞往上海前引擎发生故障，导致起飞延误多时，不得不取消一些原计划在上海的活动。

汽车加飞机，断送了火车在美国的前途。70 年代国内出版的美国地图还是满纸铁路网，不知如今的新版是否已被公路网所取代。其实，美国的铁路绝大部分早已废弃，剩下来的也很难有光明的前途。据说目前仍有钱可赚的客运线只剩下纽约至哥伦比亚特区这一线。这一线之所以还有利可图，是因为在不足 240 英里的距离之内连接了纽约、费城、巴尔迪摩，以及哥伦比亚特区四座大城市，沿线有不少人乘火车上下班。其余各线靠货运和政府的津贴维持。政府津贴的理由是维持廉价的公共交通工具，可是有经济学家指出这种理由其实是不成立的，因为穷人大都乘坐更便宜的长途汽车，只有有闲阶级才会乘火车作长途旅行。“有闲”，不光是要有时间，而且还要有钱来打发时间。火车慢，没时间的人等不及；时间长，开销就多，餐车上吃饭要钱，卧铺上睡觉也要钱，所以乘火车作长途旅行的，大都是经济条件不错的退休人员。欧洲有一条从法国首都巴黎通往土耳其伊斯坦布尔的火车线，称之为“东方列车”。前些年美国也仿此开辟了一条连接芝加哥与哥伦比亚特区的豪华旅游火车线，称之为“美国东方列车”，每位旅客从头到尾的花费在三千美元以上，乘客都是有闲阶级不待言而可知。新辟这么一条豪华旅游线绝不表示火车客运在美国尚有复兴的希望。

美国没有户籍本，也不是所有的州都提供身份证，可是并不等于不需要身份证这类东西。事实上，驾驶执照已在美国当作身份证来用。这对于在美国土生土长的人来说，也许不存在什么问题，凡是成年而又需要证明自己身份的美国人，恐怕没有不具备驾驶执照的。对于外来的留学生或移民，则未必是。有位从中国来的朋友，下机伊始就卷入一场严重车祸，虽幸免于难，却从此对开车产生恐惧，不敢学开车。可没有驾驶执照，即使不开车也诸多不便。比如，开支票没人肯收，因为拿不出证据来证明自己确实是支票所有人。于是，有人告诉他，不会开车并不意味着搞不到驾驶执照，只要肯花钱，而且是很少的钱，就可以买一张。开始他不敢，后来出于无奈，只好硬着头皮去试试。结果只花 20 美金就打通了关节，把一张货真价实的驾照搞到手，顺利得出奇，可见这种交易早已成为一种业内公认的生意。

对于需要开车的人来说，驾驶执照是必不可少之物。各州的法令大都规定凡在一年之内三次因行车违章者，执照予以吊销。虽有这样的法令，却很少听说有人因此而失去执照，难道美国人都如此小心谨慎，不在一年之内吃三张罚单不成？非也！只要肯花钱请律师，又付得起额外的追加罚金，交通部门就会修改违章记录，把行车违章改成停车违章。停车违章与安全行驶毫无瓜葛，即使有 100 次，1,000 次记录，也照样能保住执照。据报载，某高速公路旁有个律师事务所，全所 100 多名律师不干别的，专门从事这种篡改法律记录的勾当。由此可见，如此方法保住执照的人之多。在大多数美国人眼里，凡是通过律师办成的事都是合法的，凡是合法的都是合理的，所以从来不见有人谴责这种公然篡改法律记录的行径。不仅没有人谴责，还居然有人把这种做法吹捧为“有赢无输”的德政。是否真的没有人输？那倒不见得。经常违章行车者，往往是交通事故的肇事者，对于这些人不给应予的惩罚，听其逍遥法外，无辜卷入交通事故的人难道也是赢家不成？驾驶执照可以用钱买得到，也可以用钱保得住，可见在美国出无车固然是行不得，要是身无银，恐怕更是寸步难行。

2.5 医药卫生

1981 年作者初次回国探亲，当时中美两国之间的消息还相当闭塞，在北京短暂的两星期中，从早到晚不停有人来打听大洋彼岸的新闻，一天难得有机会睡上六小时。从北京返回纽约时，飞机上空空荡荡，一个人可以占有三四个席位，有机会如此，何不躺下来一解连日的疲劳！谁知一觉醒来，喷嚏不断，鼻涕直流，想是睡时未盖毯子着凉了。回到普林斯顿大学寓所当晚即发高烧，明知是伤风感冒，无关紧要，只因每月支付 100 美元医疗保险费却从没派过用场，加上从来没去过美国的医院，出于好奇，遂跑到临近的医院挂了个急诊。

护士量过体温，把作者让进一间诊室，不由分说，吩咐作者脱光上身，换上医院的白布单褂。本来已觉浑身酸冷，如此一脱更加冻不可忍。等了不下二十分钟，才有一位年轻的女实习医生走进诊室，漫不经心地问了几个诸如有无心脏、血压病史之类的问题，然后从作者嘴里摄取唾液，说是要拿去化验，以便确诊是一般的伤风还是流行性感冒。一去又是不下二十分钟不见人影，回来时带来一张处方，开的是美国最流行的退烧药，吩咐作者三天之后再去看化验结果，说是如果化验结果证明是伤风，继续服用退烧药；如果化验结果证明是流感，还是只有继续服用退烧药。如此一分为二的治疗方案，令人啼笑皆非。

回家后，找到从中国带回的感冒冲剂，连同退烧药一起服下，蒙头大睡，一觉起来业已痊愈，三天之后的复查自然是免了。原以为这次就医的经验就如此了结，不料两星期后收到医院寄来的账单，开列急诊费 175 美元，保险公司只肯支付 100，剩下的 75 美元得自掏腰包。从普林斯顿大学购买的医疗保险对非急诊就医有一年一人 200 美元的自付额，对于急诊则明文规定 100% 由保险公司负责，然则，这 75 美元的差额从何而来？打电话问保险公司，所得答复是：保险公司只付“合理”的价格。言下之意是，医院胡乱要价。打电话问医院，所得答复是：医院索取的价格绝对“合理”。言下之意是，保险公司要赖皮。从此以后，每逢伤风受暑、头疼腹泻、虫咬蚊叮等等，一概使用从中国带来的中西药剂，不敢再领教美国的医疗保险。

虽说不敢领教美国的医疗保险，医疗保险却不敢不买，因为有非领教不可的时候，谁能确保不生大病？女人生产不是病，却也属于非领教不可之例。白缴了两年医疗保险费之后，拙荆诞下一女，总算是派上用场。临产前产科医生告诉作者，他只负责生产，婴儿一经诞下须另由儿科医生负责检查，问作者是否已有儿科医生，如果没有，他可以推荐。当时作者刚从东部迁来加利福尼亚，人生地不熟，又不明美国医生分工如此细微，哪会预先找好儿科医生，自然是感激这位产科医生的关怀，接受了他的推荐。推荐来的儿科医生是位女士，对新生的女儿例行检查完毕之后，吩咐作者从下周开始每周带孩子去她的诊所作一次检查。作者告诉她：本人的习惯是无病不登诊所。她回答说：倘若如此，则她拒不接受作者的女儿为她的病人。不接受就拉倒吧！不过，作者与这位儿科医生的第一回合并未就此结束。不久，医生寄来一张 95 美元的账单，保险公司只付“合理”的价格 75 美元。既已有了前一次的经验，这一回自然没有再打电话去自讨没趣，老老实实寄去 20 美元支票一纸了事。同保险公司打交道而吃亏上当的，不止如我辈这样的外来人，美国人照样栽跟头。普林斯顿大学一位美国女同事难产，经手术后方才母子平安。出院之后，医生寄来 5，000 美元的账单。保险公司只肯负责一半，理由是手术费用有一半是为了新生婴儿的安全，而该同事只买了个人保险，没有买家庭保险，新生婴儿的医疗费用因而与保险公司无关。

除美国以外的所谓经济发达国，皆实行全民公费医疗，无论有无工作，也无论居城还是居乡，一律享受公费医疗。有人开玩笑说，从美国乘飞机到英国去拔牙都比在美国拔牙上算。听这话的意思，连在英国旅行的人都可以享受公费医疗，不知是否为真。

想要了解美国的医疗保险，首先要认识到的是：美国的医疗保险是生意而不是福利，提供医疗保险的是公司而不是政府。既然是生意，倘若无利可图，绝不会有人去做。怎么才能有利可图？第一，保险是卖的，不是免费提供的。第二，保险额设有上限，医疗费用一旦超过上限，保险公司不再负责。第三，风险越高，收费越高。风险过高，干脆不卖。第一、二两点，简单明白之至，毋庸解释。至于风险，大抵来自两个方面。倘若买方为集体，集体的人数越多，风险越低；反之，风险越高。倘若买方为个人，个人的健康状况越佳，风险越低；反之，风险越高。

有一对夫妇从上海来美，男的在一家只有七、八个人的小公司任职，通过公司替全家买了保险。女的不幸患了癌症，一年下来医疗费用接近天文数字。次年保险公司立即猛涨保险费，小公司老板承当不起，说声对不起，叫男的走人。倘若那男的在大公司任职，这种事情相信不会发生。另有一个朋友一向自己单枪匹马做技术咨询生意，医疗保险也一向是自己买，本来相安无事，不料后来患上高血压，病情其实并不严重，只须吃药就能把血压控制在正常范围，可从此接连遭到多家保险公司拒绝。遇到这种情形怎么办？有两条路可走。其一，铤而走险，放弃医疗保险。其二，到州政府指定的保险公司去购买医疗保险。州政府指定的保险公司专为遭到其他保险公司拒绝者而设，买方不用担心遭拒，只是保险费用极高，往往是一般保险费用的三到四倍。

80 年代之前，美国医院的急诊室可以拒绝无医疗保险的患者。如今则不许拒绝。想是担心患者不知，急症室门口通常会有一块通告，写明无论有无保险，来者不拒。不过，不拒收，并不等于予以妥善治疗。美国医院的急症室其实只是应急而已，应急之后的治疗，概不负责。由谁负责？由患者的主治医生负责。谁是患者的主治医生？一般来说，主治医生由患者在医疗保险公司指定的人选范围内选取。没有保险的人，自然谈不上谁是其主治医生。怎么办？就理论而言，可以临时找。只要你肯付钱，不愁找不着。不过，但凡没有保险的人，十有八九不是富有者，很可能只能听任疾病缠身。

不过，美国的医疗保险虽然不是社会福利，却往往是工作单位提供的福利。一般来说，单位的规模越大，所提供的医疗保险福利也就越好。所谓“好”，究竟是什么意思？首先，指个人所须付出的保险金额少。最好的可以少到零。换言之，单位替你承担全部保险金。其次，指保险的质量。保险质量的好坏，大抵可以就三点衡量。其一，医疗种类的涵盖范围。比如，好的保险包括牙科与眼科，不好的就不包括牙科或眼科。其二，医疗费用的涵盖范围。比如，好的保险涵盖 100%，不好的只涵盖 80%。其三，扣除额与最高保险额。比如，好的保险，扣除额为零。不好的每人每年 200 美元、全家 600 美元。所谓扣除额，指医疗费用超出这个数目之后，保险公司才开始承担保险责任。最高保险额，指保险公司的责任上限。超出最高保险额之外的开销，一律由病人自行负责。一般说来，最高保险额定的都还算合理，如果不是患上需要移植器官的大病，大概都不会超越。

说美国的医疗保险不是社会福利，严格讲来，有失笼统。根据目前的规定，无论男女，活到65岁时皆有资格享受政府津贴的退休医疗保险。说“津贴”，因为保险金的来源是个人上缴给政府的医疗保险税。这种税收本是社会福利税中的一部分，近年来社会福利税收入不敷出，才成为社会福利税之外的额外杂税。此外，法定穷人也可享受政府提供的另一种医疗保险。这两种由政府提供的保险，只负责住院手术，普通门诊以及化验、药品等，一概不管。政府提供的这种穷人保险只支付很低的“合理”医疗费用，一些医院与医生唯恐“合理”价格之外的要价无从追讨，因而拒不接受由这种保险负责的病患者。

美国的传统行医方式是医生各自开业，各行其道。医生的诊所规模往往极小，一般是既无化验室，也无放射科，当然更谈不上药房、病房。每位开业医生都同专做化验，放射等等的公司以及医院挂钩，依靠这些公司和医院的设备和人员提供这类服务。除急诊之外，医院没有普通门诊，至于住院手术，则必须通过医生安排。换言之，医院的直接服务对象基本上是医生而不是病人。因此，即使只是看看芝麻绿豆般的小病痛，也须先预约医生，然后如约去医生的诊所就诊，再去专做化验的化验室、专做X光一类检查的放射室，最后去药店。一两日后，等到化验结果，可能还得再去诊所领取新的配方、去药店购买新的成药。去惯了中国医院的病患者，想必会觉得不方便之至。美国人从来只知道这种看病的方式，习惯成自然，并不觉得有什么不妥。

有些医疗保险规定必须在其指定的开业医生名单之中选择一位内科、妇科、或儿科医生作为保险购买者以及家属的主治医生，一切疾病或保健均由这位主治医生负责，凡是这位主治医生看不了的疾病，也必须由其介绍其他医生，否则，保险公司不负责支付医药费用。如须更换主治医生，要事先通知保险公司。一般来说，一年只有一次更换机会。说“选择”医生，稍有夸大患者权力之嫌，因为医生可以拒不接受病人。也有任由保险购买者自找医生的保险，这一种显然比较方便。但是，由于医生和保险公司之间不存在任何关系，极有可能出现上文提到的那种价格是否合理的意见分歧，因此也有不利的一面。美国人的“家属”概念与中国人不同，父母兄弟姊妹皆不是“家属”，隔代的祖父母、外祖父母当然就更不是了。因此，所谓“全家”的医疗保险，受益人只包括本人、配偶，以及未成年的子女。“配偶”的定义不尽相同，有的公司把雇员的同性伙伴视同“配偶”，有的则只限于由法定婚姻确定的“配偶”。“未成年”，也是个不确定的概念。一般来说，18至25岁的子女，倘若为学生，则视为“未成年”；倘若不是，则视为“成年”。超过25岁，则无论其为学生与否，一概以“成年”论。

美国的医疗费用在经济发达国家之中高居首位，为其他国的数倍，甚至十倍，何以如此？有三种说法。其一，医生高价勒索。医生在中国的地位不过就是知识分子中的一员，并不受到特别的崇敬。美国的情形则不同，在一般美国人心目中，医生既是至高无上的职业，也是至高无上的权威，从处方的权力到医药的常识都由医生垄断。除去退烧止疼、清眼通鼻这类极为常用的药物之外，其余一切药剂非凭医生的处方不卖。绝大部分药剂是药房临时现配或装瓶的，过去的惯例是既无成份说明，亦无用途介绍，近来才附有说明书。因此，一般美国人对医药一无所知，对医生的吩咐不得不言听计从。

有人以为药品非医生处方不卖是对病人负责的科学态度，比中国的中西药房随便卖药要高明。这种看法言之成理，却并不符合事实。由医生控制处方权的传统在西方由来已久，起源于行会对生意的保护，而不起源于医生的科学态度，其目的并不在于保障病人的权益，而在于保障医生的权益。如果病人因此而获益，那也只是一种副作用。事实上，病患者是否从中获益也颇值得怀疑。

美国医生的收入多年来一直高居首席，据 2007 年的统计，收入最高的外科医生在 30 万美元以上，收入最低的内科医生与儿科医生在 17 万美元。收入居第二位的律师的平均收入只有 9 万美元，勉强超过医生最低平均收入的一半，可见医生收入之高。至于是否应当如此高，则见仁见智。替医生辩护的人认为只有高收入才能吸引才高者学医，降低医生收入会导致医疗水平的下降。反对者指出：英国、瑞典都有极高的医疗水准，为什么英国、瑞典医生的平均收入都远在美国医生之下？

反对派的意见是否正确姑置勿论，认为非高薪不能吸引学医的观点，其实本身已经隐含医生高价勒索的意思，只是不反对被勒索而已。诚然，要价高并不等于勒索。不过，说医生勒索，不是没有理由的。理由之一，医生漫天要价的对象是病人，不无趁人之危之嫌。理由之二，美国各行业的收入基本上受市场供求关系的支配，医生之所以能漫天要价，因为医生供不应求。医生为何供不应求？因为医学院操纵在医生之手，医生唯恐降低收入，不肯多招学生，从而人为地制造医生供不应求的局面。

致使美国医药费用奇高的第二种说法是，制药公司牟取暴利。美国的制药公司属于获利最高的生意之一，高利润主要来源于两个方面。其一，有美国政府的药物检验署替制药公司排斥外来药品。一般来说，美国消费者大都倾向自由贸易，不主张政府实行保护措施，唯独医药这一行买卖例外。为何如此？因为美国人只相信美国自己制造的药，西北欧、日本的成药况且不信，其他地方来的药品自然是更加不得其门而入。其二，但凡新药一律为专利品，在专利期内他人不得仿制，制药公司只要能不断推出新药，财源必定滚滚而来。不妨举个具体例子。某制药公司研制成的一种抗癌药，每片成本只有几分钱，零售价竟然高达二十美元。记者追问该公司高层负责人：卖价怎么可以这么高？嘿嘿！你不懂怎么计算成本，忘了把研制过程所包含的风险打进去。负责人如此反唇相讥。不错，研制过程的确有风险。比如，研究了半天，没个结果，或者虽然有了结果，却让别的公司抢了先机，研究费用有去无回。可是记者追问的这种药，是通过联邦政府拨款研制而成的，公司根本谈不上做了什么投资。何风险之有？当记者指出这一真相时，负责人张口结舌，无词以对。不过，并不妨碍该公司以二十美元一片的高价继续牟取暴利。

第三种说法认为：医疗保险方面的舞弊行为导致医药费用的飞涨。美国医疗保险方面的舞弊究竟有多严重？根据反医疗舞弊全国委员会向国会参议院提交的一份报告，美国的医疗保险业每年因舞弊而导致的损失高达440亿美元。卷入医疗保险舞弊的，包括医疗保险受益人、医生、制药公司三个方面。经揭发的舞弊手法包括医生伙同病人谎报医疗费用、瓜分医疗保险金；制药公司向医生提供吃喝嫖赌，换取医生滥开药方；医生欺哄患者，做些没有必要的手术等等。联邦调查局长在国会作证时称：严重到必须由联邦调查局出面调查的舞弊案业已累积至1,500万件。想要认真处理，现有249人的专案组不能胜任，得扩充一倍才成。人员扩充一倍，意味着每年增加3,740万美元的预算。预算从何处得来？联邦调查局无能为力。言下之意是：每年因舞弊而损失440亿美元的现状，还要继续下去。

如果高价买来的是高质量的服务，虽曰昂贵，至少还可以称得上物有所值。然而，美国的医疗水准是否像医务界所吹嘘的那样高居世界领先地位？十分值得怀疑。平心而论，美国在医疗设备、药物质量、医生水平上均不落后于人。问题在于以治病救人为宗旨的精神不够，以发财致富为目标的医务人员太多，遂令医疗事故频生。据有关方面估计，美国每年因医务人员的过失而造成的死亡不下8万人。下面是见诸报纸的几个例子：1995年2月20日，一名叫威利京的糖尿病患者在临进佛罗里达州立大学某附属医院的手术室时，同医生开玩笑，问医生可知道应该锯下哪一条腿。医生说那还用说，保管错不了。结果，医生锯下了威利京无病的左腿，而应当锯下的却是有病的右腿。为了救命，威利京不得不再锯下左腿，成为双腿皆无的残废。出了这样的事故，医院和医生当然少不得赔款，可恨的是当事的医生居然在事后还敢于在记者招待会上大言不惭地说什么病人的左腿反正早晚也是要锯掉的，早锯和晚锯其实没什么区别。言外之意是，并不存在什么医疗事故，威利京得了一笔数目可观的赔款，其实还不算运气最坏。11天之后，一名叫做利奥阿芬苏的病人在同一医院死于非命，原因是护理人员受命切断另一名病人的输液管，却误断利奥阿芬苏的输液管。在不到两周的时间内，在同一医院中出现两起严重医疗事故。

同年稍后，《波士顿环球报》的医疗卫生专栏作者贝紫李曼在波士顿具有权威地位的达娜-法贝癌症研究所一命呜乎，不是死于所患的乳腺癌，而是死于研究所误投四倍于最高服用量的抗癌药。也是在同一年，也是一名乳腺癌患者，在密西根州某医院作乳房切除手术时，被误切下无癌的乳房，同佛罗里达锯错腿的事故如出一辙，真是所谓无独有偶。同年纽约一名叫埃卓革的医生错把某病人的导尿管当作隔膜输液管，从导尿管灌入输液，导致病人死亡。还是同一年，马里兰州某医院误将吗啡给三名婴儿服用，险些送这三名婴儿归西。

通过新闻媒介广为报道的事故自然是事故中的极少数，更多的事故不那么具有戏剧性，因而不曾成为新闻。多数的案子都在私下了结，或不了了之。比如，几年前一位朋友在芝加哥拔牙，不仅错拔掉一颗好牙，而且把嘴唇割破。另一位朋友在圣路易斯拔牙，牙医忘开消炎药，致使感染肺炎，几乎送命。两起事故都是不了了之，因为如果不想以不了了之，就少不得认真打官司，而在美国打官司是件极其劳神伤财的事情，一件平常稀松的官司，少则一拖一年半载，多则一拖数载尚且不得要领。想要同医生打官司，其难度又好比更上一层楼，因为判断一件医疗事故是否属于医疗事故，要医生说了算数。中国有"官官相护"之说，美国有"医医相护"之实，美国医生在庇护同业方面不遗余力。想要找到一名医生出庭证明另一名医生的业务过失，除非是事有干系，不得不如此，否则，比登天还难。某报的评论文章指出：跑到哥伦比亚特区，不难问到中央情报局的地址。可是，想打听一个医生出过多少事故，或者其行医执照是否业已吊销，却无从问津。一切有关医疗事故的资料都是绝对的机密，非医务界以外的人所能得知。

前几年电视上曾经报道过一件有关医生与病人之间的官司，案子谈不上是医疗事故，却充份揭露出医务界的唯利是图和"医医相护"的关系。案子的情节简单说来如下：加利福尼亚某病人因某病就诊于某医生，经手术治疗之后痊愈。医生吩咐病人定期去诊所验血复查，验血复查经久不断，令病人感到惊讶，医生解释说这是出对病情的需要，因为病人的疾病时时有复发的危险。几年后，病人因工作调动迁离原住城市，医生主动提出负责病人来往诊所的飞机票，以确保复查不致因此而中断。医生的过份热心终于使病人心生疑窦，决心查个水落石出。据病人聘请的私家侦探发现，所谓复查以防疾病复发的说法纯属谎话。原来医生在病人的血液之中发现了某种特殊的成份，可以用来培养一种抗体，医生业已将抗体申请专利并通过某制药公司成批生产，叫病人定期去抽血只是为了确保原料不致断绝而已。病人得知真相之后勃然大怒，控告医生弄虚做假，并要求分享医生通过专利而获得的利润。医生则矢口抵赖，坚持复查的目的在于对病人的病情负责。至于从病人血液之中提取某特殊成份用以制药，医生声称是自己的科研成果，同病人没有任何干系。新闻上电视时，案子正在进行中，对案件作评论的律师一致认为病人胜诉的机会渺茫，理由是极难找到医生出庭证明复查的动机与病情无关。

说起医生的弄虚做假，最为轰动的是 1995 年的一桩丑闻。那一年，美国国家癌症研究所的权威兼负责人罗伯特伽罗因"发现"艾滋病毒 HIV 而获得专利，从而每年可领取政府科技工作人员所能领取的最高专利金 10 万美元，美国联邦政府也因此而每年获利 2,000 万美元。美国国家癌症研究所同法国帕斯托研究所有合作关系，法国方面指责罗伯特伽罗所谓的“发现”，其实是窃取法国帕斯托研究所的成果。美国国家癌症研究所的其他研究人员虽不曾用“窃取”的字样，也都承认罗伯特伽罗的所谓“发现”，使用的其实是法国帕斯托研究所发现的病毒。然而，由于罗伯特伽罗在美国政府和医学界一手遮天，法美之间的这场科技专利权官司最终以保全美国和罗伯特伽罗的面子的方式妥协。罗伯特伽罗承认在做试验时出于无心误用了法国帕斯托研究所的研究成果，法美政府重新签署协议，由原来的法美四六分账，改为由两国平分由此项发现而获的利润。罗伯特伽罗仍任美国国家癌症研究所的领导，仍领一年 10 万美元的专利金，并且在案子了结之时厚颜无耻地说什么帕斯托研究所的研究人员和他自己都应当从此忘记这次争端，共同致力于艾滋病治疗的研究。

医疗保险费用激增，医疗事故频生，以及这类丑闻的败露，令越来越多的美国人对现有的医疗制度感到不满，致使克林顿在竞选总统时以改革医疗制度相号召。为争取选民的支持，竞选者在竞选时照例信口开河许愿，当选之后极少有兑现者。克林顿在击败布什登上总统宝座之后，立即成立医疗制度改革工作组，可见克林顿对改革医疗制度倒是有一定的诚意。工作组由克林顿夫人希拉里主持，组员包括财政部长、卫生部长等内阁成员。总统夫人在幕后干政的例子在美国并不罕见，像克林顿夫人希拉里这样公然登台参与政府工作却属前所未有。此举是否合法，意见虽不尽同，议论却并不热烈，据说是因为总统夫人的官方身份与地位在法律上并无明确规定，如果美国的医疗制度能在克林顿夫人的领导之下出现一番可喜的革新，即使公然干政有违法制，倒也不妨视之为白圭之玷。岂料克林顿夫妇对于改革并非胸有成竹，面对反对势力的抵制和反击，竟然除去退避三舍之外，就剩下走为上策，使这场医疗保险制度的改革成为虎头蛇尾的笑柄。

克林顿的改革初衷，包含实现全民医疗保险与降低医疗成本两个方面。克林顿在竞选中空泛鼓吹全民医疗保险之时，捧场者众，唱反调者寡。轮到希拉里主持探讨如何实现全民医疗保险的具体措施之时，却是拍案而起、公然抨击者众，鼠首两端、徘徊观望者众，满腹狐疑、踌躇不前者众；唯独坚定不移，全力支持者寡。何以转瞬之间就出现如此的逆转？因为具体谈到如何落实全民医疗保险，必须要解决经费的来源。钱由谁出？如果全民医疗保险的受益人能够自己拿得出这笔钱，那么，自然马到成功。然而，若如此，则这些人在目前的医疗制度下就可以买到医疗保险，又何须改革当前的医疗制度？很明显，是全民医疗保险势必成为目前已经有医疗保险者的一项额外负担。换言之，出钱者将不受益，受益者将不出钱。改革之所以出师不利，正在于大多数美国人并没有如此这般舍己为人的情操。

全民医疗保险的构想一旦受阻，克林顿夫妇不得已而求其次，提出所有的雇主都应为雇员提供医疗保险福利的方案。实在负担不起的小业主，予以豁免或由政府津贴。岂料这方案也遭到激烈的反对。反对派的论据是：中小企业负担不起，势必因此而裁员，甚至关门大吉。于是，不仅令中小企业的雇主陷入恐慌，甚至也令中小企业的雇员为之心神不宁。美国的就业人口近70%受雇于中小企业，谁也说不清在为数众多的中小企业之中，不提供医疗保险福利者占多少比例，谁也不敢说裁员或倒闭之说纯属虚声恫吓，可以置之不理。于是，这一方案提出不久，也就同全民医疗保险方案一样，束之高阁，无人问津了。

降低医疗成本意味着直接损害医生、制药公司、医疗保险公司的利益，遭到这三方面的反对自在意料之中。不过，这股势力的强大，恐怕不仅远出政府的意料之外，甚至也远非华尔街始料所及。在改革运动开始之初，几乎所有同医疗医药有关公司的股票都曾一度下挫，说明投资者担心医疗制度的改革会影响这些公司的利润。但为时不久，政府远非这股反对势力的对手的局势就趋于明朗，于是，下挫的股票又渐渐回升。医生与这些公司之所以势力强大，有人说无非是有钱。这说法其实还是仅知其一，不知其二。钱固然要有，还要懂得如何花。医生协会、制药与保险公司不惜重金，一方面在电视以及各大报章杂志上大做广告，鼓吹降低医疗成本必定致降低医疗水准之说，另一方面令其在国会山的游说团倾巢而出，唆使参众两院议员向政府内的改革派施加压力。如此这般里外夹攻，遂令克林顿夫人希拉里走投无路。光阴荏苒，日月如梭，2008年又是新的选举年。这一回希拉里亲自出马竞选总统，重新提出全民医疗保险的主张。可惜，出师不利，在民主党内角逐总统候选人时败在奥巴马手下，致令她的全民医疗保险的方案又成泡影。

80年代中期以前，令美国人担忧的健康问题是肥胖，如今减肥之热虽未走弱，对于肥胖的担忧却已让位于对艾滋病的恐惧。艾滋病的起因至今不甚了了，目前广泛使用的检验方法是看人是否带有HIV病毒，但是有一批为数不少的美国医学界权威人士怀疑HIV是致病因素的说法，其中有些人甚至认为宣称HIV为艾滋病毒是美国卫生医疗当局伙同一部分医学界人士制造的弥天大谎，其目的旨在掩盖消耗大量人力和财力而一无所成的失败，从而减轻政府面临的社会压力。这些人的论据是，有为数众多的HIV携带者根本不发作艾滋病。支持HIV说者予以反驳，声称艾滋病的潜伏期可以长达十年，而HIV反对派对于那些尚未发作艾滋病的携带者是否有十年的病史，并无确凿的科学数据可以凭藉。此话似乎言之成理，然而，十年潜伏期之说从何而来？HIV支持派却也道不出来。

美国最出名的HIV携带者为退役的篮球超级明星的埃尔文约翰逊（Earvin

Johnson)。约翰逊曾在80年代率领洛杉矶的湖人队4次夺得美国职业篮球冠军，12次选入全美职业篮球明星队，3次当选全美职业篮球最佳球员，当年的风头之劲绝不亚于今天绰号“飞人”的麦克乔丹，只因当年美国职业篮球不在国内转播，故在中国的知名度想必在乔丹之下。约翰逊于1991年11月因发现带有HIV病毒而宣布退役，尔后出任全美防艾滋协会的负责人。据约翰逊自称，同他上过床的女人不下两万。如此风流，染上HIV病毒可谓咎由自取。可是美国人却不这么看问题，美国新闻媒介一致认为约翰逊勇于公开许多其他名流都讳莫如深的隐私，极有助于提高一般小民百姓对艾滋病的警惕，可谓功劳至伟。

在约翰逊带有HIV病毒的消息公开后不久，底特律一名女人自称因同约翰逊有过风流韵事而感染HIV病毒，向约翰逊索取巨额赔款。约翰逊承认同这女人有染，不过却说自己之所以感染HIV病毒，说不定正从这女人身上惹来也未可知。究竟谁是猪八戒倒打一耙？往后不再有消息传来，想是一段无头公案。约翰逊至今健康状况良好，曾经一度重新加入湖人队，在湖人队被淘汰之后再度宣布退役，不过显然只是因为复出后身手不可与当年同日而语，同健康状况绝无关系。从约翰逊发现有HIV病毒在身，至今已近16载，约翰逊却依然安康健在。难道10年潜伏期之说竟然是空穴来风？HIV病毒当真并非艾滋病的病源？

据统计，美国男女对艾滋病的恐惧略有程度上的不同，男人视艾滋病为第一威胁，女人最担忧的却是乳腺癌，艾滋病只能屈居次席。据医学界人士指出：二者其实都不正确，因为无论对美国男人还是美国女人来说，最大的生命威胁均是心脏病。然而，美国女性对乳腺癌的担忧也不是没有理由的，因为美国女性患乳腺癌的可能性高于其他一些血统的女性。比如，中国女性患此疾病的比例就远在美国女性之下。豆腐在美国是最出名的中国食品之一，于是，有人从饮食习惯中探求病因的研究人员提出吃豆腐可以防乳腺癌之说。豆腐有益健康料想是不错的，至于中国女人是否因吃豆腐而减少了患乳腺癌的可能，那就只有天晓得了。近来美国营养品市场出现用中草药提炼的补品，一些年轻人以为服用这类补品是增强体力的捷径，于是，这类补品一时走俏。走俏不久，一位二十岁出头的篮球明星因服用这类补品而中风，于是，这类补品有害的说法又不胫而走。

虽说西医对饮食的研究尚未入门，美国政府对饮食与健康之间关系的注重倒是值得表彰。美国政府要求所有食品必须在包装上注明营养成份，以便消费者甄选。至于有多少人看，有多少人看得懂，有多少人因看懂了之后改变购买的初衷，那就难说了。有人抱怨食品工业有意把营养成份说明写成一笔糊涂账，令人如堕五里雾中。食品工业则说营养成份说明应当写些什么和应当怎样写，联邦政府食品管理当局都有明文规定，由不得食品工业做主。看样子食品工业说的是实话，因为联邦政府不曾出面否认。

像医疗保险不存在统一的政策和待遇一样，病假如何处理也完全由雇主做主，无论是联邦政府还是地方政府均不过问。最差的情形是根本无所谓病假，因病不能出勤，缺勤的工资就全部扣除。稍好一点的，请病假必须出示医生证明，而且工资要打折扣。更好的，一年给全薪病假若干天，如何使用，听君自便，连续病休多日方须出示医生的证明，休满全薪年假，则不问是否有病，只要缺勤，一律扣发工资。长期因病在家休养的事在美国是不可能的，福利好的公司提供劳保，连续因病休假一定时日之后，会自动由病休转成劳保。劳保不仅意味着工资打折扣，而且也有一定的时限，不能一直拿到去世。很多公司虽有病假的福利，却对病休者施加变相的压力，比如，奖励不休病假的人员；少分或不分红利给休过病假者；鼓动或甚至强迫雇员把病假当休假处理。像病假的情形一样，产假也由雇主做主，政府不闻不问。有的公司没有产假可言，生孩子就意味着自动离职；有的公司按留职停薪处理；有的给四周带薪假；更好的给六周带薪假。比邻美国的加拿大政府规定产假六个月，相形之下，美国政府对妇女的照顾显得格外不周。

至于残疾人士，美国政府倒是关怀备至。比如，各大公司都在政府的示意之下实行反对歧视残疾人士的雇佣政策，十字路口与公共建筑物的门前也一律应政府的要求而修建方便轮椅上下的通道，公用卫生间皆为残疾人士设立专间，公共停车场所一概把最方便的位置留给残疾人士停放车辆，如此等等。有人把美国政府对残疾人士的关怀说成是保障人权的一种表现，其实不然。美国之所以出现一大批残废，是因为越南战争的结果，美国政府保障残废人士的政策与措施也恰好是在越南战争期间逐步制定的，两者在时间上的吻合说明美国政府保障残废人士的主要目的在于抚恤越南战争的伤兵。当然，关怀残废人士总是好事，动机其实也不必深究。

美国政府对儿童健康的关怀，也堪称无微不至，只是似乎有些过了头。比如，为了防止蛀牙的发生，竟然要求所有自来水公司在自来水中搀入氟。几十年下来，并不见有显著成效，却坚持不改。一些专家对如此做法可能招致的副作用表示担忧，政府也一概不予理会。再比如，儿童从出世到上学，不知道要打多少预防针。据报道，预防小儿麻痹的预防针经常导致小儿痴呆或其他严重的副作用，率先发明和使用这种预防针的英国和日本皆已相继停用，但是美国政府却坚持不改，对于一些持不同意见的医生和受害儿童家长的呼吁也不予理睬。在注射预防针上所采取的态度极其霸道，简直到了荒谬和岂有此理的地步。比如，凡是不按政府要求打针者，一律不准上学，凡有漏打者，必须在上学前补打齐全。假设有人从出世到上学从未打过针，漏打的针数累计起来有几十针之多，一次补齐，还能不打出毛病来？

不同意滥打预防针的美国医生，作者有幸见过一位。作者既然对打预防针没兴趣，在有意无意之中让女儿漏打了几针。女儿该上学时，学校拒不接受，非叫找医生补打不可。幸亏碰到这么一位医生，同作者一样，认为补打的要求荒谬之至。只见她在表格上把漏打的几项一一划勾，然后挥笔签上大名，并对作者挤挤眼睛说："好了，已经全部补打完毕"。

出于对中药的不了解，美国政府禁止某些中药进口。比如，牛黄、朱砂皆在遭禁之列。其他中药，即使是非禁品，也只能在中国人开设的药店才能买得到。如果所居之地有中国人开的药店，想买中药倒是不难，除去各种成药通常都相当齐全外，草药的品种也不少，而且质量大都极好。比如，天麻、杜仲、当归、黄芪等，在国内难得一见像样的货色，在美国中药店里出售的反倒是极品，想是为挣外汇，极品都出口了。想在美国找中医就不那么容易了，不少在美国权充中医者，在国内本是学西医的，因国内提倡中西医结合，不少国内培训的西医也都略有一些中医常识，有的针灸手段还不错。有留学生某人，白天外出受了暑气，晚间贪凉睡在冷气机旁。次日早晨起来，脸部局部中风，成了歪嘴。其人就读大学的医学院在美国素负盛名，教授都是些不可一世的权威，对歪嘴起因的解释，也不过是细菌感染等等的老生常谈，而且拿不出个治疗的法子来，说什么这嘴大概就得这么歪一辈子了。碰巧医学院里有位从国内来的西医在此访问，略通针灸，顺便给他扎几针，不几次就大见成效，不到数十天就完全复原。

二十年前中医在美国没人理睬，如今在美国行中医也要执照了。既然要执照，说明中医已被接受为一个正当的职业，这在过去是不可想象的事。由此可见，中医在美国地位已经大有进展。不过，美国医学界的主流至今仍然视中医为非科学的歪门斜道，把不容否认的疗效归功于患者的信仰作用。这样的论调在国内也不乏应声虫，甚至建议政府废弃之。其实，都是对于自己不懂的东西心生歧视。

2.6 怎生消遣？

有朋友独自一人回国干了两三年又回到美国，吃过晚饭问老婆：今晚咱上哪儿去？老婆没好气道：哪儿去？家呆着！你以为你还在中国？

美国人平素晚间怎生消遣？也就是家呆着。周末呢？出去吃顿饭、看场电影、商场里溜达一圈，或者，去公园里跑跑步、遛遛狗、骑骑车。倘若赶上赛球的季节，而所居地有幸有一个球队，可能去看场球，如此而已。至于夜总会、歌舞厅这类娱乐场所，只有少数城市才有。大多数美国城市在下班以后，或者在周末以及节假日，冷冷清清，如同空城。记得82年作者初次造访芝加哥，星期日上午十时左右驱车进入市中心盛名远播的“Loop”，车行道上不见一辆车，人行道上不见一个人，陡然一惊，以为出了什么大事。人呢？车呢？嗨！都在旅游区那条号称“十里洋场”的密西根大道。不过，即使在密西根大道站上十来分钟，总共也就看见十七、八辆车、十七、八个人。芝加哥虽然不是什么旅游胜地，还算是有些游客的所在。没有游客的城市，周末更是一望萧条。原因何在？在于绝大多数城里的上班族，不在城里住。周末以及节假日既然不是上班的日子，进城来干什么？

没人，扫兴。有人，也不见得就不扫兴。92年作者首次造访亚特兰大，不巧也赶上是个星期日。参观过可口可乐博物馆后，步行前往CNN展厅。一开始，街上冷清得只听见自己的脚步声。走过两个街口，后面跟上一个人来，无缘无故追着破口大骂。起先不以为意，或至少装出一副不以为意的样子。再走过两三条街，那人的同胞越来越多，别的人种却一个不见。赶紧挥手打的，逃之夭夭，惶惶然如丧家之犬。

要之，在美国城市观光，绝不可选择周末或节假日期。星期日上午尤其糟糕，正经人家都在教堂思想改造，大街上剩下些什么人？不言而喻。

游客最多的美国城市是纽约，近年来每年游客将近五百万人次，其次是洛杉矶，游客接近三百万人次，再其次是迈阿密、奥兰多、旧金山、火奴鲁鲁、拉斯维加斯、哥伦比亚特区、芝加哥、波士顿等。游客数字虽然包括外国观光者在内，大致上也还是能够反映美国人的取舍。

纽约凭什么首屈一指？凭借世界第一大都会的名声。所谓“第一”，既指人口数，也指高楼大厦数。人口众多，必然拥挤。拥挤本来不应该是吸引力，可因为大部分美国人居乡而不居城，冷清腻了，偶然趁度假之时赶个热闹，也居然成了一乐。多年前作者在纽约公园大道最繁忙的地段与一老美同过马路，时值圣诞节日即将来临，恰是纽约最拥挤的季节，路上行人车辆络绎不绝。老美不无自豪地问：北京上海不会有这么挤吧？这老美居然知道中国除了北京还有个上海，不简单，绝非孤陋寡闻的老土，却竟然也以拥挤为快！

高楼大厦众多，对于本地居民，未必是好事，即使朝南的窗户，也未必能见着阳光。对于外来游客，倒不失为人为景观。不过，这也是对于美国人而言，因为高楼大厦云集的美国城市罕见。三十年前，高楼大厦在中国近乎无有。记得当年兴建北京饭店之时，工地上悬挂一幅巨型标语，上面写着“百年大计、精心施工”八个斗方大字。好一个百年大计！可见在当时一座十二层的楼房已经视之为顶天立地之作了。那时候的中国人到纽约来，想必会对纽约的摩天大楼叹为观止。如今的中国，哪怕只是个中等的城市，也不乏高楼大厦，而且几乎全是新兴的建筑。如今的中国人来纽约，可能会对纽约的楼房感到失望：世界贸易中心早已化作灰烬，不少楼房年久失修，老迈龙钟，有什么看头？

当然，除去人与楼，纽约并非就一无所有了。还有些什么可观之处？有座中央公园，是美国国家重点保护的三个城市公园之一。另两座分别是波士顿的波士顿公园与圣路易斯的陶阁露坞公园。美国人所谓的公园，一般既没有亭台楼阁可观，也没有什么掌故可寻，大抵只有些树木、小径。供散步，很好。想要抒发怀古的幽思，那就不得其所了。不过，美国人不散步，只会顺着小径慢跑、快走，或者骑车，目的是减肥，不是养神修性。不过公园里并不十分安全，一早一晚都不宜单独行动，而一早一晚恰好是最宜散步的时光，单独行动，也恰好是散步的最佳方式。

逛公园，要天气适宜。不宜去公园的日子，可去博物馆打发时光。纽约的博物馆不少，中央公园东邻就有两个不错的。一个是大都会美术博物馆，另一个是古根海默博物馆。出中央公园南门不远，还有一个现代美术博物馆。不怎么爱好美术的，也不妨去大都会美术博物馆看看，反正免费，展品也不以美术作品为限。古根海默博物馆建筑本身值得一看，其中的展品就不一定了，因为展品并非长期不变，而是轮番更换，碰上对味口的，值；碰上不对味口的，就未必值。至于现代美术博物馆，凡是不能视一堆破玻璃渣，或者几个胡乱堆放在一起的货箱为美术作品者，就不必去浪费时间了。

有兴趣看音乐舞蹈表演的，林肯中心是个不错的去处。林肯中心号称是世界第一大艺术表演场所。“第一”怎么定义？一般资料会列出三个数字。数字之一，占地6万1千平方米。数字之二，可以同时容纳1万8千观众。数字之三，建筑费用高达1亿6千8百万美元。第一个数字只有北京国家剧院的二分之一，第二个数字大约是北京国家剧院的三倍。至于第三个数字，倘若以如今的兑换率折算，则仅相当于北京国家剧院的四分之一。简单地以兑换率折算，其实有欠妥当。原因是林肯中心落成于60年代，资料所提供的造价是否计入了通货膨胀？而且美国人工费用远远高于中国，纽约的地价也远在北京之上。同样的建筑，在纽约的造价肯定远远高于在北京的造价，也远远高于世界上许多地方的造价。换言之，造价高低并不反映建筑本身的规模大小或者质量的高低。由此可见，根据这三项数据，很难说林肯中心是否真是世界第一。

作者去林肯中心看过两次演出，第一次适逢圣诞节前夕，座无虚席，演出的内容早已忘却，只记得那一日天气奇冷，从停车场至大门不过二百来米，一路小跑，待到进入林肯中心大门，脑门儿已经冰凉得失去知觉。第二次赶上春节将过，节目是谭盾的钢琴独奏，演奏者是北京来的留学生褚某。观众冷落无几，而且大多是华裔。次日翻开纽约时报，出乎意料看到一则老美的评论。对于谭某的作曲，还说了几句客气话，对于褚的演奏，则极尽奚落之能事。

就纽约的表演艺术场所而言，林肯中心可说是后来居上。居谁之上？居百老汇剧院之上。所谓百老汇剧院，其实不是一个剧院，而是分指属于百老汇集团的三十九所剧院。百老汇剧院的得名，因所在地名曰“百老汇街”，因对应的英文名字乃是 Broadway。百老汇剧场是听歌剧或音乐剧的场所。歌剧是传统节目，音乐剧后出现的，二者的区别究竟何在？众说纷纭，莫衷一是。大抵言之，前者演出阵容偏大，后者偏小；前者用意大利语演唱，后者用英语；演唱歌剧者大都不用麦克风，演唱音乐剧者大都使用之。由于最后这项区别，在演出安排上也略有不同，比如，前者不大可能一周连续演出七场，也不大可能一年连续演出十二个月，因为歌剧演唱者需要休息，否则，嗓子受不了。

“百老汇街”是美国最普通的街道名称之一，几乎所有的城市都有一条。不过，在纽约最出名的街道可能数不上“百老汇街”，而要数“华尔街”。然而，慕名前往的游客可能会有些失望，尤其是被中文译名误导的中国人。因为所谓“华尔街”者，既不华丽，也不尔雅，只是一条极不起眼小马路。当纽约还不叫纽约而叫新阿姆斯特丹时，这地方本是荷兰人防御美洲土著的一堵墙壁。尔后英国人占据纽约，拆墙为街，故曰 Wall Street。倘若中文按照英文的意思译为“壁街”，也许多少能减少中国游客的失落感。

在世界贸易中心落成之前，去纽约的游客少不得去帝国大厦的观光层对市区作一番鸟瞰。911 事件之后，想鸟瞰市容的，又只能去帝国大厦了。帝国大厦的观光层不如世界贸易中心的高，周围景致亦较逊色。然而，世界贸易中心既已化为乌有，别无选择，舍此无他。

喜欢登高望远的游客，想必也不会放过 Statue of Librerty，国内译成“自由女神”，它位于贝鲁兹洲，俗称自由洲，与曼哈顿区有一水之隔。所谓“曼哈顿区”，同自由洲一样，也是哈德逊河中的一个洲。就行政区划而言，曼哈顿区是纽约市五区之一，可实际上人们所说的纽约市，通常仅指曼哈顿一区而已。为何如此？因为其余四区乏善可陈，尤非观光游客所宜往。就行政区划而言，自由洲不属纽约市，而属于比邻的新泽西州。不过，行政区划对游客并无意义可言。对游客而言，游览纽约最方便、最经济的方式，其实正是下榻新泽西州的旅馆，开车到哈德逊河畔把车停了，乘渡船经自由洲去曼哈顿。抵达曼哈顿后，再乘地铁前往各观光点。纽约的地铁虽然又脏又破，却极其方便，实乃游客的最佳交通选择。

早在旅居美国之前，作者就久仰洛杉矶迪斯尼乐园的大名，以为是什么不得了的名胜。85 年带女儿去逛了一趟，适逢接待游客的人次将近一个相当大的整数，具体是多少？忘了。倘若游客进门时恰好凑成了那个整数，赏汽车一辆。作者一向与这类幸运号码绝缘，恰好错过了一两个数字。逛完的印象是：幸亏带了女儿。因为那地方只是个儿童乐园而已。倘若成年而依然流连忘返，想必是童心不老。

迪斯尼乐园与好莱坞，哪个更出名？可能是半斤八两。如今好莱坞与迪斯尼乐园一同走下坡路，也恰似难兄难弟。迪斯尼乐园之所以式微，是因为奥兰多另建了一所称之为迪斯尼世界的同类型游乐场所，更大、更新、更多花招。好莱坞之所以成为明日黄花，是因为电影制片公司大都撤离好莱坞，搬到好莱坞东北不远的布班克去了。虽然好莱坞的日落大道依然吸引追星族，架不住更多的游客前往兴建在环球城的环球影城。

以作者之见，洛杉矶最值得一看的，既非迪斯尼乐园，亦非环球影城，而是盖梯博物馆。该馆分新旧两馆，旧馆设在盖梯苑（Getty Villa），新馆设在盖梯中心（Getty Center），二者皆是石油大亨盖梯的产业。新馆收藏欧洲绘画、雕刻，欧洲以及美国摄影作品，旧馆展出古罗马、古希腊雕塑，兼作教学之用。撇开馆中收藏不论，两馆本身都极具观赏性。

什么季节去洛杉矶旅游合适？什么季节都成。夏无炎热之患，冬无寒冷之虞，一年到头阳光普照。天气宜人，正是杉矶游客众多的重要原因之一。

佛罗里达的迈阿密之所以能在旅游城市排行榜上名列第三，天气也是主要因素。不过，迈阿密不如洛杉矶，只宜冬季，夏季闷热多雨，非出行之选。迈阿密有些什么看头？除去亚热带海滩，似乎别无所有。但凡去过三亚者，迈阿密的海滩也就不值得光顾了。不过，既然到了迈阿密，则应当驱车顺着滨海的“跨海高速”前往美国本土最南端的小镇基维斯特。赶上“上下天光，一碧万顷”之日，必能“心旷神怡，宠辱偕忘”。同处佛罗里达、在游客排行榜上的排名与迈阿密相仲伯的奥兰多，景点大致是洛杉矶的翻版，除去迪斯尼世界是迪斯尼乐园的新版本外，奥兰多也有一座环球影城的翻版，干脆就叫做环球影城，一个字都不改。奥兰多的迪斯尼世界远胜洛杉矶的迪斯尼乐园，去过迪斯尼世界，迪斯尼乐园就大可不必再去了。至于东西两环球影城则各有千秋，位于奥兰多者，自然景色略胜。除去这两个景点，还有肯尼迪宇航中心可以参观。不过，倘若没赶上发射飞船的日子，也就没有太多意思。

旧金山有山有海有湾，以自然风光取胜。不过，以作者之见，自然风光不及香港，市容更不能望香港的项背。为香港所不及者，仅在气候一项。旧金山的气候基本上是干湿两季，十二月至二月多雨，其余的时候凉爽宜人，甚至有些凉飕飕。不过，“凉飕飕”的感觉仅限于旧金山市区东西走向的街道，换成南北走向的街道，海风吹不着，飕飕的风立即就成了和煦的风。旧金山早晨总是雾气缭绕，不到将近中午难得见阳光，雾气也就只能笼罩旧金山市区，与市区隔海湾相望的东湾区就总是阳光普照。不过，东湾区因为没有雾，也就不能如旧金山那样四季如秋，夏季不免炎热。

去旧金山旅游，金门桥是必游的景点。那桥究竟有多少看头？这么说吧，比南京长江大桥有意思多了。80年代初，中国刚刚对美国开放旅游之时，途径南京的游客都会被领到南京长江大桥上去走一趟。老美往往不明此行的目的何在，因为在老美眼中，那桥实在是一无可睹。金门桥下波涛汹涌，掉下去难得生还，所以，金门桥除去是游客必到之地外，也是公认自杀者的上选。从金门桥上可以下眺阿克楚兹岛，那岛绰号“顽石”，曾经是灯塔所在地，尔后成为军事要塞，再后成为监狱，自1972年起开放为旅游景点。因为四周水脉茫茫，难以逃生，在押的都是唯恐其逃脱的重囚犯。根据官方的记录，在作为监狱的二十九年中，总共发生十四起越狱事件，但无一成功。其中规模最大、手段最具戏剧性的一次，发生在1962年6月11日。官方的报告是：十一人遭枪杀，两人淹死，可并未发现淹死者的尸体，因而民间谣传失踪的两人其实成功逃脱。1979年根据这一谣言而制作的电影“逃越阿克楚兹”，成为美国电影史上的经典名作。

火奴鲁鲁是夏威夷语的音译，意思是避风港。本地华人称之为檀香山，因地产檀香木。去夏威夷旅游，目的在于领略热带海岛风光，同去海南的三亚差不多。夏威夷的海滩不比三亚好多少，优于三亚者有二：其一，檀香山的市容略胜。其二，夏威夷是个群岛，多几个走动的地方。

地处沙漠的拉斯维加斯既谈不上什么文化艺术，也谈不上什么风景，纯粹以嫖赌逍遥取胜。“嫖赌”是实指，“逍遥”也不是虚词。赌在美国绝大部分城市皆为法律所禁止，嫖则别无合法之地，是故想要嫖赌而逍遥于法外，舍拉斯维加斯别无可求。正因为此，拉斯维加斯的旅游生意火红得出奇。

哥伦比亚特区的旅游景点集中在称之为National Mall的草坪周围。草坪东端是国会所在，英文称之为Capitol Hill，中文直译作“国会山”。其实，那地方并没有山，只有一座高台阶的建筑。草坪西端，与国会山遥遥相望的，是华盛顿纪念碑。从华盛顿纪念碑再西，是二次世界大战纪念馆。馆西是一条狭长的水池，水池西端便是林肯纪念堂。草坪北侧由东向西，先后是国立美术馆、国立自然历史博物馆、国立美国历史博物馆；草坪南侧由东向西，分别是国立美洲土著博物馆、国立航空航天博物馆、希斯赫恩博物馆及雕塑公园、斯密司索楠研究所。杰斐逊纪念堂在草坪之南，与华盛顿纪念碑隔水相望。自华盛顿纪念碑向北跨过宪法大道，即为白宫之所在。自林肯纪念堂顺波特马克河折而北，是肯尼迪表演艺术中心。肯尼迪表演艺术中心北侧即为恶名远扬的水门公寓。倘若走马观花，以上景点一日也就足够走遍。

以作者之见，美国城市市容以芝加哥为最，纽约高楼数目固然领先，但建筑设计不如。此外，曼哈顿虽然四面临水，却没有一处之水能媲美芝加哥面临的密西根湖。不过，芝加哥可观的市容，也就在临湖这一面，顺着湖滨大道走一趟也就一览无余，而且还要在好的季节，绝对不可在冬季。

芝加哥的冬日，寒风凛冽，湛蓝的湖水化作灰白的冰层，草坪发黑，树木萧条，能不令市容失色？其他三季都还行，晚春与早秋为最佳时节。想要鸟瞰市容，芝加哥有两个去处。一处在希尔斯大厦，一处在约翰韩卡克大厦。前者曾经一度是世界最高楼，后者如今仍是商业兼住宅大厦中的世界第一。韩卡克的观景层虽然不及希尔斯的高，但得滨湖的地利，景致略胜一筹。

除去观赏市容，芝加哥的美术馆与纽约、费城、哥伦比亚特区的美术馆集中了美国美术收藏的精品，不应当放过。倘若有时间，沿湖的天文馆、水族馆、自然博物馆都还值得一看。

波士顿在美国历史上创下许多“第一”，比如，在 1635 年成立第一个陪审团，开办第一所学校，在 1639 年创办第一所邮局，在 1674 年开张第一家银行，在 1690 年发行第一份报纸，在 1775 年 4 月 19 日打响独立战争的第一枪，如此等等，不一而足，称波士顿为美国文化、经济、政治的摇篮绝不为过誉。不过，这些历史的荣誉在现实中其实反映不出来。波士顿之所以能在十大旅游城市排行版上奉陪末坐，首先还是因为自然环境好：地处东北海湾，夏季凉爽宜人。其次多少得力于哈佛大学与麻省理工学院，慕两所大学之名而前来参观校园者不少。作者因工作之故，曾经多次在波士顿短期勾留。印象之中，波士顿是美国唯一能够散步的城市。

除去城市与海滩，另一消遣之处是国家公园。最著名的美国国家公园，恐怕得数怀俄明州的黄石公园，黄石公园以硫磺喷泉为其特色，就风景而言，与黄石连成一片的大梯腾公园其实更佳。最为奇特的国家公园，无疑是亚利桑那州的大峡谷。不过，三者交通都不甚便捷，非远道而来、时间仓促者所宜往。对中国游客最方便的国家公园，是距旧金山不远的优胜美地。早上驱车从旧金山出发，傍晚便可返回。其次是优胜美地东南的红杉公园，不过，当日是不能从旧金山往返的了，至少得在公园住上一晚。除红杉公园游客不多外，其余四处在夏季皆有人满之患，倘若不预订旅店，或有无处落脚之虞。

3 美国大选与法律趣谈

3.1 云端里看厮杀

古人信星相，东西方皆然。今人似乎不应当再信，尤其是已经有人类登上月球之后，事实却不然。美国各大报纸天天都有星相专栏，足见就是在已经把人送上月亮的美国，看星相者仍不乏其人，据说前总统里根的老婆南希就是深信不疑者之一。南希的信星相，不是每天翻阅报上的星相专栏、看看当天是否出门大吉就算了事，而是聘有专业的星相师，每遇大事必相咨询。身为总统的老婆，南希的大事少不得同总统有关，总统的大事又少不得同国事有关。于是乎，有漫画讽刺里根总统的国事决策都是根据看星相的巫婆而决定的。这种说法自然不免艺术的夸张，不过，据说里根就职典礼所选的时刻，的确是由南希的星相师择定的吉日良辰。说起美国总统的就职典礼，还不由得不想起天人感应之说，因为美国总统选举年，不偏不倚，恰恰落在闰年，正好印证天时的变化预示人事的更替之说。

屈指算来，作者在美国看总统选举已经不下数次。说“看”，是因为从来不曾去投过票。前两次是因为没有投票的资格，只有在云端里看厮杀的份。往后几次皆因提不起去投票的兴趣，算是弃权了。美国总统选举的宣传战，不能不说声势浩大，可是到了投票的那一天，去履行宪法赋予的投票权利者却往往不足半数。作者认为投票不踊跃的因素尚有技术性的一面。比如，并不是凡有投票权的人都可以在投票那一天去投票站投下一票。想要履行这项权力，得预先登记。没有登记手续，投票权就算是自动放弃了。如何登记？去什么地方登记？什么时候开始登记？从来不曾有任何官方机构或组织通知过作者。两年前，作者在更换驾驶执照时，忽然被问起是否有投票的打算。顺口说了声有，不久就收到选民登记证一纸。如果那一日负责更换驾驶执照的职员不曾偶然问起，作者至今仍是自动放弃选举权的选民。

记得第一次看美国总统选举，在 1980 年。参选的不止双方，而是三方。除去现任民主党总统卡特，共和党总统候选人里根之外，尚有独立于共和、民主两党之外的候选人安德逊。安德逊本是民主党国会众议员，在党内向卡特挑战失败之后，另立山头，成为独立候选人。美国的政治多年来一向由共和、民主两党操纵，出现第三者的例子不多。其中最著名的第三者要数提奥多尔·罗斯福。提奥多尔·罗斯福是 1901 年至 1908 年间连任两届的共和党总统。1912 年复出，在共和党内竞选失利，遂成立国民进步党，同共和党现任总统塔夫特、民主党总统候选人威尔逊一同逐鹿，结果罗斯福和塔夫特双双败在威尔逊手下。稍近而较出名的，有 1941 年至 1945 年间的民主党副总统瓦理斯。瓦理斯于 1948 年以进步党候选人身份参加总统选举，也以失败告终。

罗斯福与瓦理斯是否自以为有获胜的希望？不得而知。至于安德逊，则似乎只想做一番政治表白，明知没有获胜的希望。投票支持安德逊的人，也并不以为安德逊能赢，只是希望安德逊能够有资格挣得联邦政府的竞选资助以免负债累累而已。根据美国的选举法，民主、共和两党的候选人都可以从联邦政府领取竞选资助，至于非此两党的候选人，则必须获得至少 7%的选票才能有领取这种资助的资格。从实际情形来看，这条法律并没什么不公平，因为共和、民主两党的候选人所得选票从来不曾低于 7%。但就理论而言，任何一个政党的候选人都有可能得不到 7%的选票。法律不规定所有的政党都得遵守 7%的原则，显然是把共和党与民主党放在凌驾于其他政党之上的地位了。为什么会如此？理由简单之至。目前有关选举的法规是共和、民主两党制订的，其他的政党没有参与。可见，美国的政治制度，与其说是民主制，不如说是两党制。

精确地说，美国的总统选举从来不止两位候选人，甚至也不止三位候选人，而是往往有五六位之多。只是除去民主、共和两党的候选人之外，大都不成气候，一概被新闻媒介所忽略。在今天的美国，但凡被新闻媒介所忽略的，就等于不存在。每逢有三个值得不被新闻媒介忽略的候选人出现的选举年，往往是多事之秋。事情多了，选民就不那么容易形成不归于民主党即归于共和党的格局，于是乎就会有第三者出来代表第三种政见。1980 年的“事”，在经济。事实上，美国总统选举所围绕的问题始终是经济。其他方面的成功与失败，都不是决定选举成败的关键，充其量只能起到锦上添花或落井下石的作用。不过，1980 年的经济非比寻常，因而不是一般性的“事”，而是“多事之秋”的那种“事”。

美国经济有一条向来被认为颠扑不破的规律，即失业率高时利率低，利率高时失业率低。公司的生意在发展，才会向银行借钱，借钱的公司多了，银行的资金才会周转不灵，银行的资金周转不灵，才会提高利率；而公司既然在发展，势必招兵买马，所以失业率高不起来。反之，公司的生意不景气，才会精简机构，精简机构的公司多了，失业率才会上升；而公司既然在收缩，自然不会向银行借钱，借钱者少了，利率如何能高得起来？这推理听起来天衣无缝，可 1980 年却偏偏出现了失业率和利率双高的怪现象。

搞经济的忙于找解释，搞政治的忙于找祸首。不言而喻，共和党候选人里根自然是把责任完全推卸到民主党总统卡特身上。美国人不懂什么叫做激流勇退，卡特不肯在民主党内让贤也自不在话下。不过，虽然大多数民主党人仍然支持卡特，却有相当一部分民主党人认为民主党若不改弦更张、另起炉灶，势必一败涂地。一般的看法是，安德逊所代表的正是这一部分民主党人。支持安德逊的选民之中其实还有一批向来拥护共和党的人。这些人之所以倒戈，是因为 1980 年的竞选，不仅有关经济这么一件公开的大事，而且有关两件不那么公开的小事。共和党候选人里根本是个电影演员，又有离婚再婚的记录。选一个电影演员当总统，还是一个离婚再婚的人，这在美国都是史无前例的。一些保守的共和党人因此而想不开，又不愿意与宿敌民主党为伍，就把选票投给安德逊。美国的电影明星虽然个个腰缠万贯，出尽风头，在美国世家大族的心目之中仍是不入流的货色。如今美国人一婚再婚、甚至三婚四婚者虽然多如过江之鲫，却仍旧有不少人视从一而终为应有的美德。不过，这两件小事都涉及私隐，令人有口难言。记得在投票当天傍晚，作者在普林斯顿大学的餐厅里碰到两位教授，两人都说他们向来支持共和党，这一回却投了安德逊一票。这两位教授同作者不过点头之交，美国人又很少同外人谈政治，为何凭空对作者倾诉心声？想必实在是忍无可忍，不吐不快。

选举的结果，里根大胜，安德逊勉强获得 7% 的选票，卡特则一败涂地。其实，卡特的一败涂地，早在意料之中，因为早在投票之前，好几家全国性的新闻机构就频频对选民意向作抽样调查，卡特几乎每次都屈居下风，而且每况愈下，距选举的日子愈近，与里根的差距愈远。这局势不仅令旁观者清，以至也令当局者都不迷了。在投票当天下午东部时间 8 点半左右，卡特就认输了。美国不像中国，没有统一的时间，大致上按国际时区线划分为四个时区，东部时间 8 点半时，西部加利福尼亚一带不过 5 点半，离投票站关门为时尚早。如果局势还有希望，则卡特势必会等到深更半夜，等西部有了结果方肯罢休。

说卡特一败涂地，有两层意思。第一，在美国历史上现任总统竞选连任而输得比卡特更惨的，只有上文提到的塔夫特，可见，这种败，是百年难得一睹的大败。第二，在总共 538 张选举人票中，卡特仅得 49 票，里根囊括其余的 489 票，几乎构成 1∶10 之比，堪称天渊之别。不过，若以所得选民票数相衡量，则里根获 51.58%，卡特获 41.69%，相去不足 10%，败得并不能算太惨。造成选举人票与选民票如此不成比例的原因，在于美国的选举法。早在来美国之前，就听说美国的总统选举并非取决于选民的直接投票，而是取决于选举人的投票，但是对于这种所谓间接选举究竟是如何执行的，却一无所知。来美国后向美国人打听，却大吃一惊。有些美国人竟然连作者都不如，根本不知有所谓间接选举一说。另一些人则以为间接选举早已成为历史的陈迹，不复存在。就是知道美国目前仍实行间接选举的美国人，也不清楚间接选举的细节。更令人不敢置信的是，作者所问的对象，既非目不识丁的文盲，亦非对政治漠不关心的逍遥派，而是既受过高等教育，又每逢选举必去投票的人。

问人既然不得要领，只好去查书。根据芝加哥大学主编的《大英百科全书》，美国的总统选举法可以归纳如下：选举结果取决于选举人，不取决于选民。选举人由各州的立法机构指定，并非通过选举产生。每州选举人的数目，等于代表该州的国会议员之和。美国国会分参众两院，每州参议员两名，众议员名额不等，与各州的人口构成一定的正比例关系。根据早期的宪法，每名选举人投两张票，一张选总统，另一张选副总统。1804 年修宪之后，总统和副总统的选举改由不同的选举人选举。如果没有任何一位总统候选人获得多数选举人票，则总统由国会众议院从前三名候选人中推选，每州一票。这一票投给谁，由各州的众议员决定。这种情形在美国历史上发生过两次，一次在 1801 年，另一次在 1825 年。也许有人会纳闷：为何这两年都不是选举年？原因在于议会的投票是在选举年的次一年初举行的，总统的交接也是在选举年的次年，所以不致因此而耽误交接。如果副总统因同样原因而难产，则由国会参议院从前两名候选人中推选，也是每州一票，由各州的参议员决定投给谁。根据惯例，各州的选举人应把选举人票投给在该州获得最高选民票的候选人。换言之，每一州的选举人票理应由某一位候选人囊括。这里有三点值得进一步分析。首先，所谓根据惯例，也就是说并无宪法、法律或法令上的依据。第二，所谓应把选举人票投给云云，也就是说可以不这么投。第三，获得最高选民票的候选人不一定获得多数选民票。有了这样三点，加上各州的国会众议员名额经常不能及时根据各州人口的增减而调整，获得多数选举人票而当选的总统候选人，完全可能并未获得多数选民票；而获得多数选民票的总统候选人，完全可能因未能获得多数选举人票而败落。事实上，这种情形在美国历史上不仅发生过，而且发生过不止一次而是三次。有些美国人以为这是不应该出现的法律疏漏。凡是这么想的人，都是不明白这种间接选举法的来由。所谓疏漏，其实是总统选举法制订者有意留下的。有意留下的原因，在于美国的选举法并非出自一种理想的设计，而是出自折衷三种不同主张的妥协。主张之一，由国会议员选举；主张之二，由各州议会选举；主张之三，由选民直接选举，知道由选民直接投票不过是三种主张之一，也就不会对这种现象 引以为怪了。

同 1980 年的选举相比，1984 年的选举显得极其乏味。因为根本用不着什么民意测验就能预测出里根总统一定能够连任。之所以会如此，主要原因在于里根任内利率和失业率双双下降了。据有人在报上分析，里根并没有什么经济高招，不过沿用卡特政府制定的经济政策。或是因为这些政策不能立杆见影，须假以时日方能生效，而这日子恰恰落在里根任上；或是因为经济自行好转，同任何经济政策均无关系，而这好转的日子恰恰落在里根任上。然而，不管怎么说，皆不能否认里根鸿运当头、福星高照。其次的原因在于民主党推选出来的总统候选人并不是什么新面孔，而是卡特任上的副总统蒙代尔。蒙代尔本人的形象其实不错，不过，毕竟难以同卡特任上的经济败绩脱离干系。

不过，民主党同共和党之争虽然没看头，民主党内的竞选却有一点新意。蒙代尔所选择的副总统候选人，是女性众议员吉娜黛法洛拉。在此之前，美国还从来没有过女性副总统候选人，因而此举破了天荒。美国的妇女解放运动可以说是雷声大雨声小，喊得比谁都起劲，实际成效却甚小。英国人素以保守著称，却能选出女首相。西班牙在欧洲不算激进，却能选出女总理。亚洲各国，尤其是信奉伊斯兰教诸国，在美国人眼中更是保守得一蹋糊涂，而巴基斯坦、土耳其和孟加拉却都能选出女总理。美国不仅在国家领导人这一级别不存在女性，连个够份量的女部长都没有。法洛拉成为副总统候选人，算是给美国女人争了口气。不过，却未能给民主党的总统候选人蒙代尔帮上什么忙，也没有给自己的政治前途带来什么好处。说没带来什么好处，其实还是说得太轻描淡写，事实上是把本来好端端的政治生涯给断送了。起先有人查出她漏缴所得税，然后传闻其夫的房地产生意做得不规矩，最后有报纸揭露其子在大学里贩卖毒品。结果不仅副总统没当成，连众议员的席位也没好意思再竞选连任，简直是不折不扣的“羊肉没吃着，惹得一身臊”。

除去法洛拉之外，那一年民主党内的竞选还搞出另外一个昙花一现式的人物。此人姓哈特，名嘎里，科罗拉多州的国会参议员。哈特写了本题为《新思想》的小册子作为其竞选的纲领。这本小册子中究竟有无新意？老实说，从来没有想去了解过。不过，即使有，料想亦无多，因为蒙代尔用来反击他的口号是“牛肉何在?”。当时美国一家快餐店用“牛肉何在?”一语为广告，讽刺竞争对手的汉堡包只有面包，没有牛肉。蒙代尔借用来抨击哈特的《新思想》，意思当然就是讥笑哈特所谓的新思想，其实空洞无物。

哈特的昙花一现自然不是因为这句笑话，其实，他的昙花一现也并非发生在 1984 年的选举，而是发生在 1988 年的选举。不过，他之所以能在 1988 年的选举中成为一枝花，则完全是因为在 1984 年的竞选中获票仅次于蒙代尔的结果。同 1980、1984 年的选举不同，在 1988 年的选举中，民主党没有现任总统、前任副总统这样的重量级人物出马，哈特因在上次的竞选中名列第二，这回就被一致看好，以为可以有希望赢得民主党的提名。由于总统的宝座已由共和党的里根坐了八年之久，不少人以为该是改朝换代的时候了。于是，在竞选之初，颇有一些人预料哈特会成为下一届总统。谁知竞选的开场锣鼓刚刚敲响，哈特就成了个笑柄。

美国有不少年轻人喜欢充当竞选活动的义务助手，既然是义务，当然是不计报酬的。不过，却并不意味着一无所得。倘若因此而结识参加竞选的大人物，而这大人物又碰巧获胜，可能获得的好处就远不止一年几万美元的薪水了。在义务协助哈特竞选的年轻人之中，有位貌美的时装模特，竞选一开张，就有报纸透露，说哈特同这位模特关系不比寻常。凡是看过马克·吐温的短篇小说《竞选州长》的人都会知道，在竞选中造谣中伤对手的伎俩在美国由来已久，早已司空见惯。所以，这消息传出之后，一经哈特矢口否认，也就没多少人理会了。但是，没多少人理会，却不等于没人理会。有某记者在首都哥伦比亚特区哈特的公寓门外偷偷装上一台录像机，不分昼夜暗中监视哈特的行踪。结果，录像机在某个周末录到传闻中的女主角在中午时分踏进哈特的公寓，直到次日下午方才出来。这个周末又恰好有证据证明哈特的太太在丹佛市郊外的家中，只有哈特本人在哥伦比亚特区的公寓。于是，本来已经近乎熄灭的谣言就又重新燃起。

这一回，既有证据操在记者之手，哈特不能像前一次那样推得一干二净，只能否认同模特上过床。这种否认不免非常勉强，但记者的录像机只能录到门前的活动，不能登堂入室，自然也不能证明哈特在说谎。不多久，哈特似乎又能把这桩桃色新闻置诸脑后，集中精力于竞选活动了。岂料有人对哈特穷追不舍，没隔几星期，报上又刊登出哈特在迈阿密海滩外的游艇上搂着身着三点式泳装的模特相亲相爱的照片。哈特照旧否认同这女人有染，不过，这一回他不得不承认不善于处世，犯了个判断上的错误，并以保护个人和家庭尊严为借口，宣布退出竞选。

如果哈特就此隐退，却还不致成为笑柄。哪知不出数星期，哈特竟然又在太太和女儿的簇拥之下宣布再度参加竞选。把太太和女儿请出来护驾，无非是想向世人表白：我哈特有太太和女儿的支持，我哈特同别的女人上过床也好，没上过床也好，干你们屁事。可是，别人却不这么想。哈特复出之后不再有人捧场，甚至也不再有人去跟踪他，看看还有什么新的桃色新闻可以曝光。最后有关哈特的消息，是他太太同他离了婚，他也不打算再竞选参议员。作者对哈特从来不曾有过深刻的印象，自从他的影子从电视新闻中消失之后，连他长得是个什么模样也记不清了，倒是哈特太太在哈特宣布复出竞选的记者招待会上对哈特百般信赖和百般支持的那副嘴脸，至今记忆犹新、难以忘怀。如果美国选民没有弃哈特如弃敝履，真的把他捧上了总统的宝座，哈特太太是会同哈特离异呢？还是会心安理得地扮演总统夫人的角色？

自从哈特淡出之后，1988 年民主党内的竞选一度呈现群龙无首的状态，最后由马萨诸塞州的州长杜卡基斯当选为总统候选人。杜卡基斯是希腊移民之子，杜卡基斯太太是犹太人，二者都不是竞选总统的有利因素。可是在民主、共和两党角逐之初，杜卡基斯居然领先于共和党候选人布什。布什的个人履历包括国会参议员、共和党全国委员会主席、中央情报局局长、驻北京美中联络处主任、副总统。内务、外交、政治、行政、立法无所不包，简直可以说是没有可挑剔的余地。在美国找工作，经验第一重要，大多数招工广告上都明文写着“无经验免谈”一类的字样。找总统这份工却例外，没有经验的候选人往往可以把自己标榜为“不是官僚”，从而化不利为有利。布什的经验太多，多到给人以循吏和能吏的形像，以至于不少人觉得他没有当总统的气概。

可杜卡基斯的好景不长，临近投票的日子，布什已经在民意测验中后来居上，最终以456对112张选举人票的优势当选总统。布什靠什么手段扭转局势？靠两项人身攻击。第一，广为宣传杜卡基斯是个“高级知识分子”。不错，美国不曾有过文化大革命，没有臭老九的说法，甚至也不存在“高级知识分子”这么个词汇。不过，相当于中国的高级知识分子的人在美国不受一般人欢迎却是事实。记得60年代在北京曾经看过一本《美国历史学会主席演讲集》，集中收录了自1949年至1957年间美国历史学会主席在学会年会上所作的演讲。其中一篇的标题是“知识分子和其他人”。文中谈到知识分子在美国如何不受尊重，甚至遭人看不起，在其他人心目之中，知识分子自负甚高而不识时务，更缺乏男子汉、大丈夫应有的气概。“知识分子”一词在中国极为普通，是个常用语。而在美国，只有在知识分子成堆的地方才能听到这个词汇。在中国大凡受过大学教育的人都会自视为知识分子，也会被别人看成知识分子。在美国却只有在学术领域内有一定成就者方能算得上其中的成员 。布什在竞选时 常常提醒选民：杜卡斯斯在出任州长之前本是哈佛大学的教授，听任选民自己去把杜卡基斯想象为清谈误国的书生。

布什对杜卡基斯发动的第二项攻击，是在电视上大做广告，把杜卡基斯刻画成不顾受害者利益，侈谈犯罪份子人权的“自由派”。美国社会比较明显地分成“保守派”和“自由派”。所谓“保守派”，虽然有限制个人自由的倾向，却又坚决反对政府插手社会问题。所谓“自由派”，虽然极力申张个人的自由，却又倾向于扩大政府的职权。

布什之所以能成功地把杜卡基斯打成极端“自由派”，是因为马萨诸塞州有个黑人强奸犯在假释期间再次猖狂作恶，而这个罪犯之所以能获得假释，是因为马萨诸塞州在杜卡基斯任州长时通过的一项假释法。其实，该法律是由共和党占多数的州议会制订的，杜卡基斯不过是没有行使州长的否决权予以否决而已。可布什不由分说，把责任完全加在杜卡基斯头上。如果杜卡基斯站出来澄清事实，也许不致败落下风。可是，杜卡基斯的的确确像个不识时务的高级知识分子，面对布什的攻击，竟然摆出一副充耳不闻，行若无事的架势。不但如此，当某记者问他：如果那个强奸犯假释期间作案的受害人是他老婆，他是否会后悔当初不该让那假释法通过。面对这样的问题，杜卡基斯竟然面不改色，慢条斯理地据法理作了一番分析，最后的结论是：就法律而言，他自己的老婆同其他人的老婆并没有什么不同。

自从这次答记者问在电视上广为传播之后，杜卡基斯的优势就有若决堤的洪水，一泄而不可复止。据竞选专家们事后的分析，杜卡基斯在听到记者的问题之时，应当指着记者的鼻子破口大骂，那样才会让选民觉得他是个有种的、可靠的男子汉。没种得像个女人，还想当总统，呸！杜卡基斯没当成总统，1988 年的竞选尘埃落定之后，杜卡基斯的老婆进了专门治疗酒瘾的疗养院，想是总统夫人的梦没做成，借酒消愁所致。杜卡基斯本人倒是安然无恙，依旧是一副喜怒不形于色的理性面孔。看来，高级知识分子固然赢不了，却还是输得起。

竞选是政治活动，选举年是政客风光的年头自不在话下。不过，美国的选举年也是大牌新闻记者叱咤风云的好日子。一流的记者纷纷出笼发表评论、撰写专题、登门采访。选民对于候选人的认识或印象在很大程度上取决于报纸和电视对候选人的报道与品鉴。说美国新闻界左右美国的政局，也许稍嫌过分，但绝不是空穴来风。如今美国人看报的少，看电视的多，在选举年大出风头的记者往往属于 CBS、NBC、ABC 三大电视网络。1992 年的竞选却让 CNN 抢足了镜头。CBS、NBC、ABC 三大广播公司历史悠久，财雄势大，旗下名记者如云，如何会败在初出茅庐的 CNN 手下？事缘 CNN 的记者之中虽然绝大多数与 CBS、NBC、或 ABC 的一流记者相比不免相形见绌，却有两位不同凡响的人物。CNN 每天播放一段政治评论节目，名之曰“驳火”（crossfire）。当然不是真枪实弹，只是一场舌战。这节目有两个主持人，一个代表“左派”，另一个代表“右派”。美国的“左派”和“右派”大致上相等于上文提到的“自由派”和“保守派”。“左派”或“自由派”一定自视为民主党人，“右派”或“保守派”一定自视为共和党人。因此，这场舌战经常演成民主党左派同共和党右派之争。代表民主党左派的麦克肯瑟利清癯潇洒、顾盼自喜；代表共和党右派的湃特布肯楠脑满肠肥，虎视眈眈。赶上选举年，正是“驳火”这类政治节目当红的时候，布肯楠却在 1992 年从这节目退出，把代表共和党右派的位子让给前白宫幕僚长任赛纽纽。不过，布肯楠不是退出政治舞台，恰恰相反，布肯楠是从台上跳到台前，向现任共和党总统布什挑战。每逢有现任总统竞选连任，本党内极少会有政治实力雄厚的人物出面与之竞争，其原因不仅在于想要把“皇帝”拉下马，难于上青天，还在于大有丧失政治前途的风险，因为一般党员都视这种做法为背叛。布肯楠在社会上虽不是无名小卒，在共和党内却毫无势力可言。既无势力可言，自然也就谈不上“有所失”的顾虑，所以敢于肆无惮忌地攻击布什。一般来说，缺乏政治势力的人在竞选中遇到的最大困难是没人理睬。布肯楠既是新闻媒介圈内人物，在受新闻媒介抬举这一点上自然得天独厚，所以，布肯楠的竞选活动虽然因为经费不足，只支撑了十个星期，却搞得轰轰烈烈，不仅布肯楠本人名声大噪，连带 CNN 也沾光不少。

不过，使 CNN 在 1992 年的总统竞选中风头出尽的头号功臣，却还不是投笔从政的布肯楠，而是仍操记者本行的赖芮肯。赖芮肯主持一个叫做“赖芮肯现场直播”的新闻人物专访节目。这节目虽说是人物专访，方式却与传统的专访不同。赖芮肯从不登门造访，而是把被访者请到电视台来。这主客地位的交换不仅使赖芮肯得以随心所欲地操纵采访的进程，也在无形中抬高了赖芮肯的地位。一般新闻人物专访往往是事先拍摄好，经由编辑与剪辑之后才向观众播放。赖芮肯的节目却以现场直播相号召。现场直播一方面使被访者一言既出驷马难追，予观众以生动真切的感觉。另一方面也使赖芮肯得以有机会显示其随机发问的口才。寻常的采访总是由采访双方一问一答，不免单调乏味。“赖芮肯现部直播”却鼓励电视观众打电话到播放室现场，直接同赖芮肯或被访者通话，从而大大地活跃采访的气氛。正由于有这样一些特点，这节目相当受欢迎。在 1992 年的总统竞选中，除去现任总统布什之外，其余主要参选人物一个个争先恐后跑到“赖芮肯现场直播”的节目中去亮相，看起来简直好像总统候选人是去上门求职，而赖芮肯倒是招工的雇主。

同 1980 年的情形一样，1992 年的选举也有一位引人瞩目人物的第三者。不过，在介绍这位第三者之前，得先说说共和、民主两党的候选人是怎么产生的。现任总统布什挟波斯湾战争的余威，轻而易举地击败共和党内的挑战者，顺利当选为共和党的总统候选人。也许有人会问：以美国土地之广、人口之众、经济之盛、军事之强，在所谓海湾战争中去对付微不足道的伊拉克，恰似用牛刀宰鸡，胜之且不武，何余威之可言？此问甚为有理，只是不了解美国人的心态。美国人自从在越南吃了苦头，谈战色变，在筹划对伊拉克作战的阶段，举国上下战战兢兢，如履薄冰。新闻媒介甚至把伊拉克说成是世界第三军事强国，新闻界人士未必当真如此无知，恐怕是未雨绸缪，预先制造胜之不易的舆论，以备万一重蹈越南战争的复辙。一般美国小民百姓对于美国以外的世界所知甚少，而对于新闻报道则大都深信不疑，遂以为伊拉克当真是条不好撩拨的大虫，提心吊胆等着看一场恶斗。结果是伊拉克尚未等到正面交锋就已经在美国空中优势下土崩瓦解。于是乎，美国人欣喜若狂，好似又打赢了一场世界大战。各大小报纸和电视台纷纷把指挥海湾战争的司令官吹捧得有如当年率领盟军打败希特勒德国的艾森豪威尔。这位司令官也得意忘形，迫不及待地请人捉刀，为自己树碑立传，以企流芳百世。身为对伊拉克作战最高负责人的布什总统自然是这一仗的最大受益人，战后的民意测验显示对布什的支持率高达 70%以上，大大超过近年来的多任总统。

布什受欢迎的程度如此之高，不仅在共和党内起到阻遏作用，也使民主党内有力问鼎的人物为之却步，最为明显的例子是纽约州州长库谋。库谋不仅在民主党内有雄厚的政治基础，而且在全国范围内拥有能言善辩、足智多谋的形像。在竞选活动开始之初，舆论一致认为民主党只有推选库谋才能有一线生机，民主党内的政要人物也纷纷游说库谋，劝其出山，库谋却再三婉辞。身为多任州长的库谋并非是无心仕途，其再三推辞的缘故，不过是以为击败布什无望，参加竞选徒劳无益，不如有待来年。不那么明显的例子是田纳西州参议员戈尔。戈尔参加了 1988 年的竞选，虽然不曾中选，却赢得一定的知名度和清新颖俊的形像，从而使一些人认为戈尔是年轻一代民主党人的领袖。可是戈尔也拒不参加竞选，借口是小儿子被汽车撞伤，尚未痊愈。结果，民主党的竞选搞成一场无足轻重的小人物之间的混战，最终由名不见经传的阿肯色州州长克林顿胜出。

“名不见经传”一词不仅适用于克林顿其人，也适用于克林顿出身的阿肯色州。除去按字母顺序排名的场合，阿肯色州在美国五十个州中基本是排在倒数第一、二名的。孰料人算不如天算，库谋等人以为布什的获胜会如探囊取物，可是等到克林顿获得民主党提名时，局势却大为改观，好端端高坐在云端上的布什凭空跌到了地上，鹿死谁手竟成了件难以预料的事。何以会如此？岔子出在经济上。同 1980 年相比，1992 年的经济其实不能算太坏，并没有搞成失业率和利率双高的局面，只是各大公司纷纷精简机构，使失业率偏高而已。如果布什及时采取对策，或至少摆出一副认真对付的姿态，布什本人绝不会面临失业的恐慌。可是布什竟然漠视经济的不景气，起先是矢口否认经济出现危机，尔后又弹起经济已经复苏的论调。既不存在危机，何来复苏可言？逻辑上的自相矛盾姑置勿论，布什这种听其自然、不予干预的态度，给人以不负责任和不可信赖的形象。布什何以会疏忽大意以至于此？想来也是让海湾战争的胜利冲昏了头脑，忘却了经济是竞选胜负之本。经济形势大好，打败个区区伊拉克恰似锦上添花；经济情况一旦恶化，即使真打赢了一场世界大战，也并不能有恃无恐。

眼见布什陷入困境，又不相信克林顿足以成大器，于是有个第三者跳上了 1992 年总统竞选的政治舞台。同以往的第三者不同，1992 年的第三者罗斯佩罗既不是个职业政客，也不是因为在民主、共和两党内竞选失利遂铤而走险。罗斯佩罗是个从未搞过政治的商人，不过，不是一般的商人，是个公认的极其成功的商人。够资格在美国被公认为极其成功的商人，腰缠万贯自不在话下，仅仅有钱，也还不足以担当得起“极其成功”这四个字。美国人最崇拜的是白手起家，而罗斯佩罗的发家，正好是美国人津津乐道的白手起家的典型。白手起家而能腰缠万贯，这才配称之为“极其成功”。

罗斯佩罗本是个海军下级军官，在部队里混得颇不如意，遂早早退役。复员之后在 IBM 找到份推销电脑的工作。想必是推销有道，不出数月就把一年的推销配额卖个精光。闲着无事，于是用手头攒下的几千块钱开了家叫做电子数据系统（Electric Data Systen，间称EDS）的公司，专做电脑数据处理的承包生意。居然开门大吉，立即从国防部接到几百万美元的合同，从此鸿运当头，财星高照。80年代中期，EDS承包下通用汽车公司的数据处理业务，成为美国最大的数据处理承包商。不久，通用汽车公司看到EDS前程远大、有利可图，干脆从罗斯佩罗手里买下EDS，付款方式用的是用通用汽车公司的股票。

罗斯佩罗既握有大量通用汽车公司股票，于是顺理成章地成为通用汽车公司的董事。美国各大公司的董事会照例由两种人组成。一种是公司的主要负责人，比如，公司的总裁往往兼董事长。另一种是不在公司任职的局外人，大多是其他公司的主管，极少数是像罗斯佩罗这样因持有大量股票而入选者。局外的董事照例只拿干薪，并不过问公司的日常生意。可是，罗斯佩罗却不甘寂寞，不仅时常抨击通用汽车公司的管理方式和经营方法，而且措词激烈，终于令通用汽车公司的总裁吃不消，决计叫罗斯佩罗走人。要撵走一个在公司任职的董事，对于公司总裁来说，易于反掌。在公司内任职的董事一旦失去在公司的职位，其董事身份也就自动消失，而公司总裁对于公司的一切雇员都操有生杀大权，叫你今天上午十一点滚蛋，你休想挨到十一点零一分。不过，想要赶走局外的董事就不那么容易了。一般来说，如果没有明显的过失，局外董事都是终身的。说是终身，其实很少有人做到去世，只不过是局外董事自己不肯退，公司总裁拿他无可奈何。

罗斯佩罗既是靠持有大量股票而入选的董事，叫罗斯佩罗走人的唯一方法是从他手里把股票给买回来。想要叫罗斯佩罗的股票出手，不付出高于市场价格的代价自然是办不到。经过几番私下磋商，交易终于达成。通用汽车公司究竟为此付出多大的代价？那是商场上的秘密，不过，罗斯佩罗从此成为美国最有钱的富翁之一却是尽人皆知的事实。通用汽车公司对美国的经济有举足轻重之势，通用汽车公司的一举一动都受到新闻媒介的广泛报道，所以，经过这番与通用汽车公司的交锋，罗斯佩罗不仅在钱财上大捞了一把，而且也成为全国知名的新闻人物。

退出通用汽车公司后的罗斯佩罗又开张一家新公司，仍做电脑数据处理承包生意。此时的罗斯佩罗既然已经大名鼎鼎，这家公司干脆就冠以罗斯佩罗的姓氏，称之为佩罗系统。不过，这一回罗斯佩罗不再亲躬生意，把生意交给一位朋友管理，自己则对从政大感兴趣，不惜自掏腰包，以第三者的身份参加总统选举。一般政客竞选，无非大放空炮，胡乱许愿。罗斯佩罗做生意以脚踏实地著称，搞竞选虽然不免吹牛，但比一般政客还是要实际得多，在演讲时至少能拿得出些数字图表做为根据；也比一般政客老实，肯说一些不中听却切中时弊的实话。竞选开始不久，罗斯佩罗的表现令选民的耳目为之一新，颇有后来居上之势，可是临近投票时，却成了强弩之末。究其原因，不外乎三。其一，支持罗斯佩罗的选民大多数倾向共和党，其中一部分并不真准备投罗斯佩罗的票，表示支持罗斯佩罗，只不过向布什表示不满，真到投票来临之时，又都重新回到共和党的怀抱。其二，罗斯佩罗曾一度莫明其妙退出竞选，理由是有人以绑架其女儿相威胁，可是又拒绝拿出确凿的证据，遂使一些选民觉得他不可信任。其三，归根到底，美国的政治由民主、共和两党把持，任何既非民主党又非共和党的候选人，想要成为白宫的主人，根本不可能。

但是，罗斯佩罗的参选对于1992年的选举结果却并非无关痛痒。因为罗斯佩罗获得20%的选民票，而罗斯佩罗的支持者又大多是共和党的拥护者，如果共和党的实力不是由于罗斯佩罗的竞选而有所分散，民主党的候选人克林顿未必就能够战胜共和党的现任总统布什。

无论中外，凡是在男女公然不平等的时代，妻以夫贵都是理所当然的现象。如果有人以为这种现象在当今的美国不复存在，那就大错而特错了。美国的国会议员如果死在任上，其遗孀是理所当然的继承议员。如果不是妻以夫贵，请问作何解释？更为明显的例子是总统的老婆，除去莫明其妙地冠之以“第一夫人”的头衔外，还居然有全套的职员，诸如秘书、发言人、特别助理等等，俨然是位政府的高官，却又既非选任，亦非委任，只能名之曰嫁任。

美国历史上的所谓第一夫人，无论如何爱出风头或热衷于政治，所扮演的始终是“太太”的角色：出风头在穿着打扮，参与政治在幕后枕边，这历史的传统却叫克林顿的老婆希拉里给打破了。希拉里与比尔克林顿婚前是耶鲁大学法学院的同窗，毕业之后，克林顿一头钻进政治，不曾干过律师的本行，希拉里却一直是开业律师，直到成为第一夫人方才歇业。阿肯色州州长是个清水差事，克林顿当州长除去捞到一幢州长官邸白住之外，一年只有三万五千美元的薪水。在竞选总统时，克林顿夫妇申报的收入却在100万美元之上，其中的大部分都是靠希拉里当律师挣来的。

早在竞选之初，克林顿就表示希拉里不会纯粹充当“太太”的角色。克林顿出任总统之后，果然委派希拉里负责医疗保险制度的改革工作组。工作组的成员包括财政部长、卫生部长，明文规定要向希拉里汇报工作。部长是由总统提名、经国会审定之后方才有资格出任，根据法律只应向总统负责。美国人素以好讼而著称，也向来以法治而自豪，却极少有人对这一不合法的离奇现象提出异议，财政部长与卫生部长也未据法力争或忿而辞职，真是咄咄怪事。希拉里的正式参与政府工作令一些女权主义分子拍手叫好，也令一些男权至上主义分子为之噎气。其实，双方都属表错情。希拉里固然改变了第一夫人的角色，却并没有改变妻以夫贵的传统。什么时候美国能选出个女总统来，那才是美国女人扬眉吐气的日子。

说到妻以夫贵，不妨顺便提起“一人得道，鸡犬升天”。话说克林顿夫妇迁入白宫之时，除去带着上中学的女儿之外，还带进去一只猫。作者对猫狗均是外行，不敢说那只猫是否贵种，只敢说那只猫从花色到体态都平庸得无足称道。但只要你看报、看杂志，或者看电视新闻，你就免不了同那只猫打几个照面。有那么一帮好事的记者不分昼夜守候在白宫门外，争先恐后把那只猫摄入镜头，然后广为传播，并仿“第一夫人”之号，美称之曰“第一猫”。中国人也喜欢称“第一”。诸如“第一江山”、“第一关”、“第一峰”、“第一泉”，等等等等，听多了，不免觉得俗气。直到听到“第一夫人”，以至“第一猫”之说，才悟出中国人的种种“第一”，原来都还风雅得很。

除去总统选举，美国还有所谓“中期”选举。也是四年一次，不过不与总统选举同年，而是错开两年。美国总统四年一任，错开两年就恰好落在一任的中间，“中期”选举因此而得名。所谓“中期”选举，改选的对象是国会参众两院的议员与州长。不过，不是全部议员，也不是全部州长，大致是一半的议员与一半的州长。另一半议员与州长的改选，与总统选举同时举行。中期选举虽然也是一次全国范围内的选举，其声势毕竟不可与总统选举同日而语。不过，有幸赶上中期选举的议员与州长候选人，有较好的出风头的机会。这不仅是因为没有总统的选举凌驾于其上，而且还因为中期选举的结果往往被说成是可以用来预测下届总统选举的胜负，因而颇受新闻媒介的重视。

之所以说“往往被说成”，是因为这种说法其实并无切实的根据。比如，从 1954 至 1994，四十年来国会一直操纵在民主党手上，州长的席位也经常由民主党占据优势，其间却只有三届民主党总统，共和党总统反倒有七任之多。可见国会与各州的选举并不给总统的选举带来什么先兆。不过，1994 年的中期选举对于民主党来说，倒是真有“黑云压城城欲摧”的架势，以至选举结束之时，几乎没什么人看好民主党在 1996 年总统选举中有获胜的机会。新闻媒介一致吹捧这次中期选举为一场革命，因为共和党不仅获得了近五十年来空前的胜利，一举扭转共和党在参众两院以及各州政府中的长期劣势，而且胜得排山倒海、势如破竹。不少民主党的现任议员、州长都在这次中期选举中丢了宝座，其中包括风头十足的德克萨斯州长安理查茨和公认的民主党领袖、纽约州州长库谋，而共和党的现任议员和州长竟然全部连任。

不过，虽曰革命，至少有两点是对传统的继承。其一是门阀政治，其二是金钱政治。记得 80 年代初，作者刚来美国不久，对于美国的门阀尚一无所知，赫然发现东南某州（可能是田纳西，记不真切了）的州长候选人竟然是一男一女，二十出头的潇洒年纪，正在感叹美国英雄出少年之际，却从报上得知这一对金童玉女原来不过是一双衙内：一个是该州前州长之女，另一个是该州现任国会参议员之子。尔后不久芝加哥市选出一位姓戴理的市长，芝加哥的市府大楼就称之为“戴理大厦”，楼前的广场也称之为“戴理广场”。此时作者既然已在美国混了些年头，不如起初那么天真，一看到姓氏的相同，就猜到不是偶然的巧合，必有一些瓜葛可寻。一查报纸，果不其然。市府大楼以及楼前的广场之所以名之曰“戴理”，是因为芝加哥的市政多年来一直操在一位已经作古的戴理先生之手。芝加哥市向来是民主党的坚强阵地和重要据点，这位戴理先生生前不仅能在芝加哥一手遮天，也能在民主党内呼风唤雨。当年肯尼迪在民主党内角逐总统候选人提名时，就曾拜在这位戴理先生门下，受过这位戴理先生的提携。新官上任的戴理市长就是这位已故的戴理先生之子。这位小戴理是法学博士出身，考了三次才拿到执照，据说还是靠老子替他走后门才免于事不过三。《华尔街日报》对这位小戴理当选芝加哥市市长发表过一篇评论，说如果不是因为他老子当年是芝加哥一霸，他绝无可能混到芝加哥市市长一职，充其量只配在邮局里当名小职员。美国的邮局素有效率低下的名声，说这位小戴理只配在邮局当差，也就等于说他极其无能。

说起美国的门阀政治，绝对不能按下不表的，当然是肯尼迪家族。老肯尼迪为驻英国大使。不过，当时的大使不比如今的大使，不是个纯粹送人情的职务，而是颇有一些外交实权。当时的英国也不比如今的英国，是美国外交上最为重要的国家。所以，驻英大使虽不是位极人臣，却堪称之为达官显贵。下一代肯尼迪出了三个参议员，其中一个当上总统。另一个如果不是在竞选时遇刺丧命，也极可能成为总统。最差劲的一个自从当上参议员以来，连选连任至今，尚未败落过。由此可见肯尼迪家族第二代青出于蓝而胜于蓝。在1992年的中期选举中，肯尼迪一家男女老幼一共七口同时以民主党候选人资格在七个不同的州出面竞选国会议员，除一人之外，其余统统属于第三代，足见肯尼迪家族历三世而不衰。

所谓金钱政治，并不是说当选的官都有钱，也不是说谁的钱更多，谁的官也就会更大。所谓金钱政治，可以归纳为以下三点：第一，但凡参加竞选者，虽不必是富翁富婆、千金万金，绝不会是穷光蛋。以2008年的竞选人为例，共和党候选人麦凯恩2007年的个人收入在40万元以上，其妻的收入超过600万元。民主党的两名竞选人，克林顿夫妇2007年收入在1,200万美元以上；另一位竞选人奥巴马2007年的收入将近100万美元。第二，竞选的过程，是花一大笔钱的过程。第三，竞选时花的钱越多，获胜的机会也就越大。中国人有“不以成败论英雄”之说，有朋友问：如果不以成败论，究竟应以什么论？换做美国人，答案就是：以钱论。凡是没有钱的，都微不足道，哪还有什么资格出来竞选！这话在中国人听来，恐怕不怎么悦耳，也未见得符合中国的实情。就美国的国情而论，却是于情于理两不相悖。英文中根本没有“清高”这么个词汇，美国人的文化中根本不存在“铜臭”这么个概念，君子与小人均汲汲于以钱为务。没有钱的人，自然是无足挂齿的失败者，焉能充当领导角色！

美国人在竞选上的花费，近乎天文数字。想要在民主党或共和党内获得总统候选人的提名，不破费几千万美元绝对办不到。1994 年中期选举的总开销是 4 亿 5 千万美元，其中花费最大的是某参议员候选人，总共花了 2 千 7 百万美元。如此吓人的开销自然不是稍微有几个钱的人能办得到的，也不是每个腰缠万贯的人所愿意花的。那么，钱从哪来？花别人的钱。“别人”是谁？是各种各样的利益集团。为什么这些“别人”如此慷慨？寄望于“秋后”有账可算。

中国有“官倒”之说，指当官而兼做生意。有些美国人反其道而行之，动用生意上赚来的钱去做官场上的买卖，姑名之曰“倒官”。“官倒”与“倒官”，形式虽然不同，目的却一致，都是以钱为的。说美国有“倒官”，并不等于美国没有“官倒”，不仅有，而且有三种不同形式的倒法。一种是现任现倒，比如，前总统约翰逊在任上的时候，将其德克萨斯州农场上的湖水装瓶出售。也许有人以为这卖水的生意与总统的职务拉不上关系，何“官倒”之有？其实不然，在约翰逊上台之前，市上不曾有“约翰逊总统湖水”，在约翰逊下台之后，市上也不再有“约翰逊总统湖水”。可见，所卖者并不是水，而是“约翰逊总统湖水”这块牌子。再比如，里根总统任上的司法部长米斯，年轻时曾在陆军供职，早已复员多年，陆军部竟然在其成为司法部长之后将其原有军职升级，以便米斯退休后可以根据新的军职从部队领取高级别的退休金。如果说米斯在服役期间的确贡献良多，应予升级，这晋级加官之举为何不在未复员之前举行？这几十年后的补升，无论是出于米斯本人的授意，还是出于陆军部的殷勤，米斯既已欣然笑纳，则实难逃“官倒”之责。

第二种是将任先倒。还是这位米斯，在即将上任司法部长之前，其妻从某银行家手中获得一笔低于市场利率的贷款。米斯上任之后，旋即予此银行家联邦政府中一个肥缺，所谓投桃报李，美国法院曾调查此事，但因无法证明这一投一报之间的关系，只得作罢。有记者为此事问米斯是否自己觉得做了一件不该做的事，米斯说没有。记者追问为什么没有，米斯说因为没有，所以没有。回答得如此合乎语法，真不愧是位司法部长。

第三种是下任再倒。比如，里根总统下台之后，去日本做两次为时三十分钟的演次，每次从日本人手上收取几百万美元的酬谢金。所酬谢者，究竟是这为时三十分钟的高论？还是在八年任期内给日本人的好处？再比如，国防部是通用电气公司的最大主顾，某国防部负责采购的副部长卸任伊始便成为通用电气公司的副总裁。有报纸揭发，国防部买一个普普通通、市价几分钱的螺丝钉，竟然要付美元三千。国防部并不否认这一指责，只分辩说这种做法有利于国防部的一揽子交易。一揽子交易的说法相信不假，究竟是对国防部有利，还是对国防部的官老爷有利，那就只有天晓得了。

1994 年中期选举揭晓之次日，《美国日报》刊出一篇提为“有钱即胜？并不尽然”的文章。文章举出几个在中期选举中投下巨额资本却竟然没有赢的例子。文章的标题既然是“并不尽然”，说明该文作者并非不同意钱花得越多，赢的可能性就越大的观点。在该文列举的几个例子之中，最为突出的是加利福尼亚共和党参议员候选人麦克哈芬顿。哈芬顿为竞选参议员总共花去2700万美元。在这2700万美元之中，哈芬顿自掏腰包2500万，足见哈芬顿的确有的是钱。若干年前，过于有钱据说不被选民认同而成为不利因素。比如，洛克菲勒竞选总统之所以失利，就被说成是背了太有钱这么个包袱。又据说如今世道变了，选民不再在乎候选人是否太有钱。其实变了的，不见得是世道人心，而是处理钱的方式。以前的巨富极力装出一付平民的样子，往往藏头露尾，弄巧成拙。如今的有钱佬不仅无意装穷，反而有意摆阔。摆阔的手法是大量动用自己的钱竞选，以期达到两个目的。第一，尽量向选民炫耀其成功。第二，表明自己既不会“官倒”，也不会“倒官”，而是能够对选民鞠躬尽瘁，死而后已。罗斯佩罗在竞选总统时用的正是这一手法，麦克哈芬顿在竞选参议员时用的也是这一手法。二者的不同，在于佩罗有意含蓄，而哈芬顿则刻意露骨。怎么个露骨法？请听哈芬顿的竞选开场白：“我曾因勤奋而致富，从今以后，我一定不遗余力为你们服务”。说得动听之至，只不过前半句属于半真半假，后半句则是无案可稽的空话。哈芬顿有钱不假，不过，把致富的原因归之于勤奋却是彻头彻尾的谎言。据报纸披露，四十出头的哈芬顿这辈子只在一家公司干过活，而这家公司的老板不是别人，正是哈芬顿的老爹。换言之，哈芬顿的财富不是自己挣来的，而是从老爹手中继承过来的。

哈芬顿最终并没有赢。不过，之所以没有赢，却并不是因为说了这么句假话。事实上，有些人认为哈芬顿根本没有输，因为双方票数相差极少，只是因为如果要求重新点票的话，哈芬顿还得再掏100万美元手续费，哈芬顿遂决意认输了事。其实，就算哈芬顿是真的输了，与其说哈芬顿的例子证明金钱并非万能，倒不如说恰好证明钱的通神广大无涯。何以言之？只消稍微看看胜负双方的背景就不难明白其中的道理。哈芬顿的对手、民主党候选人范恩斯坦出生于加利福尼亚旧金山的名门望族，入世之前是名副其实的大家闺秀，出阁之后结婚三次，每一任的丈夫都是巨富。旧金山的房产价格居美国之冠，范恩斯坦的私邸恰在旧金山最昂贵的地区，房子上过电视，其富丽堂皇的程度足以令人咋舌。换言之，范恩斯坦即使不及哈芬顿富有，所差也无几。范恩斯坦是现任参议员，在当选议员之前，曾赢得民主党加利福尼亚州长候选人资格，仅以微弱之差败在共和党候选人手下。在竞选州长之前，曾多次连任旧金山市长。早在80年代之初就已蜚声美国政坛。哈芬顿土生土长德克萨斯州，迁居加利福尼亚方才数载，同加利福尼亚毫无渊源。在出马竞选参议员之前一年，也是凭借金钱的神通，刚刚混到个众议员的席位。其在加利福尼亚的政治背景若同范恩斯坦相比，判若天渊。如果不是靠2700万美元的威力，怎么会同范恩斯坦打得如此难分难解？

有意思的是，哈芬顿虽说自掏腰包2500万元，其失败的原因竟然是花钱不够大方。这不是讲笑话，不过，说的不是2500万元太少，也不是说应当舍得再花100万元去重新点票，说的是哈芬顿不该为省几个小钱而雇用非法移民当保姆。因省小钱雇用非法移民当保姆，从而在官场上栽跟斗，哈芬顿并不是首例。克林顿就任总统之后，接连提名两位司法部长人选，都是因此而未能就职。非法移民在美国不得工作的法律早已有之，不得雇用非法移民的法律却是80年代方才制订的。虽然有这么条法律，非法移民照样源源不断流入美国。原因在于执行移民法的机构根本没有能力深入农村、家庭、个体户类型的微型企业，而非法移民也恰好不具备在城市或大中企业中谋事的技术和知识。法律同旨在制裁的目标不对号，自然谈不上任何效果。大部分非法移民来自墨西哥，因为墨西哥同美国接壤，在很多地段越境如履平地，还因为同墨西哥接壤的大片地区在历史上本是墨西哥的领土，在这些地区内的合法居民中有不少祖籍本是墨西哥人，愿意接应来自墨西哥的非法越境者。来自墨西哥的非法移民大多滞留在比邻墨西哥的德克萨斯或加利福尼亚农村当短工。每逢政府或社会上有风吹草动，声言要加强对雇用非法移民雇主的惩罚，德、加两州的地主们就群起鼓噪，说如果不是靠非法移民这批廉价劳动力，这两个州的农业就会破产。德、加两州是美国农业的主力，如果当真如此，绝不是件可以掉头不顾的事情。美国联邦政府对于打击农村的非法雇主一直未尽全力，也许正因为有此隐忧。少部分非法移民流入城市，大都躲在餐馆的厨房洗盘子，或是在富贵人家当保姆。哈芬顿的雇用非法移民当保姆，不过是习惯使然。此时正好赶上美国出现反移民的新高潮，而这股潮流又恰巧在哈芬顿竞选的加利福尼亚州尤为汹涌，就让范恩斯坦抓住辫子，打个正着。

在1996年民主党的预选中，在职总统克林顿轻而易举当选。当选为共和党总统候选人的多尔也没花多少力气。多尔是什么人？一个老牌的共和党政客，自1966年起便是参议院的议员，长期担任共和党参议院的领袖，1976年以共和党副总统候选人身份与福特总统搭档，以微弱的劣势败在民主党挑战者卡特与蒙代尔手下。这么一个老牌政客，又挟1994年中期选举的余威，本来应当是势头大好，可在距离总统选举日不足6星期之时，多尔却在民意测验中落后于竞选连任的民主党总统克林顿20%以上。

怎么会出现这么大的差距?，原因之一，骄兵必败。共和党的骄，在1995年企图逼迫克林顿就范于共和党的联邦财政预算一事最为明显。美国联邦政府多年以来依赖赤字预算为生，负债累积已近天文数字。近年来赤字预算频受一些经济专家抨击，以为是阻碍美国经济健康发展的主要原因。虽说并非没有持不同意见的学者，但广为接受的观点，是政府应当致力于实现收支平衡。想要实现收支平衡，古今中外除开源与节流之外别无他法。美国政府不事生产，开源的唯一途径是加税，而加税可以说是美国人民的公敌。凡是候选人，无论是竞选市长、州长、州议员、国会议员，还是竞选总统，没有一个敢言加税的。因此，“平衡政府预算”，在美国已经成为“削减政府开支”的代名词。讨论如何平衡政府预算，也就只限于讨论削减哪些开支和削减多少，其他的都免谈。

美国联邦政府的开支大体上可以分为两项，一项是直接的支出，比如国防、外交、行政上的费用。另一项属于财富的再分配，比如，教育文化资助，农业津贴，社会救济等等。根据克林顿政府的说法，如果1995年共和党的预算方案得以实现，文化教育事业和社会福利将受到严重的冲击，不仅穷人要遭殃，中产阶级也会受损，得益的只是最有钱的一小撮，克林顿总统因而拒不签字。共和党在国会只有简单多数，没办法凑足否决总统的否决权所需三分之二的多数，从而使预算搁浅。这类僵持不下的现象在美国屡见不鲜，有时以双方达成妥协而圆满解决，有时则不了了之。但政府的预算不比其他法案，不通过的话，政府因无预算而不得不局部关门，把几万名政府工作人员暂时打发回家，不了了之是不行的。因无预算而政府局部关门的事情，也不是没有前例。不过，以往的僵局往往是技术性的，很快就得以解决。这一次却是政治性的，共和党在议会里的大小头目又都摆出一副盛气凌人、不屑妥协的嘴脸，令直接受到影响的政府雇员气愤不平，也令一般人觉得大可不必如此。共和党的领导人，尤其是以共和党众议院领袖耿古志为首的共和党保守势力的如意算盘是：如果克林顿屈服于共和党的压力，共和党既可以加强中期选举获胜的声势，又可以从此把经济的平稳发展说成是共和党平衡预算的功劳；如果克林顿拒不就范，则共和党可以把因政府关门而造成的一切责任和麻烦嫁祸于克林顿政府。然而，民意测验却反映出耿古志之流过高地估计了自己在选民中受欢迎的程度。僵局维持的时间愈长，一般小民百姓不是对克林顿愈加不满，而是对共和党愈加不满。最后不得不妥协而结束这一僵局的，竟然不是克林顿政府，反而是共和党自己。

如果共和党在中期选举中并没有获胜，或虽胜而胜得勉强，共和党想必不会踌躇满志、忘其所以，从而错误地估量彼此的势力，挑起一场无谓的预算之争，落得个搬起石头砸自己的脚的下场。这预算案一役标志着克林顿政府同共和党之争的转折，从此以后，克林顿政府在民意测验中的支持率从来没有再低于过50%。耿古志本来野心勃勃，有意问鼎，受选民欢迎的程度经此一役竟下跌至不足30%，最后只好打消这念头。

共和党从极大的优势败落下风的原因之二，在于同极右派结成同盟。由于共和党中期选举的胜利是由耿古志为首的右派策划的，新当选的共和党议员与州长也大都属于极右阵营中的年轻急进分子，共和党的主流遂为党内的右派所操纵。这批新近得志的右派人物不仅以为可以轻易赢得1996的总统选举，而且以为可以通过意识形态来赢得这场选举。自从中期选举以来，共和党上上下下的活跃分子所汲汲鼓吹的，既不是内政之势，也不是外交之权，而是基督教右翼的处世之道，俨然成为当前美国极右势力代表基督教联盟的传声筒。

基督教联盟的领导人特饶伯参是个牧师中的政客，或政客中的牧师，视说话者的立场而定，曾经竞选过共和党总统候选人，失利之后成立基督教联盟，在电视网上搞了个称之为“700俱乐部”的节目，大肆宣传基督教的保守意识，诋毁异己的思想，并利用教会的财源支持共和党右派政客的竞选活动。因其处处与克林顿的政府作对，以至联邦政府以基督教联盟身为一个宗教组织，不得资助政治活动为名，控告基督教联盟违法。基督教联盟并没有因此而手软，在1996年名之曰“胜利之路”的基督教联盟的年会上，饶伯参指名指姓把克林顿骂个狗血喷头，对多尔则软硬兼施，一方面为多尔祈祷上帝，另一方面也警告多尔决不能忘却意识形态，不能把竞选搞成一场纯粹有关经济的斗争。

基督教联盟反对最为激烈的是人工流产，共和党也就在加利福尼亚圣地亚哥举行的党代表大会上把反人工流产写进党的纲领，真可谓一步一趋，紧跟不舍。美国人素以争取个人自由闻名于世，人工流产难道不属于个人的自由？美国反人工流产的运动却竟然搞到上街游行、电话恐吓、静坐示威，甚至炸毁诊所、枪杀医生的地步，何以会如此？有人说，反人工流产的真正动机是种族的，因为白人大都避孕，人工流产者大都是黑人。有人说，反人工流产的真正动机是经济的，因为人工流产者大都是享受社会福利的穷光蛋，做人工流产并不自己掏腰包，而是用纳税人的钱。也有人说，反人工流产的真正动机是宗教的，因为反对派中的大多数和最激烈的分子都是虔诚或狂热的天主教徒和基督教徒，开枪打死做人工流产手术医生的凶手也自称是奉上帝之命。以作者之见，这三种说法都有一定的根据，其实也并不相互排斥，因为虔诚或狂热的天主、基督教徒大都是白人，也大都是纳税人，但宗教说似更有说服力。

天主教和基督教的不同其实只是正统派与修正主义者的区别，二者在西方的政治、文化、教育、道德均曾扮演过极其重要的角色，因而即使在科学发达的今时今日，天主教与基督教仍然不仅是美国人的精神寄托，而且也是美国人的价值取向之所在。比如，美国的政教分离虽然已久，可至今在总统的就职典礼上，当选总统依然要把手放在《圣经》上宣誓。何以会如此？因为除此之外，美国人不知有任何别的宣誓方法。因此，企图依靠教会的力量登上总统宝座的想法并不难理解，只是把总统选举同人工流产搅和在一起，总是有些不伦不类，也令大多数女人反感。据统计，女人无论自视为保守派还是自由派，大都不以反人工流产为然。有的是赞同人工流产，有的虽不一定赞同，却也认为这是女人的基本权利之一，不容政府或立法机构干涉。据民意测验，多尔在女人中尤其不受欢迎，极可能同共和党把反人工流产写进党的纲领有关。

据报纸披露，前总统尼克松曾致函多尔，授以取胜的诀窍：在共和党内竞选总统候选人提名时，尽量向右跑。一旦赢得共和党的提名，尽快向中间跑。尼克松不愧是老谋深算的政客，对共和党人的情绪和美国选民的态度都了如指掌。共和党人以保守者居多，是以越右越容易获得党内的提名。至于全体选民，则自然是左倾与右倾大致平分秋色。抢到中间的位置，才能左右逢源，立于不败之地。多尔本来只是个中间偏右的人物，并不是极端右派分子，在共和党内竞选时方才向右靠拢，很像是按尼克松的既定方针办事的样子。然而，多尔在赢得党内提名之后却并没有抢占中间地盘，而是陷在右派的泥潭中不能自拔。何以会如此？估计不是忘记了尼克松的教导，也不是不以尼克松的意见为然，而是不得不屈服于共和党内极右派的压力。举例而言，多尔曾经想修改共和党的纲领，加进容忍人工流产的字句，只是在遭到右翼份子的坚决抵制之后方才作罢。多年前亚利桑那州参议员戈德华特以高票当选共和党候选人，结果在大选时一败涂地，也正是因为坚持右派观点，不肯走中间路线所致。多尔的蠢，蠢在不明白身为共和党的候选人，只愁捞不到中间派的选票，对于极右势力则完全可以不予理睬，因为这些人除去支持共和党候选人之外，别无出路。

不过，使共和党处于下风的最主要的原因，还在于美国1996年大选前的经济状况良好。当时克林顿总统因乱搞女人而待审，克林顿太太因涉嫌在地产投资上舞弊而被法庭传召，克林顿总统的竞选高参又因召妓而辞职，这些丑闻足以把议员、州长之流搞臭、搞垮，但对于一个有经济现状良好作为护身符的现任总统来说，却不起任何作用。上文提到决定美国总统选举胜负的关键一向在经济，也谈到选民所关注的仅是“经济现状”，并不是“经济政策”，1996年的选举再一次证明这种说法准确无误。

除去控制通货膨胀之外，克林顿政府并没有任何经济政策可言，就是控制通货膨胀的政策，其实也不是克林顿政府制定的，而是出于联邦储备银行行长之手。克林顿也并没有自己发掘这一行长的人选，只不过继承了布什任上的行长。但选民并不理会这么多，只要经济形势不错，现任总统就可以贪天之功，据为己有。如果情况反过来，现任总统也逃不脱替天顶罪的责任。里根的走运与卡特的倒霉，就是一正一反两个实例。乍看之下，美国人似乎是天真得近于糊涂，其实却并不尽然。因为经济状况同经济政策究竟有多少关系，谁也说不清。比如，克林顿与布什任用同一位联邦储备银行行长掌管货币与和利率，这位行长在布什任期内与在克林顿任期内执行同一种通货膨胀的政策，经济状态在克林顿任期内与布什任期内却一好一坏大不相同。所以，选民只管现状，不问来由。

1996年的选举，除去共和党失利之外，还有另外一个党显得更加不成气候。这个新近成立的改革党（Reform Party）的党魁以及总统候选人并不是什么新面孔，正是1992年选举中颇出风头的第三者罗斯佩罗。罗斯佩罗在上一次大选中获得20%的选票，因打破独立候选人获票的历史记录而名噪一时，1996年挟其余威，成立改革党卷土重来却默默无闻。原因何在？还是上文提到过的那句话：美国的政治制度与其说是民主制，不如说是两党制。只有在多事之秋，第三者才会有可能找到自我表现的机会，像1996年这类平平淡淡的政局，没人理睬第三党自然不足为奇。奇的是罗斯佩罗在1992年总统候选人电视辩论上出尽风头，1996年的电视辩论主办委员会却拒不邀请罗斯佩罗出席，理由是罗斯佩罗没有获胜的希望。

委员会之所以断言罗斯佩罗赢不了，凭据的是民意测验的结果。然而，民意测验的结果同时也表明远远落后于克林顿的共和党候选人多尔获胜希望渺茫。如果罗斯佩罗应当排除在外，那么，根据同样的逻辑，多尔也应无权参加。所以电视辩论的目的，在于给选民进一步认识候选人的机会。其存在的价值，正在于选民观看电视辩论之后，可能会改变对候选人的原有看法。如果说某某候选人不大可能赢，就不能参加辩论，那么，电视辩论根本就应该予以取消。此外，如果民意测验结果完全可靠，不仅电视辩论没有存在价值，正式投票也根本可以不必举行，直接根据民意测验裁决胜负不就成了么？

当时有位从国内来美国不久的朋友，第一次看美国的总统选举，看到由共和、民主两党组成的电视辩论主办委员会在选举尚未开始之前就宣判第三党死刑，愤愤然不忍卒睹，以为如此霸道，哪还有什么民主可言！有人说：美国式的民主从来如此，没什么值得大惊小怪的。作者说：不然，美国的民主并非从来如此，而是逐渐进步方才如此。现在的选举虽由共与民主两党所垄断，至少不分男女，也不论黑白，只要你登记为选民，想去投票，都可以去投；而且，一般来说，投票能够平平静静、中规中矩地进行。

美国有一部叫做“堪萨斯城”的电影，背景是1944年度的总统选举。片中有这样一组镜头：一群人被当做牲口般吆喝棒赶地轰上一辆卡车，其中一人稍不如主事者之意，被当场打死弃地以收杀鸡儆猴之效。这群人不是劳改犯，也不是待引渡的非法移民，而是民主党从他州雇来，运往各投票站一次又一次“投票”支持民主党的“选民”。由此可见，近在60年前，美国的民主选举还根本只是个笑话。中国民国初年有“猪仔议员”的丑闻，因用钱买选票而当选，被人笑骂为“猪仔议员”。那是上个世纪之初的事，又是发生在帝制刚刚结束的中国，要不是有“堪萨斯城”这么一部电影予以揭发，谁会料到40年代的美国总统选举，竟然连“猪仔议员”式的选举都不如呢？

美国虽说自从建国第一天起，就自以为是世界上最民主的国度，其他国家的人对此也不存疑，然而，美国的女性直到1920年才获得选举权，非白人种在理论上虽然在1870年就取得了投票权，事实上黑人能够普遍享受这一权力却是晚至60年中期之后的事。由此观之，今天美国的民主岂止是有进步而已矣，应当说是大有进步才对。

克林顿总统在第二任上因性丑闻而遭到弹劾，几乎被罢免出局，令本来可以在美国史上流芳百世的前景蒙上阴影。这不仅有损于克林顿本人的历史地位，也有损于2000年民主党连任总统的希望。当选2000年民主党总统候选人的，是在克林顿手下当了8年副总统的戈尔。与克林顿的出身寒微不同，戈尔出自名门望族。戈尔之父，不仅曾为参议员，而且曾为民主党副总统候选人。一般来说，美国正副总统关系和谐的并不多，因为不少正副总统本是党内的政敌，为了取得大选的胜利这一共同目标方才勉强携手。一旦上台，副总统往往只有坐冷板凳的份儿，唯一的希望是等待时机。等待什么时机？或者等待总统死，或者等待总统卸任。总统死在任上，或者因故辞职，副总统顺理成章接班。这种机会虽说罕见，但也并非不存在。更多的时机，是等待总统任满之时当选为下届总统候选人。

戈尔不是克林顿的政敌，基本上可以算是克林顿的朋友。双方之间本来一直相当信任，直到克林顿与莱温斯基性丑闻披露之初，克林顿失口否认。戈尔也以斩钉截铁的语调在电视上替克林顿辟谣，说他100%相信克林顿绝对清白云云。戈尔不是傻冒，他知道如果丑闻属实，他的这些话会给自己的政治前途带来什么恶果。他既然这么力挺克林顿，可想而知，克林顿并没有向他交底。这也难怪克林顿，这种丑闻委实难以启齿，更何况戈尔之于克林顿，毕竟只是新近从政治舞台上结交的朋友，而不是推心置腹的深交。

等到丑闻一发而不可收拾，终于闹到国会弹劾总统之时，戈尔心里会对克林顿怎么想？这混账把我蒙在鼓里，让我在电视上丢人现眼出洋相！往后叫我怎么做？想必如此。戈尔在竞选时不得不极力与克林顿保持距离。可往日与克林顿表现出的那种亲密无间的合作，依然历历在目，即使选民一时忘却，共和党的对手又怎会放过一切可以提醒的机会？戈尔最终败落，是否与克林顿的性丑闻有关？必定是有，至于是有多深，就不好说了。

说戈尔最终败落，说的是事实，否则就不会有小布什总统的八年政权。可有些美国人至今依然坚持戈尔根本没有输，这种信念也并非没有道理，因为2000年大选的胜负，最终的依据不是选民的选票，而是最高法院法官的选票。就选举人票而言，小布什获得271票，戈尔获得266票，小布什胜。就选民票而言，小布什获50,460,110票，戈尔获51,003,926票，戈尔胜。上文已经提到，根据美国的选举法，决定胜负的是选举人票而不是选民票。小布什的获胜，就法律而言，应当是没有争议余地的，怎么会闹到最高法院？原因在于佛罗里达州的选举出了点儿麻烦。麻烦之一，选票的设计不怎么清楚，以至令一些选民误选他人。麻烦之二，部分地区投票机器出现故障，令一些选票作废或者漏数。如果双方得票数相去甚远，这点儿麻烦想必也就无足挂齿，没人理会了，可偏偏双方得票极其接近。

于是，在佛罗里达的选举以小布什胜出之后，戈尔要求在某些地区重新点票。小布什方面原则上同意，可具体到怎么重新点票，又出现争执。比如，用机器点还是用人点？还是机器与人一起点？不同点法出现的差别该如何处理？给多少时间点？如何监督点票过程？因选票设计不清而导致的作废票或误投票是否应该重新投一次？怎么决定哪些作废的与漏数的选票是因机器故障而起？这一系列的问题无不经过锱铢必较的谈判，不得解决时便诉诸法院。从县法院打到地区法院，从地区法院打到高等法院。各级法院竟然无不以党划线，但凡民主党掌权的法院，判决就偏袒民主党。但凡共和党掌权的法院，判决就偏袒共和党。最后诉诸州政府，当时的州长不是外人，正是共和党候选人小布什之弟杰夫布什。为避嫌起见，杰夫将权力下放给州秘书长。秘书长是个铁杆共和党，在小布什领先 159 票的紧急关头叫停。

民主党不服，于是最高法院不得不插手干预。最高法院法官 9 名，5 名倾向共和党，4 名倾向民主党。投票结果，也是以党派划线，以 5：4 的比分裁决州政府的叫停有效。可小布什当真赢了么？州政府的叫停令并未曾阻止某些选区的继续点票，而据叫停之后某特定时刻的清点结果，却是戈尔领先 140 票。不过，这结果就法律而言已经没有任何意义。于是，戈尔正式宣告竞选失败，小布什笑纳之。有意思的是，选举并未就此了结，居然还有下文。多日后，佛罗里达州政府宣布一切有争端的选区业已将选票全部重新清点完毕，结果仍旧是小布什领先。当真领先？还是一个保全面子的说法？那就只有天晓得了。

即使撇开最后的结局不谈，小布什的胜出也可以算个异数，甚至连老布什都大吃一惊的地步。据说老布什对于有个“小布什”竞选总统并不感到意外，不过，老布什心目中的那个“小布什”，并不是担任德克萨斯州长的老大，而是担任佛罗里达州长的老二。老布什为什么会这么想？看一看两兄弟的长相、听一听两兄弟的口才，就不难明白为什么老布什会这么想。老大长得粗俗，老二长得清秀；老大语无伦次，老二出口成章。自从小布什参加总统竞选之后，有好事者把小布什在公众场合的失言、语病汇集成篇发表在网上，俨然是一部《笑林广记》。

推之以常理，欠缺口才的人竞选应当吃亏。可小布什在共和党内竞争候选人提名时却所向披靡，势如破竹。原因何在？在于小布什的筹款能力远在其他竞选者之上。筹不到款，寸步难行，再有天大的口才也白搭。小布什凭借什么而具有其他人望尘莫及的筹款能力？凭借的是老布什在共和党内的势力。8 年前老布什大意失荆州，栽在名不见经传的克林顿手下。8 年后老布什的旧势力团结在小布什的旗帜之下卷土重来，一心雪耻。这伙势力的代表人物，当推后来成为副总统的狄克·切尼。切尼是个老政客，早在尼克松当政之时就进入白宫，先在经济机会局长拉姆斯菲尔德手下供职，尔后升迁为白宫助理、总统副助理。尼克松因水门事件辞职，福特继任总统，切尼接替拉姆斯菲尔德出任白宫幕僚长。福特竞选失利之后，切尼于 1978 年当选参议员，连选连任，最终成为共和党众议院第二把手。老布什当选总统之时，切尼受命为国防部长，成为海湾战争的主要策划者与执行者。切尼就任副总统之后，成为小布什内政、外交、军事等等方面的主要策划人，被认为是美国有史以来最有权力与影响力的副总统。

像切尼这样掌握实权的副总统，属于例外。一般来说，副总统一职只是无所事事的闲差。根据选举法，副总统的选举与总统的选举本应当分开进行，事实却恰恰相反。事实上，根本谈不上有人出面竞选副总统一职，所谓副总统候选人，不过是总统候选人指定的竞选伙伴，总统候选人一旦当选，其伙伴随即自动当选为副总统。美国人对副总统一职的选举之所以如此草率行事，正是因为美国的副总统不仅无所事事，甚至也不予闻国家机密。比如，罗斯福总统任上的副总统杜鲁门，直到罗斯福一命呜乎，由副扶正之后，才知道有原子弹这么回事；也是直到此时，才知道白宫地下有一间秘密作战指挥室。最能恰当地概括副总统一职功能的，莫过于某位副总统说过的这么一句话：我是政府中最不重要的一员，但我有可能成为政府中最重要的一员。

在 1988 年的总统选举中，有一位报商谈起他对副总统一职的认识，虽或不够精确，却令人捧腹，一位报商，何以会对副总统一职发生兴趣？原来这位报商不是别人，正是 1988 年当选副总统丹．奎尔的父亲。丹·奎尔在竞选时信口开河，扬言一旦获胜，定要发扬光大副总统的职务。布什与丹．奎尔获胜之后，电视记者采访丹．奎尔的父母。奎尔老太太一副贤妻良母的样子，口口声声为自己的儿子当选副总统而自豪。奎尔老先生却似乎没把副总统当回事，声称他不懂丹奎尔如何能发扬光大副总统的职务，因为据他所知，副总统除去替外国元首送葬之外，一无所司。

千万别以为这出言不逊的老奎尔有些傻气，其实，真正的傻瓜是当选副总统的小奎尔。丹．奎尔上大学读的是印第安纳州一所叫做狄珀的私校，说得不好听一点，这类学校是专为有钱却又不怎么会读书的纨绔子弟而设的，而丹．奎尔居然在这所学校里也以不会读书而出名。据丹．奎尔当年的教授回忆，丹．奎尔花在高尔夫球场上的时间远远超过花在课堂上的时间。无怪乎丹．奎尔毕业时的平均成绩只得 C-，美国的 C-大约相当于中国的 3-，换言之，只是凑合及格。丹．奎尔大学毕业时适逢越南战争打得难分难解，适龄青年难逃被征入伍之劫。像丹．奎尔这么有钱人家的儿子，怎么会舍得到越南去当炮灰？老奎尔略施小计，就把小奎尔从后门塞进印第安纳国民警卫队，算是应征入伍了。顾名思义，一个州的国民警卫队自然不是国防军，被派遣到越南前线去的机会微乎其微。据说当年美国富贵人家子弟大都通过这么一条偷梁换柱之法，逃过越南战争之劫。小布什不曾去越南，走的也是这条路。在警卫队中逃过大难之后，丹．奎尔进了所法学院，不是想当律师，只是想去当政客。除去有钱之外一无所长的美国人，大都选取这样的门径。如今美国国会90%的参议员都是法学院出身，仅看这一点，就不难明白进法学院乃是仕途的捷径。不过，从法学院毕业并不标志着学法过程的终结，还得通过执照考试才能正式成为律师。丹．奎尔考了三次方才蒙混过关，据说也是靠他老子走后门，才能免于事不过三。在司法系统里混了几年之后，依旧是靠他老子的财势，当选为印第安纳州参议员。

一般总统候选人挑副总统候选人，不外乎找个帮手，这帮手可能是受自己提携的，或长期合作的，但更多的情形是在党内竞选候选人提名时败在自己手下的对手，比如约翰逊之于肯尼迪，布什之于里根。不言而喻，把党内的主要竞争对手笼络过来的目的，在于加强团结，防止分裂。布什的挑选丹．奎尔做其小伙计，却不落这一俗套。丹．奎尔既无政治势力，也无社会清望；既不是布什的对手，也不是布什的门生。丹．奎尔充其量不过是印第安纳州的地头蛇，而印第安纳州人口不众，财源欠丰，不是举足轻重的地盘。

使人至今猜不透布什为何看中丹．奎尔的，还不仅是丹．奎尔绝帮不上什么忙，而且在于丹．奎尔是个十足的饭桶。自从成为副总统候选人之后，洋相百出，几乎无一日不是政治漫画专栏作家笔下的笑柄。美国的总统竞选自从肯尼迪对尼克松的回合以来，总统候选人之间少不得有一场或多场电视辩论。不知从哪一年开始，副总统候选人之间也依样画葫芦。丹．奎尔在1988年电视辩论中企图把自己比做肯尼迪，大概是以为肯尼迪同他一样，也是靠老子才奔出头的纨绔子弟，只是忘却了三点重要的不同。第一，肯尼迪是民主党人，抬出肯尼迪来，岂不是长他人的志气、灭自家的威风？第二，纨绔子弟也有三六九等。肯尼迪堪称第一流的纨绔，丹奎尔即使不是流外，也只配入第九流。何以言之？肯尼迪依靠的老子不仅是个富商，而且在官场做到驻英大使。肯尼迪家族操纵马萨诸塞州的政治，马萨诸塞州在美国历史、文化、政治、经济等各方面均扮演极其重要的角色，不是穷乡僻壤如印第安纳州可同日而语者。肯尼迪出身于美国首屈一指的名校哈佛大学，不是名不见经传的狄珀。肯尼迪竞选的是总统，不是听他人颐指气使的副总统。第三，也许是死于非命之故，肯尼迪在美国人心目中是传奇式的英雄，绝不是像丹．奎尔这类初出茅庐的小子可以信口拿来与自己相提并论的。同丹．奎尔对阵的民主党副总统候选人本森老奸巨滑，立即抓住丹．奎尔的话柄反唇相讥，以长辈教训小子的口气告诉丹．奎尔："你不是肯尼迪！"本森的话音未落，现场观众席上早已响起一片喝彩的掌声和奚落的笑声。丹．奎尔顿时窘得面红耳赤，从此张口结舌，不知所云。

如果丹．奎尔的不明智仅止于此，也倒罢了，却更有可笑的事情好看。为了表示对教育的关心，丹. 奎尔在竞选中曾走访一所小学，一时心血来潮，问一个小学生 potato（土豆）如何拼写，小学生对答如流，拼写无误。丹. 奎尔却摇头摆手，说错了，应当是 potatoe 才对。中国人喜欢用"目不识丁"笑话人的文化程度低下，谁知一个堂堂的美国法学博士、国会参议员、副总统候选人，却当真"目不识丁"。如此一个"目不识丁"的丹. 奎尔，在布什竞选连任总统时，居然仍是布什的竞选伙伴。

大概是因为小布什在 2000 年赢得不怎么光彩，尚未上台之时就有一些人预测小布什是秋后的蚂蚱，绝不可能连任两届。可是，人算不如天算。2001 年 9 月 11 日发生了如今称之为 911 的事件，赐给小布什一个千载难逢的机会。什么机会？重新打造形象的机会。怎么打造？穷兵黩武。先是入侵阿富汗，声言要把隐藏在阿富汗的 911 事件的罪魁祸首本拉登捉拿归案。结果呢？入侵虽然不费吹灰之力，捉拿本拉登却成了句空话。

阿富汗之役没有功绩可言，英雄形象树立不起。怎么办？据说伊拉克既有大规模杀伤武器，又是本拉登的同谋，于是出兵伊拉克。有人在事后透漏出来内幕消息，小布什其实早就有心收拾伊拉克的萨达姆，同伊拉克有无大规模杀伤武器或者是否是本拉登的同谋并无关系。小布什为何同萨达姆过不去？也许是因为老布什的伊拉克之役留下了后遗症。当年老布什打伊拉克，见好即收，全师而退，本是高明之举。可是有些美国人不以为然，按照这些人的想法，彻底消灭萨达姆政权才是上策，据说小布什就属于这种人。此外，老布什竞选连任失利之后，萨达姆公开取笑他，说些什么"你滚蛋了，我却依然健在"之类的俏皮话。萨达姆说这番话的时候，大概绝对没有想到老布什虽然走了，还会有个小布什卷土重来。这番话无异于火上加油，给小布什的想打伊拉克增添一份感情因素。

结果，入侵伊拉克虽然也是不费吹灰之力，而且还把萨达姆送上了绞架。问题在于中央情报局的"可靠"消息如石沉大海，再也浮不出水面。所谓伊拉克拥有大规模杀伤武器竟成子虚乌有，所谓萨达姆是本拉登的同谋，也竟成无稽之谈。小布什解释说他"误信"了中央情报局的错误情报，谁不会犯错？中央情报局的人也是人嘛。况且，反正萨达姆不是什么好东西，早就该死。整死他，在伊拉克建立一个民主政权，难道不是功绩？

从 2004 年竞选的结果来看，当时大多数美国人对这种解释似乎是感到满意，或者至少是没觉得有什么不妥。2004 年民主党挑战者是约翰·克里（John Kerry）。克里的家世虽然不及小布什显赫，却也绝不是像克林顿那种出自社会下层的寻常百姓。其父为外交官，曾任过联合国事务局的律师；其母为巨富福布斯家族成员。上高中时克里的女朋友是肯尼迪老婆的同母异父妹、后来的社交名流，克里因此而早早地结识肯尼迪一家。同小布什一样，克里也出自耶鲁。不过，与小布什的逃脱越战不同，克里以海军身份参加越战，多次授勋，三次受伤后方才获遣回国。回国后克里参加反战组织，1971 年成为第一个在国会作证的反战军人，克里因此而名噪一时，也因此而上了当时总统尼克松的黑名单。1972 年竞选马萨诸塞众议员或因尼克松捣蛋而失利之后，进入波士顿学院的法学院。毕业后成为波士顿地区检察官。1982 年竞选民主党马萨诸塞副州长候选人获胜后，与 1998 年民主党总统候选人杜卡基斯一同当选马萨诸塞正副州长。1985 年成功当选为马萨诸塞参议员。

2004 年的选举，选民的反映异常热烈，小布什与克里两人均获有史以来最高选民票。最终结果，小布什以 6,200 万张选民票、286 张选举人票击败获得 5,902 万张选民票、251 张选举人票的克里。克里败北的原因，估计有三点。其一，美国人对越战的情绪差不多扭转了 180 度，当年反越战的英雄，如今往往被指为不爱国，甚至叛国。结果，参战、授勋、受伤的克里，其形象反倒不如躲在国民警卫队逃过越战的小布什光明正大。其二，对于伊拉克之战，克里在参议院曾投下了赞成票，只是在所谓大规模杀伤武器化为子虚乌有之时方才改变立场，站到反战的一边。小布什浑水摸鱼，把自己的“误信”中情局，与克里的误信小布什混为一谈。克里不善辨析，致令选民以为克里的先主战、后反战的立场转变为政客的见风使舵、投机取巧。其三，美国为退休者提供的医疗保险不负责药品开销，而退休者大都需要长期服药。有鉴于美国药品的价格高于加拿大，于是有人开创从加拿大邮寄药品的生意。2000 年小布什竞选时声言支持这种生意，上台后却改而支持美国的药商，主张禁止这种生意。因退休者为数不少，是一股不可忽略的对象，能否合法从加拿大邮寄药品成为当年竞选电视辩论中的主要内政问题。不知出于何种原因，克里对于小布什在此问题上的出尔反尔未作抨击。小布什在为其反对立场辩护时诡称：他之所以反对，是不想看见第三世界生产的质量低下的药品进入美国，从而危及美国人的健康。称这种辩护为“诡称”，因为从加拿大邮寄的药品全都是美国的产品，与第三世界风马牛不相及。不知何故，也不见克里予以反击。就这么令小布什轻易全身而退。

从 911 事件获益的，除去小布什之外，至少还有当时的纽约市市长卢迪朱里亚尼。朱里亚尼原本是民主党人，尔后成为无党派人士，1980 年加入共和党，当选纽约市长前是纽约地区的检察官，因打击黑手党等黑社会势力不遗余力而颇得纽约市民之心，曾经一度为2000年共和党总统候选人热门人物，可不久就因故退出。当年因故退出竞选的另一位知名人士，是1996年共和党总统候选人多尔之妻、伊丽莎白·多尔。伊丽莎白的早早退出，因为筹款不顺利。身为共和党内中坚分子的伊丽莎白，与小布什具有大致相同的背景，所指望的捐助对象，也与小布什所指望者大致雷同。小布什的筹款一路领先，足以令伊丽莎白明白她自己不是共和党内实力派所选中的人物，从而退出。

朱里亚尼的退出，却别有原因。他本不是共和党的核心，与小布什、伊丽莎白不是一条道上的人。朱里亚尼的退出，表面上的理由是患了前列腺癌症。患前列腺癌，不假。不过，促使其退出的真实原因恐怕是包小秘为二奶的秘密曝光了。正当人把朱里亚尼从政坛上除名之时，“911” 发生了。善于因势利导的朱里亚尼立即把自己打点成拯救纽约的英雄，《时代》周刊从而选择朱里亚尼为其“2001年的年度人物”。朱里亚尼趁此良机与其第二任老婆离婚，第三次结婚。不过，新婚的配偶绯闻中的二奶，却是另一位情妇。

朱里亚尼究竟在重建纽约中立下多少功劳？捧场者把他的行政能力吹得天花乱坠。批评者却指出：除去耍嘴皮子、抢上镜头之外，朱里亚尼其实一事无成。谁的话可信？外人难以知悉。不过，有一件事实却明摆着对朱里亚尼不利。早在“911“事件发生之前，纽约市政府就成立了一个应急工作组，旨在应付意外事件的发生。这个工作组的办公室应当设在何处？朱里亚尼主张设在世界贸易中心。有人表示反对，指出世界贸易中心本身就是“应急” 的目标，绝非合适的地点。朱里亚尼固执己见，不予理睬。”911“事件发生之时，反对者的意见不幸言中。世界贸易中心被飞机撞毁，本来应当领导抢救的应急工作小组，反倒成了被抢救的对象，致令抢救工作因无领导而陷入一片混乱。也许由于批评者懒得予以计较，这件对朱里亚尼极其不利的事实并不怎么广为人所知晓，朱里亚尼终究凭借纽约再造者的英雄姿态，成为2008年竞选共和党总统候选人的热门。

共和党的另一热门人物是亚利桑那州参议员约翰. 麦凯恩。麦凯恩不出身于政治世家，却也不出自小民百姓，其祖、其父都是海军最高将领。麦凯恩自己的生涯也从海军发迹，1959年毕业于海军学院，加入海军航空部队。越南战争期间，多次参与轰炸越南。1967年麦凯恩的轰炸机被越军击落，身受重伤的麦凯恩被越军俘获。自1967至1973年间，成为战俘。1973年获释回国，1981年退伍、再婚。1982年当选亚利桑那州众议员，连任三届之后，于1986年竞选亚利桑那州参议员成功。从此连选连任4届。2000年曾竞选共和党总统候选人，败在小布什手下。

时至2007年夏，预选的竞选活动方才开始，共和党内的局势却出现意外的变化：麦凯恩与朱里亚尼两人的筹款均如逆水行舟，不得不裁减选举班子的雇员。麦凯恩与朱里亚尼的坏消息，自然就成了别人的好消息。谁是“别人”？率先冒出头来的是前马萨诸塞州长罗姆尼。罗姆尼出身政治世家，其父曾为伊利诺伊州长，1968 年竞选共和党总统候选人时败在尼克松手下。1965 年罗姆尼以 SAT 满分的成绩进入斯坦福大学，两年后休学加入摩门传教团，奔赴法国传教。回美后转学，毕业于摩门教的伯明翰杨大学。1975 年，罗姆尼以优异成绩从哈佛大学法学院与商学院联合举办的 J. D 与 MBA 联合班毕业，一举而获 MBA 与 J. D 两个学位。哈佛法学院与商学院的门槛皆极高，能够同时被这两学院录取并以优异成绩毕业，可见罗姆尼至少在读书方面属于有才之人。毕业后，罗姆尼就职于美国最有声望的咨询公司之一波士顿咨询公司。1978 年创办 Bain 咨询公司，任 Bain 咨询公司的副总裁。1984 年罗姆尼离开 Bain 咨询公司，自组 Bain 资本公司，14 年来 Bain 资本公司在罗姆尼领导之下，投资生意极其成功。1990 年 Bain 咨询公司返聘罗姆尼为总裁，顺利扭转 Bain 咨询公司面临的财政危机。1994 年竞选马萨诸塞州参议员，败在马萨诸塞州地头蛇肯尼迪家族的老三手下。2002 年，罗姆尼成为盐湖城冬季奥运会的总裁。同年，当选马萨诸塞州长，在州长任上进行医疗保险改革卓然有成。

罗姆尼既出身政治世家，又会读书、会做生意、兼会做官。这么一个人物冒出头来，应当是如顺水推舟，轻而易举。不过，罗姆尼也有其致命的弱点。迄今为止，除肯尼迪一人为天主教外，美国总统全部为基督教徒。罗姆尼信奉的摩门教虽然也信耶稣、虽然也自视为基督教徒，毕竟被传统的基督教徒视为歪门邪道。大概是有鉴于此，半路里又杀出一个人来。这人是何方神圣？前阿肯色州长麦克. 哈科比。与罗姆尼显赫的背景截然相反，哈科比是名副其实的草民出身。其父是个消防员、技工，其母是煤气公司的小职员。哈科比上的大学，是不为学术界认可的浸信会大学。由副州长而成为州长之前，唯一可以称道的业绩，在于传教。在州长任上最值得称道的业绩，还是在于传教。

2008 年 1 月 3 日，共和党预选在爱俄华州拉开序幕，拔得头筹的居然正是哈科比。罗姆尼屈居次席，演员出身的政客汤普森名列第三，麦凯恩仅得第四。5 日后，麦凯恩在新罕布什尔州预选中获胜，罗姆尼再度屈居次席，哈科比只得第三。新罕布什尔虽然是个小州，输与赢在得票数目上无足轻重，却历来有风向标之称。麦凯恩在新罕布什尔获胜，预示不利的局势可能逆转。一星期后，密西根州预选揭晓，罗姆尼凭借老子曾为州长的影响，拔下头筹；麦凯恩获第二；哈科比再度屈居第三。1 月 29 日，麦凯恩在南卡罗来纳、佛罗里达两州再拔头筹。而因经费不足，弃小州不顾、集中精力于佛罗里达的朱利亚尼仅获该州 15%选票，遂于次日宣布退出竞选，支持麦凯恩。2 月 5 日，24 个州同时举行预选，罗姆尼因成绩远不理想，亦于次日引退，同样宣布支持麦凯恩。于是，舆论纷纷认为麦凯恩胜出当成定案。不过，哈科比不懂什么叫激流勇退。3月4日，麦凯恩在德克萨斯胜出、从而获得当选候选人所需之1,191张选票。直到此时，哈科比方才认输。

罗姆尼、朱利亚尼、哈科比等人为何一一败落？都是与宗教有关。罗姆尼信奉的摩门教为异端，朱利亚尼信奉的天主教为少数派，哈科比的问题则在于同宗教保守派的关系过于紧密。三人都没办法令非极端的选民认同，于是，在政治问题上偏向保守、在社会问题上倾向中间的麦凯恩得以脱颖而出。

共和党尘埃落定之时，民主党这边却还杀得难解难分。早在2007年之初，眼见美国国民对伊拉克战事的支持率与日俱减、经济不景之兆与日俱增，民主党人一片欢欣鼓舞，以为2009年该是民主党入主白宫的时候了。如果民主党在2008年推选出任何一位白男为其候选人，这想法恐怕是十拿九稳。然而，事实却是：在2007年夏民意测验中居领先地位的，不是白男而是白女；在2008年预选开张之日拔得头筹的，不是白男而是黑男。

谁是“白女”？前总统克林顿的老婆希拉里。关于希拉里，有这么一句介绍就够了：谁都知道她是谁。希拉里的参选的计划，想必是克林顿还在总统任上之时就已经制定妥当。计划的细节，当然非如作者的外人所能知。不过，从其行动，也可窥见一斑。计划的第一步：在纽约州买下住宅，成为纽约州居民，不再回到阿肯色州去。阿肯色那么一个区区小州，出一个总统已经是破天荒了，哪还能再出第二个？第二步：在2000年竞选纽约州参议员。以人口论，纽约如今虽然已经不是美国第一大州。以政治势力论，纽约州仍旧是美国核心之所在。但凡纽约州的参议员、州长、甚至纽约市长，一个个好像都是问鼎白宫当仁不让的人选。希拉里旗开得胜，成为美国有史以来第一位总统夫人出身的参议员，也同时改写纽约州从来没有女性参议员的历史。早在2000年希拉里当选参议员之时，舆论就纷纷猜测希拉里有意竞选总统。参议员还没上任就侈谈竞选总统，自然不是明智之举。明智如希拉里，当然不会干这等傻事。所以，但凡有人问起，希拉里一概断然否认。6年一晃而过，希拉里在2006年中期选举中轻而易举获得连任。记者们旧话重提：有意竞选总统吗？这一回，希拉里笑而不答。于是，从那时起希拉里就成了民主党总统候选人的热门人选。岂料世事难料，正当希拉里及其支持者以为稳操胜券之时，半路里杀出个程咬金来。

这程咬金是谁？就是那“黑男”，谁是那“黑男”呢？就是奥巴马。

一般说来，西洋人的名字与中国人不同，大都能从名字的选取而窥见其种族或宗教的渊源。比如，奥巴马的名字既有 Hussein，一望而知其具有伊斯兰教的背景。奥巴马之生父是肯尼亚人，伊斯兰教是肯尼亚的国教。奥巴马父母离异后，其母改嫁印尼人，奥巴马随母下堂，迁居印尼，伊斯兰教又恰巧是印尼的国教。既与伊斯兰教有这么深的渊源，有个伊斯兰教的 middle name 并不稀奇。稀奇的是，奥巴马及其追随者不许别人提起这 middle name。但凡有人提起，立即被指责为别有用心，不就是想指出奥巴马与伊斯兰教的渊源么？不错。奥巴马之所以有这么个 middle name，就是表示了这么一种渊源，不过，奥巴马自己可以表示，别人却不可以。这难道不是岂有此理么？然而，美国舆论却接受奥巴马这种看来极其横蛮无理的要求。比如，某州民主党组织使用了奥巴马这 middle name，旋即遭到奥巴马阵营的猛烈抨击，终于不得以正式道歉了之。为什么奥巴马不许别人提这 middle name？因为想在美国当总统，尤其是在 911 事件之后，同伊斯兰教扯上关系无异于政治自杀。为什么美国舆论支持奥巴马的掩耳盗铃？因为美国人唯恐被人发觉其敌视伊斯兰教的心理。

说奥巴马是黑人，就法律而言不错。一个人只要有哪怕是 64 分之 1 的黑人血统，在美国也可能是就法律而言的黑人。说“可能是”，因为一个人算什么种族，联邦政府并无法律规定，视各州的法律而定。各州的法律在如何确定种族上并不尽同，亲兄弟姊妹因居住在不同的州，竟然可以一部分为法定的黑人，而另一部分为法定的白人。不过，这一点与奥巴马无关，奥巴马之父是黑人，其母是白人，只有一半白人血统，无论在哪州，都是法定的黑人无疑。然而，奥巴马并不是一般的黑人。所谓“一般的黑人”，指祖先从非洲贩卖而来为奴者的后裔。奥巴马之父是从肯尼亚来美攻读博士的留学生，奥巴马因而与黑奴的后代几乎没有任何历史的、社会的、文化的、语言的共同点。如果对此存疑，不妨设想：一个在美国唐人街土生土长的华裔，与一个菲律宾或马来西亚留学生与白人所生的混血子女，二者之间能有多少共同点？可是，美国的黑人居然跟奥巴马认同了。奥巴马也凭借黑人的支持在南部各州的预选中大获全胜，从而在预选中居领先地位。

除去黑人的支持，奥巴马在年轻人与白男之中，也比希拉里更受欢迎。奥巴马之所以受年轻人欢迎，首先是因为他只有 48 岁。虽然已经不那么年轻，比起已经步入耳顺之年的希拉里，毕竟还是年轻多矣。其次是因为他的竞选以“改变”相号召。年轻人大都思变，至于变成什么样？怎样才会变？奥巴马不曾说，听任年轻人自由遐想。

奥巴马为何会在白男中比希拉里更受欢迎？原因只能在美国男人对女性的歧视中寻觅。美国的妇女解放运动虽说已经有年头了，可美国社会至今仍然操在男人之手。美国女性之遭受歧视，例子不胜枚举。最为明显的是同工而不同酬，女性的薪水大抵只有男性的 70%。其次是社会地位的不平等，各行各业的高层领导几乎全由男性把持，身为女性而进入高层的，如凤毛麟角，属于可遇而不可求。

民主党各州预选结束之时，奥巴马与希拉里皆未能获得提名所需之 2,118 票，虽然奥巴马略微领先。如何解决？根据民主党的规则，但凡无人获得足够选票时，候选人由所谓的“超级选票”决定。谁握有总共796张的“超级选票”？民主党的核心分子。谁决定谁是核心分子？核心分子决定谁是核心分子。听起来好像绕口令，其实，古今中外的组织原则都是如此。“超级选票”持有者的投票结果迫使希拉里退出竞选，奥巴马从而成为美国历史上第一位有希望成为总统的黑人。

半年前，希拉里的形势本来不是小好，而是大好，如今却败走麦城。何以如此？失之大意的因素肯定有。以为自己能代表黑人，没料到有人比她希拉里更黑的人，不曾安排下如何争夺黑人选票的计划。结果，面临黑人的反戈一击，顿时束手无策。失之傲慢的因素也肯定有。在白宫当太太之时，锋芒毕露，颐指气使，不善礼贤下士。结果，出师伊始，老公的前下属一个个临阵跳槽，呈众叛亲离之势。既束手无策，又众叛亲离，焉能不败？不过，除去这两点致命之伤，尚有策略性的失误。从头到尾，希拉里的竞选卖点只有“经验”两字。一般来说，在美国求职，“经验”两字的确至关重要，可“总统”一职却是例外。有经验，可以抹黑为“陈腐官僚”；没经验，可以打扮成“清新草民”。卡特之所以能在大选时击败福特，靠的就是这一招。经验多，可以贬低为“平庸循吏”；经验少，可以吹捧成“不羁奇才”。里根之以能在预选时击败布什，多少也因为使出这一招。

竞选总统并不需要经验，希拉里尤其不应该不懂。她自己的老公不过区区小州州长，却打翻了前参议员、前共和党全国委员会主席、前驻华联络处主任、前中央情报局局长、前副总统、现任总统布什。殷鉴不远，她怎能忘却？难道真有熟视无睹这么回事？

如前所述，美国的政治其实是两党制。当选共和党或民主党总统候选人，于是而成为有希望成为总统者。当然，有希望成为总统，并不等于成为总统。根据预选结束之时的民意调查，60%的希拉里支持者不打算支持奥巴马。没有这批民主党人的支持，奥巴马不可能够击败共和党候选人麦凯恩。怎么争取这些选民的支持？“射人先射马，擒贼先擒王”。如果能够擒下希拉里本人，那么，希拉里的支持者必然会归顺。

经过短期的尴尬局面之后，希拉里与前总统克林顿皆四出奔走，为奥巴马竞选不遗余力。两人都有这么高的党性，肯于为党的利益而不顾个人得失与恩怨？绝对不可能，因为美国人的心中从来不具备这样的党性。失败之后敷衍了事地表示支持胜出的对手，甚至并不怎么表示支持，只要停止抨击，就已经足够令全党上下满意了。希拉里夫妇之所以会积极替奥巴马竞选，显然是被奥巴马擒下的结果。

所谓“擒下”，自然只是个比喻的说法。实际上当然是私下进行权利交易。奥巴马与希拉里两人之间能有什么样的权利交易？以希拉里夫妇的身份与政治势力，奥巴马用以换取希拉里支持的筹码只有两个：副总统与外交部长。顺便再次强调一下：国务卿的译名出于望文生义的误会，美国没有国务院，Secretary of State 只相当于其他国家的外交部长。民主党内外支持希拉里出任副总统者为数甚多，希拉里本人也表示不会拒绝副总统提名。结果奥巴马提名的副总统候选人却不是希拉里而是参议员拜登，颇令一些希拉里的支持者不满。这些不满者显然并不知悉内情，也显然不善推理。

一般来说，副总统只是个无所事事的王储。小布什的副总统切尼颇有权势，属于例外。奥巴马年纪轻轻，如果当选，四年之后必然争取连任。换言之，如果希拉里依然有意问鼎白宫，得等八年之后。可见，对于希拉里而言，为王储，几乎没有现实意义。希拉里能指望自己也成为切尼那样的例外么？绝不可能。切尼之所以能成为例外，是因为与布什家族关系深远，而希拉里同奥巴马之间毫无渊源可寻。希拉里是个满足于无所事事的虚衔的人么？显然不是。由此推测，希拉里当真有意的，应当是出任外交部长。奥巴马当选总统之后，立即提名希拉里为外交部长，证明这样的推测不误。

奥巴马的胜出，究竟有什么特殊意义？虽然奥巴马并非一般的黑人，毕竟是黑人。美国选出个黑人总统属于头一回，不能不说具有历史性。不过，意义也就仅此而已。捧场奥巴马的侈谈什么奥巴马的当选标志着新时代的来临，有些新闻媒体夸大其辞，甚至把奥巴马吹捧为世界人民的伟大领袖，其实美国的总统不管是黑还是白，不管属于民主党还是属于共和党，都只能是美国体制下的总统、为美国利益服务的总统，无论是奥巴马的外交还是奥巴马的内政，都不可能出现任何革命性的、实质性的变化。但凡指望奥巴马引导美国与其前任一刀两断、分道扬镳的想法，必然落空。但凡鼓吹奥巴马将引导美国进入一个崭新时代的言论，必然属于自欺欺人。

美国如今所面临的困境，不是措施上的改革所能挽救的。要从体制上来一次更新，如何着手体制改革？当从总统选举开始。美国如今的总统选举，名之曰民意，其实已经沦为金钱的交易。但凡善筹款者，无往而不利。比如，八年前小布什虽然木讷、虽然笨拙，对手架不住他的财源滚滚。八年后的奥巴马虽然不白、虽然稚嫩，对手也架不住他的财源滚滚。

善筹款，不错，是难得的本事，然而，善于筹款者未必善于治国。远的不说，刚刚卸任的小布什就是一例。不过，花费接近天文数字的金钱从事竞选活动之弊，其最者尚不在此。在于拿人者手短。拿了人家那么多钱，上任之后能不买账？所以，美国的总统将如何执政，早在竞选之时就已经被捐助大量资金的利益集团所挟持，难得从美国全民的利益出发。

美国如今依然实行的选举人投票法，是历史的妥协陈迹，早已不合当今的国情。不仅无善可述，而且流弊众多。比如，总统竞选本应是面向全国的政治性活动，却经常因选举人制而成为争取某个或某几个在经济与政治上皆无关大局的小州的一小撮选民的努力。又如，人口最多的加利福尼亚的投票，经常因选举人票数的大局已定而成为多此一举的废票。最大流弊，自然是获得多数选民票者，未必能胜出。当年戈尔、小布什之争，前者之所以败，后者之所以胜，正是获得多数选民票反而败落，获得少数选民票反而胜出的例子。

美国总统任期四年，可以连任两届。近来美国总统罕有不恋栈者，为有第二春，第一届时无不战战兢兢、如履薄冰，唯恐得罪各方神圣。还没干上两年就又为竞选连任而分心、而奋斗。结果如何？第一任上自然大都是一事无成。连选连任成功之后，想干点儿事情留名史册了，无奈时不我予，更架不住不出两年又难免不被下届竞选活动所干扰。

事实上，奥巴马的走马上任远不如美国新闻媒体鼓吹的那么伟大、那么光明。如果奥巴马不是美国新闻媒体的宠儿，一些不怎么光彩的事件恐怕早就成为家喻户晓的丑闻了。

事件之一，伊利诺伊州州长卖官鬻爵案。

奥巴马自伊利诺伊州国会参议员荣登总统宝座，遗下的议员席位空缺待补。依法，当由州长任命。州长名若德，姓巴拉戈耶维奇。巴拉戈耶维奇在2002年以廉洁奉公的形象当选为州长。这样的形象怎么挣来？得来全不费功夫，前任州长乔治·瑞恩因贪污腐败而走人，不旋踵即锒铛入狱。

2002年同巴拉戈耶维奇竞选的对手恰巧与乔治·瑞恩同姓，叫做吉穆·瑞恩。巴拉戈耶维奇逮住这两人同姓的机会，向选民大声疾呼：咱不能再选出一个瑞恩吧？美国选民大都是白痴？有那么容易被忽悠？据报道，选民还当真有不少混淆这两位并无瓜葛的瑞恩，因经验不足本来甚至不被本党领导看好的巴拉戈耶维奇居然因此而获胜。

据曾为巴拉戈耶维奇的亲信、如今为奥巴马总统府幕僚长的拉穆·伊曼纽称：奥巴马当年是巴拉戈耶维奇帷幄之中的主要谋士之一。出于不言而喻的原因，巴拉戈耶维奇出事之后，伊曼纽立即修正了这一说法，说他夸大了奥巴马的作用。不过，依据作者的推敲。这事后的修正，实乃欲盖弥彰。

证据何在？奥巴马在民主党内竞选时运用的主要策略，正是把希拉里说成是克林顿的延续；在大选时运用的主要策略，正是把麦凯恩说成是小布什的延续。与巴拉戈耶维奇的把吉穆·瑞恩说成是乔治·瑞恩的延续，如出一辙。

不仅止此。当年巴拉戈耶维奇胜出之时的演讲名句是："女士们，先生们，今晚伊利诺伊人民投下了支持变革的选票。"也是侈谈变革，与奥巴马的竞选伎俩如出一辙。看准选民求变的心理，把自己打扮为改弦更张的旗手，难道不正是奥巴马之所以能够脱颖而出的奥妙之所在么？

由此可见，如果说当年的奥巴马并非巴拉戈耶维奇的高参，则必定为其高足。为胜出者的高参，为胜出者的高足，皆不足以为病。令奥巴马尴尬的是："廉洁奉公"的巴拉戈耶维奇的前景不妙，大有步其前任银铛入狱的可能。事出何因？也与奥巴马脱不了干系。因为漏子正出在奥巴马遗留的参议员空缺上。

长话短说，巴拉戈耶维奇视这空缺为可居之奇货。不给他些许甜头就想要钻营这空缺？嘿嘿！没门儿。他对其手下亲信如此说。他开出什么样的价码？巴拉戈耶维奇开出上中下三个价码。上价，换取奥巴马政府内阁部长或者驻外大使。中价，州长卸任后，在非牟利机构或者工会组织出任年薪 25 万美元的职位。下价，为其妻提供年薪 15 万美元的就业机会。

美国驻外大使之职，除驻中、苏等重要国家外，早已沦为金钱的交易。但凡在竞选时出够资本的，想要谋取大使之职，只消向当选者打个招呼，罕有不如愿以偿者。由此可见，巴拉戈耶维奇的上价设想，并非异想天开。用议员席位作为交换的筹码，倒是前所未闻。

无论如何，巴拉戈耶维奇的上价设想，能令其如愿以偿者，舍奥巴马之外，别无其人。奥巴马申明：本人以及下属均未与巴拉戈耶维奇有过不当的交道。"不当"两字，可圈可点。言外之意是：交道是有过的，只是没有留下把柄，你能奈我何？奥巴马与巴拉戈耶维奇的交道，通过的正是指出当年的奥巴马为巴拉戈耶维奇高参的拉穆·伊曼纽。

巴拉戈耶维奇卖官鬻爵东窗事发之后，奥巴马以及其他与巴拉戈耶维奇难免瓜葛者群起而攻之、责令其辞职。这自然在情理之中，无足挂齿。值得一提的是：美国联邦调查局对巴拉戈耶维奇卖官鬻爵的调查，甚至可以追溯至巴拉戈耶维奇上任之前，这么早就着手调查，不能不说有是些离奇古怪。

不过，更为离奇古怪的，却不是美国联邦调查局张网之早，而是美国联邦调查局收网之突然。调查业已长达 6 年之久，可见美国联邦调查局的工作态度本来是多么认真、多么负责、多么慎重其事！可一旦窃听到巴拉戈耶维奇企图与奥巴马进行交易，美国联邦调查局却立即收网，不待结果浮出水面就把巴拉戈耶维奇捉拿归案。答案只能有一个：抢救奥巴马。

事件之二，内阁部长人选案。

奥巴马提名新墨西哥州州长李察森出任商业部长，李查森因贪污腐败嫌疑而不得不退出。奥巴马提名李察森之时，已经明确知道李察森因贪污腐败在接受调查，为何置之不顾？

奥巴马提名纽约联邦储备银行行长盖特内出任财政部长，盖特内偷税 3 万 4 千美元，在接受提名后才慌忙补缴，在国会听证会上诡称犯了个"诚实的"错误。错误还有"诚实的"么？不过，据报道，盖特内的偷税行径之一，是从其收入之中扣除其子夏令营一日的住宿费用。且不说扣除属于不法，即使合法，那一日住宿费用相对于其收入而言还能不是如九牛一毛？这么点儿小钱都费尽心机去省，可见其人之吝啬猥琐。盖特内的偷税与偷税手法的低劣，奥巴马也是在提名之前就已经知悉，为何也置之不顾？

奥巴马提名克勒菲尔出任执行局第一把手兼管理与预算署副署长，克勒菲尔因偷税败露而不得不退出。克勒菲尔的偷税，也不是奥巴马不知道的秘密，为何也置之不顾？

奥巴马提名前民主党参议院领袖戴舍尔出任卫生口第一把手兼卫生部长，两年前戴舍尔竞选连任参议员失败之后，成为医药、医疗保险业的首席代言人，与奥巴马竞选时鼓吹的医药与医疗保险改革有明显的利益冲突。不仅止此，戴舍尔在前两年偷税12万美元。两事奥巴马也皆知，为何也皆置之不顾？不仅置之不顾，在戴舍尔知难而退之后，奥巴马还深表遗憾与懊丧。为何如此？

难道是美国没有干净的能人，非如此不可？不大可能。然则为何？难道是物以类聚，人以群分的结果？自己不干净，难得有干净的人愿意效劳？

事件之三，残疾奥运案。

就任总统不出两月，奥巴马破天荒地客串电视闹剧。从来没有美国总统在电视搞笑节目中抛过头露过面，就像从来没有过非洲裔美国总统一样。思想保守的人颇不以为然，认为有失总统的尊严。总统应当有什么不同于一般人的尊严么？未必。如果能通过电视闹剧而树立与民同乐的形象，奥巴马走的未必不是一步好棋。可惜，奥巴马口不择言，搞成个祸从口出。

闹剧主持人问奥巴马保龄球战绩如何？奥巴马答：129分。主持人道：还不错嘛。奥巴马笑道：嘿嘿，也就残奥会的水平。这回话搁别处也许无所谓，可美国人偏偏对种族、性别、年龄、宗教、残疾等等特别敏感。此言一出，立即遭到残疾人士协会、人权协会等组织的抨击。奥巴马不得不再三道歉，方才息事宁人。身为具有伊斯兰教背景的黑人，奥巴马对触犯种族与宗教的禁忌格外敏感，却浑然忘却残疾之禁忌，说明是得意忘形了。总之，不是成熟政治领袖应当具有的素质。

事件之四，华尔街奖金案。

获悉华尔街员工2008年的奖金总额高达180亿美元，奥巴马勃然大怒道：很无耻嘛！说明奥巴马深明大义、体恤民情？非也。恰好说明奥巴马既无知，也无耻。

所谓奖金，一般来说可分为两类。一类是同公司业绩挂钩的，公司赚得多，多得；公司赚得少，少得；公司不赚，一无所得。另一类是同员工个人工作指标挂钩的，超额完成指标，多得；完成指标，少得；不能完成指标，一无所得。无论公司是赚是赔，只要公司没有破产，后一类奖金必须分发。华尔街公司之所以需要政府资助，原因之一正在于没有现金支付第二类奖金。如果从政府获得的资助不得用于奖金，那么，这些公司即使获得资助依然要破产。既然如此，那还向政府伸手干什么？

至于华尔街员工的收入是否过高，所谓过高，是同其他人相比而言。就这种意义来说，收入过高的岂止是华尔街员工而已？汽车工会工人的收入远远高于其他工会的工人，工会工人的收入远远高于非工会的工人，公司高层管理人员的收入远远高于技术人员，医生、律师的收入远远高于其他专业人员。如果可以责问华尔街员工：凭什么比别人高？同理，也可以责问其他那些人：凭什么比别人高？如果收入应该看齐，那么，总统难道不也应该大大减薪么？既然房租、水电、汽车、飞机、司机、厨师、家务助理、保镖等等，总统统统免费了，还要 40 万美元的年薪干什么？

再进一步说，美国人的收入与世界上许多其他国民相比，难道不是也高出很多么？既然人权应当超越国界，收入为何就必须囿于国界？如果收入应该拉平，如果但凡亏损就应当降低收入，负债累累的美国人难道不应该全面减薪，向印度、中国的薪水看齐么？不明乎此而单单迁怒于华尔街，显然属于无知。

180 亿美元的确不是个小数目，不过，这是用于华尔街成千上万员工一年的奖金总和，而用于奥巴马一人就职庆典的一次性花费高达多少？高达 1 亿 5 千万美元。奖金，因有合同法律责任，非发放不可。就职庆典，完全可以取消。因必须发放的 180 亿奖金而大怒，而指责其为无耻，却完全忘却自己无端的铺张与挥霍，这叫什么？舍“无耻”二字之外，实无以名之。

事件之五，撤销保留职位回扣案。

奥巴马竞选之时，颇以经济内行自居。当选之后，选民对其力挽狂澜、救民于水深火热之中的期待亦复甚高。即将上任之时，令人久候的经济刺激方案终于出笼。且说方案出笼之后，其中“保留职位回扣”的设想，立即遭到大多数民主党议员的指责与质疑。面对自己人的反对，奥巴马不旋踵即表示愿意取消这一构想。

所谓“保留职位回扣”，是指倘若雇主保留原本打算解雇的雇员的职位，令其留任，则政府予雇主美金 3000 的回扣，以褒奖其为社会就业作出的贡献。用意不可谓不美。问题在于：如何判断“原本打算解雇”？怎么能够知道雇主一个个都诚实可信，绝不谎报“原本打算解雇”的数字？从华尔街金融风暴可见，美国的商界并非一片净土。恰恰相反，奸商其实无处不在，无孔不入。

就理论而言，雇主完全可以声称全体雇员都是原本打算解雇的，因为原本打算关门大吉，只是为了对社会就业作出贡献方才予以挽留。当然，奸商们通常都不是依循理论办事的傻冒，想必没什么雇主会出此下策。不过，如果把 10%至 20%的雇员说成是原本打算解雇的，在如今经济大坏的局面下，则很难判断其真实与否。如果因难以判断就不予回扣，是失信于民。失信于民，无异于对经济大坏的局势火上加油，国会不敢。总统也不敢。如果因无法判断遂统统予以回扣，则势必面临两个难题。其一，如果所有雇主都这么办，政府付得起这笔钱么？其二，即使大胆印钞票，满足雇主的需要，结果却可能同解决社会就业了不相干，因为这些所谓“原本打算解雇”的，实际上很可能是“原本不打算解雇”的，无论政府是否给予回扣，雇主都会因工作需要而留任。

奥巴马的刺激方案，应当是久经奥巴马本人及其手下的经济专家深思熟虑之后方才提出的，却竟然包含这么个无须经济专家一眼就能看出的、低水平的破绽，说明什么？

如果这回扣的主意出自奥巴马手下的专家，奥巴马本人只是赞同而已，说明奥巴马本人及其手下的所谓经济专家，充其量只是纸上谈兵的高手，不仅不具备应付经济危机的能力，而且缺乏处理实际问题的最起码的常识。如果这回扣的主意出自奥巴马本人，奥巴马手下的专家只是附和而已，说明奥巴马本人只是个不谙世事的书呆子。至于奥巴马的手下，或者同为不谙世事的书呆子，或者皆是溜须拍马、阿谀谄媚之流。无论为何，从奥巴马撤销保留职位回扣一案所能看到的，皆非美国草民之福。

3.2 官司、笑话、情理

中国的传统道德观崇尚平生不打官司。美国人恰恰相反，事无巨细一概法庭相见，或至少以法庭相见相威胁。对于美国人这种乐官司而不疲的精神，早在来美国之前已经略有所闻，迁居美国之后方知闻名不如见面。第一次看到美国人卷入官司是1980年在普林斯顿大学工作的时候。在大学里结识了一位美国朋友，此人文质彬彬，接人待物无不礼貌周全，万万想不到这么一位君子型人物也会同邻居惹上官非。事情的原委是这样：朋友的邻居外出度假，委托他代为照管一只小猫。两星期后，邻居从度假地返回，猫归原主。几天之后该猫染疾腹泻，邻居指控朋友对猫照料不周以至染疾，要求赔偿美元若干。那时作者初来美国，以为只有倒霉透顶才会碰上如此赖皮的邻居。在美国住了些年头之后，逐渐意识到美国人把猫、狗一概视同家庭成员，因这类家庭成员而打官司的事司空见惯，毫不稀奇。前些年在报上看到这么一段新闻：新泽西州一条狼狗把邻居的小孩咬死，法院判处狼狗死刑，狗主聘请名律师百般阻挠死刑的执行，案子一拖居然一年半载不得要领。在此期间，狗既不能放归原主，又不能去见阎王，只得在州政府专为这类官司而设的家畜寄养所寄居。寄居费每日100美元。根据法律，狗主并无义务对这项开销负责。钱由谁负呢？州政府。州政府的钱从那里来？纳税人的腰包。真是滑天下之大稽。

一条狗都可以如此胡闹，人可以怎么折腾就更不用提了。从电视上得知，罪犯关进监狱并不意味着官司的了结。当然，这并不是说该犯作为被告而被判入狱的那场官司还未了结，只是关进监狱的罪犯可以在监狱中一而再、再而三地成为原告。告些什么呢？缺乏想像力的告伙食欠佳，告警卫人员态度粗暴。想像力丰富的递上去的状子，寻常人等即使挖空心思也琢磨不出来。比如，美国人素来喜欢侈谈宗教信仰自由，于是，有个无期徒刑犯在狱中自创一套宗教，其教条之一，是信徒每日须至室外见天日若干小时。监狱规定的放风时间不够长，从而被该犯指控监狱侵犯了他信仰宗教的权力。犯人一旦递上状子，政府还得免费提供律师。所谓免费，是指犯人无须付钱，并不是说有律师去义务劳动。律师费用从哪来？自然还是纳税人的腰包。据电视台披露，人口只有500万的密苏里州一年花在犯人打官司上的支出竟然高达100万美元。密苏里州并非特例，各州的情形相去不远。大把的钞票都如此这般糜费在猫狗或者犯人的官司上，无怪乎各州政府均因入不敷出而叫苦不迭。

政府不仅要在打官司上花钱，有时候还在打官司上输钱。所谓输钱，是指作为被告，输了官司而被罚款。纽约市曾发生过这么一件案子：一对夫妇深更半夜在市区的一条高速公路上驾车失去控制，撞上路中间的水泥间隔，男的当场撞死，女的重伤。出事时天雨、地滑、能见度底。女的伤愈之后立刻控告纽约市政府，把肇事的原因完全归咎于公路失修，路面有欠平稳。纽约市政府败诉，赔偿100万美元方才息事宁人。

20年前的一个夜晚，洛杉矶市四个白人警察在公路上截住一个超速驾驶的黑人，脚镣手铐之后一顿拳打脚踢，把这黑人打得连滚带爬，遍体鳞伤。警察打人是犯法的，但据说洛杉矶市的警察打人是家常便饭，打了之后一概以犯人拒捕为理由把责任推得一干二净。可是这一回有了变化，原来这打人的地点晚上常常有些不三不四的事情发生，一户颇有商业头脑的人家在当街的阳台上装了架录像机，每晚自动拍下一切动静。这晚的打人经过全部被这架录像机记录下来。录像机的主人从来懒得看录像带上究竟录了些什么，第二天照例以通常的价格把录像带卖给当地一家电视台。电视台发现这段录像如获至宝，立即作为独家新闻予以播放。其他各电视台、无线电台、报纸、杂志不甘寂默，纷纷向其购买转播权，致令该电视台大发一笔横财。录像机的主人后悔当初不该没看录像带的内容，白白放走了这发财的机会，要求同电视台分享利润，电视台不肯，结果自然是一场官司。

不过，这里要谈的不是这场官司。且说警察打人的镜头公布于众之后，舆论为之哗然。挨打的自然趁此天赐良机，把打他的四个警察告上法院。控告的内容除打人之外，尚有篡改医院的受伤记录等多项，每项控告都有不容置疑的证据。既然如此，被告难逃法网应是理所当然的事情。孰料陪审团居然宣布四名被告对于各项控告统统无罪。陪审团怎么会作出如此不公正的判决？原因很简单：十二名陪审团成员中没有一个黑人。一名女陪审团员事后在接受某记者的电话采访时，居然声称她在看了警察打人的录像带之后得出的印像是：挨打的完全操纵局面，警察打人乃是出于不得已的自卫。一个赤手空拳而且业已脚镣手铐的人，面对四个全副武装的警察，怎么能“完全操纵局面”？简直是不折不扣地睁着眼睛说瞎话。宣判一经公布，洛杉矶市的黑人区立即发生暴动。成千上万的黑人涌上街头，焚烧停泊在路边的汽车，砸毁并洗劫沿途的商店，殴打非黑行人。一个白人卡车司机被从驾驶室揪出，横遭痛打，几乎丧命。黑人同亚裔移民的关系素不谐和，洛杉矶市的韩国移民区不巧正与黑人区比邻，自然是在劫难逃。好几家韩国人开的店铺遭到黑人袭击，双方真枪实弹互射，各有伤亡，俨然是一场巷战。暴动平息之后，据官方的估计，洛杉矶市的财产损失高达 40 亿美元以上，超过此前在佛罗里达迈阿密发生的一场类似的黑人暴动，创下美国因暴动而造成损失的新记录。

根据美国的法律，刑法的官司输了，原告还可以再打民法的官司。原告于是以民法的方式起诉被告。根据某些法律专家在暴动之后的预测，原告的民事官司可能会不了了之。所据理由是：不一定能找得到合格的陪审团。为何会如此？因为陪审团成员必须对案子一无所知，以免有先入之见。这案子既已引发这么一场惊天动地的暴动，自然业已家喻户晓。这样的预测不能不说有理论上的根据，事实却证明这些所谓的专家其实都不过是些书呆子。所谓众怒难犯，哪个法官胆敢以技术上的理由拒不受理这桩官司？难道还想再触发一场暴动不成？民法官司审下来的结果，四名被告都在不同程度上被判有罪。因为四名被告都是洛杉矶市的警察，洛杉矶市政府难逃其责。原告要求洛杉矶市赔偿 900 多万美元。洛杉矶市政府还价 100 多万，被法官驳回，以原告得偿所愿结案。

联邦政府成为被告的例子也屡见不鲜，近来最出名的一次大案，是联邦调查局在侦查俄克拉荷马城联邦政府大厦爆炸案时惹的祸。爆炸发生后一小时左右，美籍约旦裔阿马德从俄克拉荷马城飞往约旦，在芝加哥转机的时候被联邦调查局的人员作为爆炸案的嫌疑犯截住，经盘问五个小时后放行。当阿马德乘坐的飞机在英国伦敦降落时，联邦调查局却又通知英国当局把阿马德逮捕并引渡回美国。据阿马德说，在之后的七十二小时内，他受到美国联邦调查局的百般侮辱和无理搜查，只缘他是阿拉伯人，不巧在案发后不久飞离案发地点，而联邦调查局想当然地以为俄克拉荷马城的爆炸案是阿拉伯恐怖分子所为。事后查明：阿马德同此案毫无关系。阿马德自然不会放过美国联邦政府，要求赔偿一百九十万美元。联邦政府注定是输家无疑，问题只在赔款多少。

除去政府之外，同顾客或雇员卷入官司的大公司也经常是输家。90 年代中接连看到四个例子：其一，新墨西哥州一个女人因在一家麦当劳快餐店喝咖啡烫了嘴而控告麦当劳，麦当劳被判赔偿二百七十万美元。也许有人会问：喝咖啡烫了嘴，只能怪自己不小心，与卖咖啡的店家有何干系？事缘美国人对一饮一酌均极为教条。肉要烤几分钟，咖啡要烧到多少度，麦当劳都一一有明文规定。根据麦当劳的规定，咖啡的温度是不应当能烫伤嘴唇的。既是烫伤了人，足见麦当劳的规定只是欺人之谈，被罚也就顺理成章了。

其二，一个女人作整容手术，用杜邦财团属下一家公司生产的塑料产品垫高乳房，手术后觉得不舒服，向杜邦财团索取赔款，杜邦财团也被判赔偿 100 万美元。

其三，阿拉巴马州一位医生买了辆新的德国名牌轿车“宝马”。不久，偶然发现车身是重新油漆过的。官司审下来，陪审团要求宝马公司赔偿买主 4,000 美元实际损失，外加 400 万美元惩罚性赔款。据说汽车在运输途中油漆受损的事经常发生，各汽车厂家照例把车子重漆之后仍当新车出售，宝马公司不过是循例而已，并非别出新裁。宝马公司准备据此而上诉，结果如何，未遑追踪。

其四，美国最大的百货公司沃尔玛在密苏里州某个小镇上有家分店。该店的一个女店员多次向上司投诉在上班时常常受到男同事的性骚扰，上司置之不理。于是，该店员在辞职之后向法庭控告沃尔玛公司。所谓性骚扰，包括调戏、口出秽言、性别歧视等种种令异性受辱或难堪的行为。对女性的性搔扰似乎是美国各公司普遍存在的问题，以至各大公司都明文规定凡有犯者解雇勿论。是否严格执行，就难说了。据这个女店员说，沃尔玛公司在这方面的规章无可指责，问题在于经理人员根本不照规章办事。陪审团对这件案子的判决是，沃尔玛公司须赔偿该女店员 5 万美金的实质性损失，外加 5,000 万美金的惩罚性赔款。法官认为 5,000 万的数额过于庞大，削减为 500 万。沃尔玛公司仍认为太高，准备上诉。陪审团也大不赞同法官的裁决，认为罚款不上 5,000 万不足以引起沃尔玛公司的最高负责人的注意。其中一名陪审团成员更忿然指出：早知是法官说了算数，何必叫陪审团出席做样子？

也许是动辄赔款上几百万的官司太多了，令他人看了眼红，最近有些人提出限制赔偿数额的主张。这主张不无道理，只是颇难实现。想要修改法律，没有法律界的赞成休想成功。美国法律界基本上受制于律师。根据惯例，原告在这类案子中索赔的一半归其律师所有，可见律师是赔款的直接受益人，限制赔偿数额等于是限制律师的财源。十多年前一家叫做铀宁卡白的美国化工公司设在印度的一家工厂因毒气泄露，造成几百名印度工人死亡的事故。消息一经传出，立刻有数以百计的美国律师争先恐后地飞往印度，寻找受害者的家属，包揽向铀宁卡白索取赔款的生意。有家报纸因此而痛斥这些律师是闻到血腥便一拥而上的苍蝇。指望这样的律师能自断其生财之道，自然是缘木求鱼。

相对而言，赔款以百万计的官司毕竟还是少数，只是因为凡是上百万的官司都少不得成为新闻，而小额赔款的官司往往无人理会，遂给人以不赔款则已，赔则必以百万计的错觉。80 年代美国电视上有个叫做“人民法院”的节目，每周播放一次，连续播放数年方才退役，可见其受欢迎程度之深。这节目的特点是既无编剧导演，亦无演员。原告和被告连同所控案件都是真人真事。法官本是个法官，不过已经退休，只能算是半真半假。法院本是电视摄影棚，不过经洛杉矶市政府同意权充市低级民事法院，所以也是半真半假。由县市低级民事法院处理的官司，既无陪审团，也无须聘请律师，人证物证均由原告、被告双方自己提供，判决一概听凭法官作主，最高赔款限额当年在洛杉矶市是 1,000 美元。由“人民法院”受理的，都是这类案子。原告和被告之所以愿意上“人民法院”而不去真正的法院，大概是因为电视台事后会给原告和被告各一百美元出庭费，对赢家来说是锦上添花，对输家则不无小补。不过，不是所有想上“人民法院”的人都能上，取舍权在电视台，电视台自然是以有无娱乐价值作为选取的标准，所以，不少经由“人民法院”审判的案子都有令人绝倒之处。记得有一件案子，情节本身未见其趣，妙在原告的申诉听起来像是在替被告开脱，而被告的辩护却像是不打自招，以至法官不得不频敲惊堂木，喝问原告和被告到底还想不想打这场官司。

当然，美国的官司并不都是以要钱为目的。尤其是联邦政府作为原告的官司，目的经常是在于国计民生。政府兴讼的动机往往无可指责，起诉的逻辑与打官司的技术却经常有欠高明，有时候简直荒唐可笑。比如，美国联邦政府曾经起诉某烟草公司，所据理由是，根据联邦调查局的侦查，该烟草公司隐瞒了一项显示烟草会使吸用者上瘾的研究结果。烟草会使吸用者上瘾，妇孺皆知，何劳研究而后明？研究的结果既与一般人的认识并无二致，自无公布结果之必要，有何隐瞒可言？烟草是否应像鸦片一样列入禁品，是政府的责任，指望生产与贩卖烟草的公司在戒烟或禁烟上有所贡献，岂非与虎谋皮？烟草公司之所以去研究烟草是否会使吸烟者上瘾，其目的无非是指望其研究可以得出与一般人的常识相反的结果，从而有利于烟草的经销。烟草生意的合法性并不有赖于这项研究，美国也不具有要求烟草公司进行这种研究的法律。就算该烟草公司隐瞒其研究结果真有其事，而且事关重大，试问政府将责以何罪？

还有更可笑的一个例子，被告不是公司，动机却也同禁烟和戒毒有关。1990 年，美国出动军队入侵巴拿马，把巴拿马的元首诺瑞加捉拿到美国，押进佛罗里达的监狱，控以贩毒罪。美国的官方说法，是把国际毒枭捉拿归案。其实，是用武力把一个外国元首绑架到美国。即使诺瑞加罪该万死，美国凭什么去充当国际刑警的角色？如果诺瑞加之罪不属国际性，案子应当在巴拿马开庭。如果诺瑞加之罪属国际性，案子应当呈送国际法庭，美国政府凭什么把诺瑞加押上一个州的地方法院？这些问题并非无关痛痒。不过，在美国既不见有人予以抨击，甚至在国际上也未见有人提出异议，想是贩毒之罪遭人痛恨至深，以至人们对于这一公然违背国际法的行径都容忍了。既然如此，如果美国能把这个案子审出个结果，收到杀鸡儆猴之效，令国际贩毒集团的头子们为之敛手，倒也罢了。结果却完全不是这么一回事。

诺瑞加对贩毒供认不讳。不过，他说他的贩毒是替美国中央情报局做掩护。换言之，当毒贩是假，当美国的特务是真。诺瑞加所说的假，是否是假，不得而知。诺瑞加所说的真，倒是的确不假，他拿出证据证明他领取中央情报局的薪水，一场捉拿国际毒枭的官司于是演变成美国收买外国元首充当间谍的闹剧。可笑的尚不止此。诺瑞加的卖身投靠美国，适逢布什出任美国中央情报局局长；而诺瑞加成为美国的阶下之囚时，适逢同一位布什先生当上美国总统。可笑以至于此，却不见美国人把这场官司当笑话看。不过，千万别因此而误以为美国人缺乏幽默感，不懂得看政府的笑话。其实，美国人常常对其他国家的一些审判嗤之以鼻，指为政治笑话而不是真正的审判云云。只不过一件事的可笑与否，同观察者的文化与社会背景关系甚大。美国人以为可笑的，外国人也许并不认为可笑；外国人不能不捧腹大笑的，美国人却极可能笑不出来。

文化与社会背景的差异，不仅影响人的笑觉神经，也左右人的理性认识。据报载，1990 年南卡罗来纳州十四岁的女学生吉娜伙同其男友杀死其亲生母亲，并企图毁尸灭迹未遂。吉娜之所以杀母，是因为其母不赞同吉娜结交有过犯罪底案的流氓为男友。吉娜律师的辩护词主要包括这样两点：第一，吉娜受到其母的精神虐待。第二，吉娜智力不同凡响。吉娜因此被从轻发落，仅判六个月劳动教养的处罚。六个月后，从劳动教养所获释的吉娜远走高飞，投奔马萨诸塞州。五年后，吉娜被美国首屈一指的哈佛大学录取。哈佛大学所在地的《波士顿邮报》不知底细，撰文把吉娜吹捧为品学兼优的模范。有知悉内情者把吉娜原是杀人犯的消息泄露给《波士顿邮报》的竞争对手《波士顿新闻》。《波士顿新闻》遂以“杀人的学生不是天使”为题，将吉娜的真面貌予以揭露。真相大白之后，哈佛大学宣布取消吉娜的录取资格。出乎哈佛大学意料之外，该校的决定竟然在波士顿地区引起公愤，甚至哈佛大学的一些学生也在校园内举行示威，要求“还吉娜以公正”。波士顿大学校长也公开抨击哈佛大学，并宣布欢迎吉娜就读波士顿大学。哈佛大学发言人声称哈佛大学之所以取消吉娜的录取资格，并非因为吉娜是杀母的凶手，只是因为吉娜在面试时谎称其母死于车祸。吉娜的律师反唇相讥，说吉娜未曾说谎，哈佛大学才是真正的说谎者。

此事至少有五点有悖于中国人的理性认识。第一，杀人犯，而且是谋杀亲生母亲并试图毁尸灭迹的杀人犯，不判死刑，不判无期徒刑，不判三十年，二十年，甚至也不判一年徒刑，而是只判六个月劳动教养。犯罪的性质和手段均极其恶毒，惩罚怎么可以如此从轻？第二，所谓吉娜受到其母的精神虐待，无非是吉娜的律师凭空捏造的。“精神”两字有如画龙点睛，说明根本拿不出任何实质性的证据。法官和陪审团怎么可以轻信如此荒唐的藉口？第三，越聪明的坏人难道不是越危险的坏人？吉娜的律师怎么可以用“聪明过人”四字替吉娜辩护而且竟然生效？第四，杀人者得以逍遥，没有人说不公正，哈佛大学反倒被责以不公正。公正的意义究竟何在？第五，哈佛大学不敢以杀母为理由取缔吉娜的录取资格，而须以说谎为借口，难道说谎之罪甚于杀人？

中国素有慈孝的传统。慈指父母对子女的爱护，孝指子女对父母的敬顺。慈似乎是人的天性，甚至可以说是动物的天性。孝则似乎有待后天的教育。有些人以为孝是儒家思想的特点，在西方根本不存在。这种说法其实是不确切的。比如，著名英国历史学家、《罗马帝国衰亡史》的作者吉朋就曾说过：“我的孝顺出于自然而无须勉力为之”（“My filial obedience was natural and easy.”）。说现代美国社会没有孝道，倒是不假。据作者的观察，现代美国社会不仅不提倡孝，甚至是提倡不孝。吉娜杀母而受到法庭和社会的宽宥，在美国并不是特例而几乎可以说是常理。距吉娜事件不久，加利福尼亚一对极富有的夫妇双双在家中被人谋杀。两个二十几岁的儿子继承了大笔财产之后立刻花天酒地。没多久，警方发现凶手原来不是别人，正是死者的这两个儿子。两个儿子对杀父杀母的罪行也都先后招了，只是不肯承认动机在谋财，而是同吉娜一样，诡称遭受父母的虐待，外加性侵犯，却拿不出任何证据。女孩子被继父强奸比较能令人相信，但也得有真凭实据才行。男孩子被亲生父母强奸实在是闻所未闻，而且毫无证据可言。这样的官司居然要审半年以上，而且竟然是以无法定罪而不得不重审。前些年，各电视台和报纸还竞相报道过这样一件官司：一个十来岁的男孩一心要投靠一户有钱人家做养子而拒不承认其贫穷的生母。官司断下来，居然是生母败诉。法官宣布的理由是：这男孩子在有钱人家长大会有更好的前途。如果美国社会不是提倡不孝，请问如何解释这样的判决？既是提倡不孝，宽宥和同情吉娜自然也就不足为怪。

如果承认慈是人的天性，就不能说美国的父母不慈。但美国做父母的不如中国做父母的那么慈，却是不容否认的事实。一般说来，美国的父母不会为其子女而牺牲自己的利益。最为明显的例子，是美国夫妇极少会因为替子女着想而维持婚姻关系。一位极有地位的专栏作家曾经在其专栏上谈起他的一件家事：这位作家的儿子被普林斯顿大学和一所在名气与水平上均不可与普林斯顿大学相提并论的州立大学同时录取。普林斯顿大学不提供奖学金，当时四年下来的学杂费总共大约 12 万美元。该州立大学不仅颁发奖学金，而且给予生活补贴。如果就读该州立大学，基本上可以不用花钱。做儿子的想叫做老子的掏腰包送他去普林斯顿。做老子的告诉儿子：想去普林斯顿，自己去申请联邦政府的教育贷款，就业后自己去还，休想打老子的主意。结果做儿子的不想负债，遂决定放弃普林斯顿。这位作家的年收入少说也有三、四十万，绝对不是付不起普林斯顿大学的学杂费，也绝对不是付了这笔学杂费后就会捉襟见肘，充其量不过是退出豪华的私人俱乐部，或是少换几辆高档轿车，却宁可让子女在学业和前途上蒙受损失。若干年前作者替芝加哥大学面试新生，亲自遇到一个极为类似的例子，足见拔一毫以利子女而不为的父母在美国并不罕见。有些美国父母甚至可以反过来为自己的利益而令其子女彻底牺牲。例如，一个离婚的少妇为了巴结新欢，竟然忍心淹死两个亲生的幼子，成为轰动一时的新闻。同年，另一个女人不仅容忍其男友奸杀其亲生的幼女，而且协助其男友毁尸灭迹。这样的事情虽不多见，但其存在本身就足已说明美国人的人伦关系与中国人的人伦关系截然不同。

用智力过人替罪犯辩护，是美国律师的惯用伎俩，吉娜的律师不过因袭成规，并非匠心独具。所谓智力过人，是指美国某特定智力测验的成绩高于平常人的。这项特定智力测验的成绩在英文称之为“intelligence quotient”，中文译为“智商”。70年代伯克莱加利福尼亚大学曾把二十名智商奇高的儿童记录备案，二十年后，根据档案所载的线索一一找到这二十名业已成年的人的下落，意外地发现这二十名智商奇高者没有一个人有出色的成就可言，有几人漂浮在社会的上层，有几人滞留在社会的中层，有几人沦落在社会的下层。这种结局同一般智商泛泛之辈毫无区别。究其原因，可能有三。第一，测验的方法有问题，因而结果不准确。第二，所谓智商，根本是一项毫无实际意义的参数，因而不能用来衡量一个人的智力能量。第三，第一和第二种可能性同时存在。无论原因为何，伯克莱加利福尼亚大学的调查结果说明智商高并不意谓着智力高。事实上，吉娜的案子本身已足以说明这一点。真正聪明的人绝不会同流氓搞上如胶似漆的关系，真正聪明的人更不会为了同流氓鬼混而谋杀生母。

3.3 法治？人治？钱治？

谈美国的官司，绝对要提到的自然是欧·杰·辛普逊一案。这案件之所以在美国引起空前的轰动，却并非因为案情本身有多严重，只是因为被告欧·杰·辛普逊不是寻常的张三李四，遂令一件寻常的案件成为一场万人瞩目的官司。说案子寻常，用的是案发所在地洛杉矶的标准，其实并非等闲如偷鸡摸狗一类的勾当，而是有两条人命的案件。只是因为洛杉矶市死两三个人的案子司空见惯，如果不是因为被杀者之一是欧·杰·辛普逊的前妻尼蔻，这案子恐怕只会成为犯罪统计表中的一个数字而已，绝不可能引起席卷全美的轩然大波。既然如此，在谈到这案子之前，理所当然应先介绍欧·杰·辛普逊其人。欧·

杰·辛普逊何许人？一言以蔽之曰，第一流名人。名人如何分流？有人说美国的名人可以如此这般归入三流：第三流名人要连名带姓呼之才能免于误会，比如，杰西·杰克逊，如果省去“杰西”，就会令人搞不清究竟是说黑人政治领袖杰西·杰克逊，还是黑人流行歌手麦克·杰克逊。第二流名人无须称名。比如，美国的总统上自华盛顿、林肯，下至肯尼迪、尼克松都可以称姓而不名。第一流名人则只须称名，甚至可以呼之以名字的缩写。比如，呼阿里，非拳王阿里·穆罕穆德莫属；称欧·杰，尽人皆知为橄榄球明星欧·杰·辛普逊。这说法有牵强之处，比如，四次当选总统的富兰克林·罗斯福不能不说是十足的名人，却不能简单称之为罗斯福，因为有狄奥多尔·罗斯福当选总统在先。但这说法却不失为妙语，而且颇能反映美国的第一流名人属于体坛而不属于政坛的事实。

美国体育界的名流不止于家喻户晓，而且也像历史人物一样，是有案可查的。比如，《美国百科全书》在“辛普逊”词条下仅收录两人。其一为乔治·辛普逊爵士，19世纪英国驻加拿大总督。其二即为卷入此案的欧·杰·辛普逊。以下是《美国百科全书》对欧·杰·辛普逊的简介：欧·杰·辛普逊1947年生于旧金山，1967年率领南加利福尼亚大学橄榄球队夺得全美大学联赛冠军，次年被评为全美最佳大学橄榄球选手，1969年加入水牛城的职业橄榄球队“比尔”队，1972、73、75、76年，在冲刺码数和冲入底线的次数上均在全美职业橄榄球俱乐部中居第一位。尔后，膝盖受伤，转入旧金山的“淘金汉”队，1978年退休，成为电视台的体育节目评论员。1985年被选入职业橄榄球名人馆。

对于以上这段摘自《美国百科全书》的文字，也许有必要作两点注释方能使不谙橄榄球规则的读者看个明白。第一，美式橄榄球分两拨人马，球在已方则由进攻队员上阵，球在彼方则由防守队员上阵。在进攻队员之中有三个位置最为重要。如果球队以投掷为主要进攻手段，则投球手最关紧要。投出去的球要由接球手接住方才构成一次成功的进攻，最主要的接球手顺理成章成为第二重要分子。如果球队以带球冲刺为主要进攻手段，则带球手成为进攻的核心。欧·杰·辛普逊打的是带球手的位置。冲刺码数和冲入底线的次数是衡量带球手水平的两项最主要的参数。一个球队选取哪一种方式进攻，基本上取决于投球手和带球手的能力。第二，美国各职业运动都有所谓“名人馆”，“名人馆”是 Hall of Fame 的直译。译做“生祠”，似乎更能传神。凡是被选入名人馆的人物，一个个都有塑像、照片、生平事迹以及用过的衣物器具在馆里供着，每年游客前往各名人馆瞻仰其心仪已久的名人动辄以万计。

被选入名人馆，自然意谓着在某一行职业运动中登峰造极，却并不保证能成为第一流名人。如果有人问，除去欧·杰·辛普逊之外，供在职业橄榄球名人馆中的还有谁，不少人都会说不上来。可见欧·杰·辛普逊之所以能成为欧·杰，除去是橄榄球高手之外，还得有别的因素。什么别的因素？大抵言之有三。其一，仪表堂堂，笑容可掬。其二，口齿伶俐，声音宏亮。这两个因素加上名气，构成卖广告的绝佳人选。《美国百科全书》对欧·杰的介绍遗漏了如下颇为重要的一点：欧·杰从球场退役之后，不仅在电视台当体育节目的评论员，而且是赫茨汽车租赁公司的代言人。各汽车租赁公司都在机场、旅馆、报纸、杂志、电视上大做广告，欧·杰既是赫茨汽车租赁公司的代言人，其形像自然也就无处不在。因素之三，正在于其形像无处不在，使人欲忘而不能。

欧·杰结过两次婚，结发之妻同欧·杰一样，是个黑人，同欧·杰生有一儿一女。1979 年欧·杰在洛杉矶高级住宅区巴伐利山的一家私人俱乐部邂逅年方十七、千娇百媚的尼蔻。其时尼蔻刚刚从中学毕业，放弃时装模特的机会不就，在俱乐部的餐厅里当服务员。据说其时欧·杰的婚姻业已触礁，两人一见钟情。不久欧·杰即与第一任妻子离异，从旧金山迁来洛杉矶，与尼蔻共赋同居之好，五年后结为夫妇。与欧·杰的第一任妻子不同，尼蔻是白人。美国黑白之间的婚姻不多见，白女下嫁非白男者尤少。两人的一见钟情，可以列入男“才”女貌一类：尼蔻的年轻貌美货真价实；尼蔻放弃时装模特不做，跑到巴伐利山高级私人俱乐部的餐厅去当服务员，“醉翁之意不在酒”，在于钓金龟婿自不待言而可知。欧·杰不仅有大把的钞票，而且舍得在尼蔻身上下注，每月给尼蔻七千美金零花，又借钱给尼蔻之父，协助其成为赫茨汽车租赁公司的代理商，其意在金屋藏娇亦不待言而可知。双方一拍即合，自不在话下。然而，婚后的生活却并不十分融洽，尼蔻和欧·杰均不免婚外偷情。因偷而妒，因妒而争，因争而分，分而又合，合而复分，终于在 1992 年正式离异。离婚后的尼蔻携同所生一子一女迁居一幢高级公寓，距欧·杰的豪华私邸不过两英里之遥。欧·杰除去在同尼蔻分手时分给尼蔻一大笔财产外，每月尚支付尼蔻一万美金子女赡养费。分手后两人数度藕断丝连，直至案发前三周尼蔻才决计同欧·杰一刀两断。

谋杀案发生在 1994 年 6 月 12 日。当天下午，尼蔻与欧·杰所生的八岁大的女儿在学校登台表演舞蹈，尼蔻与欧·杰同时出席观看。表演结束后，尼蔻携同其父母与子女前往一家饭馆晚餐，欧·杰未受邀请，独自打道回府。当晚 9 点 40 分左右，尼蔻之母打电话给尼蔻，说她把眼镜落在饭馆了，问尼蔻是否可以帮她去取一趟，尼蔻回答说没问题。其实，尼蔻并不用自己去取，饭馆的跑堂罗纳德·荀德曼正好是尼蔻的朋友，尼蔻只是打了个电话到饭馆，叫罗纳德把眼镜送到尼蔻的寓所。将近十一点的时候，尼蔻的邻居斯迪夫·施瓦布看见一条狗在街上乱蹿，系狗的带子上溅有血迹。斯迪夫试图令狗静下来，结果反而是狗把斯迪夫领到尼蔻的寓所。斯迪夫步入隐蔽在树丛深处的甬道，赫然发现尼蔻与罗纳德双双倒毙在血泊之中。警察闻讯赶来，发现尼蔻的院门虚掩，大门不锁，推门入室，餐厅的桌上尚有半杯冰淇淋未化，楼上尼蔻的一子一女均在卧房中安睡，对于院门口的凶杀浑然无觉。

警方前往欧·杰的私邸通报欧·杰时，得悉欧·杰已在午夜前乘机飞往芝加哥。欧·杰的芝加哥之行是早已预定的，旨在出席赫茨汽车租赁公司的会议。在芝加哥的旅馆里同洛杉矶的警方通过电话之后，欧·杰于次日凌晨返回洛杉矶，在家门口遭警方逮捕。事缘其时警方业已在欧·杰私邸的院墙内发现一只饱蘸血迹的皮手套，同凶杀现场发现的另一只同样饱蘸血迹的手套正好构成一对。像欧·杰这样的名流，自然少不得有私人律师，在这种非常的场合，自然少不得有私人律师在场。欧·杰的私人律师叫欧·杰保持沉默，俟请到刑事律师时再做道理，遭欧·杰拒绝。欧·杰自愿接受警方的盘问，在为时长达三小时的盘问中，反复申明自己无罪。像这样的谋杀案件，至关重要的是人证，警方没有；次为重要的是物证凶器，警方也没有；在欧·杰院墙内发现的手套只能作为旁证，警方与检察系统都觉得仅凭如此单一旁证不能把欧·杰捉拿归案，只得将欧·杰释放回家。

警方与检察系统当然不会就此罢手，在进一步搜查欧·杰房屋内外时，警方声称在欧·杰卧房内发现一只沾有血迹的袜子，此外，在欧·杰车房前的路上以及欧·杰的一辆汽车上也发现血斑。警方还找到案发当晚前往欧·杰私邸接欧·杰去机场的出租汽车司机，司机供称十点二十五分左右来到欧·杰私邸门前，多次按门铃均无人应门。将近十一点时，看到一个同欧·杰相似的人影自外而入，欧·杰旋即出来开门。司机的供词似可证明欧·杰十一点以前并不在家。更为重要的是，根据警方化验室的分析，案发现场的血迹与欧·杰的血型相同。欧·杰自然也明白案子不会就此了结，从警察局回家之后，立即聘请罗伯特·沙皮洛为其首席律师，替其组织辩护班子。罗伯特·沙皮洛在洛杉矶明星界不是个陌生的名子，在欧·杰卷入这件谋杀案之前，当红的流行歌星麦克·杰克逊被控猥亵男童，替麦克·杰克逊与其原告达成庭外和解的，正是这位罗伯特·沙皮洛。经罗伯特·沙皮洛先后罗致加入欧·杰的辩护班子的包括犯罪学权威亨利·李，DNA 专家贝利·舍克，经常同洛杉矶警察作对的黑人律师詹尼·柯卡融等多名法律界风头极劲的人物。1992 年美国为夺回奥运会男篮冠军，派出以超级职业篮球明星组成的球队。美国人称之曰“梦之队”。欧·杰的辩护班子一经组成，各新闻媒介立即套用这一说法，也称之为“梦之队”。举此一端，足见欧·杰的辩护班子阵容之强。超一流律师的收费自然也是超一流，据报道，在欧·杰的辩护班子之中，有四人每小时收费高达 450 美元以上，有三人每小时收费美元 300 元出头，收费最低的也在 200 美金以上。不过，据说在欧·杰一案中，这些律师并不计时收费，而是只计一笔总账。这一笔总账究竟是多少？

事后有记者问及欧·杰的梦之队中的某一位，回答是恕不奉告。要价既然能如此之高，没有几下真本事自然不可能。欧·杰辩护班子中的主要成员在审判过程中都有极为出色的表演，尤其是开审不久即取代罗伯特·沙皮洛成为领导的詹尼·柯卡融，极尽煽动和诡辩之能事，的确不愧“梦之队”的称号。

且说警方在6月16日获得化验室的血迹化验结果之后，认为证据确凿，遂通知罗伯特·沙皮洛，要把欧·杰正式捉拿归案。罗伯特在次日早晨把警方的决定告知欧·杰，欧·杰同意在午前11时向警方报到。为谨慎起见，罗伯特每隔15分钟同警方通一次电话，报告欧·杰动身前的情况。孰料正当罗伯特以为欧·杰在楼上卧房中更衣之时，欧·杰却失踪了，同欧·杰一起失踪的还有欧·杰的心腹之交艾尔·寇林斯以及艾尔的“野马”牌吉普车。警方闻讯后忙做一团，两次举行记者招待会，声称决不会让欧·杰跑掉，气极败坏之余还宣布也要逮捕艾尔·寇林斯。至于上哪去抓人，却说不出个名堂。罗伯特·沙皮洛接连三次面对电视摄影机，呼吁欧·杰向警方自首，也不见反应。各大小电视台统统中断正常节目，竞相报道欧·杰拒捕潜逃的消息。

下午6点半左右，两名在加利福尼亚度假的人偶然目击一辆同艾尔·寇林斯的“野马”相像的吉普车，警方根据这两人的指点，终于在5号高速公路上跟踪上欧·杰与寇林斯。寇林斯通过手机告知警方：欧·杰手握手枪，有自杀意图，千万不得造次。换上个无名小卒，警察哪会管这些，少不得强行截车。无奈欧·杰不是无名小卒，十几辆警车居然乖乖听话，不紧不慢地跟在后头，外加数架警方直升飞机居高临下监视，其他车辆一概靠边停下，让欧·杰和警车先行。立交桥上的车辆本不相干，却也一字排开来权充观众。更有好事的，频频从车窗里伸出头来，向欧·杰挥手致意。如此这般的镜头通过全国的电视网络实况转播长达两个多小时之久，方才在欧·杰的私邸门前告一段落，任何国家元首来美国访问恐怕也休想如此风光。8点50分，欧·杰终于放下手枪，走下“野马”，让警察铐上手铐带往监狱。但凡案情不十分严重，或者犯人不大有逃走的机会或动机的案子，犯人在审判过程中往往可以以缴纳保证金的方法免于坐牢。欧·杰卷入两条人命的案子，再加上这么一跑，想要藉钱消灾自然是不可能的了。欧·杰从此成为洛杉矶中区监狱中的第4013970号，在监狱中一住就是474天，接连在牢房里度过47岁与48岁两个生日。

同纽约华尔街的投资银行一样，美国司法系统也是美国保守势力的中坚，摄影技术问世迄今已不下百年，照像机始终不准进入法院的衙门。报纸杂志以至电视新闻，都不得不凭藉画家的速描报道法庭内的状况。录音机的流行少说也有40年了，法院如今仍然雇用打字员作速记。近来个别法官对于电视摄影机网开一面，说“个别”，是因为并无统一规定许可电视摄影机进入法庭作实况转播，准不准完全操在当事法官之手，而大部分法官依然不准。幸而审判欧

·杰一案的法官伊藤属于不那么守旧的一小撮，从而使人有机会目睹这场所谓“世纪之审”的绝大部分过程。有人说：这场所谓“世纪之审”之所以能名副其实，也正因为有电视予以实况转播。这话显然极其有理，没有电视实况转播，这案子绝不可能造成同样的轰动。法官姓伊藤，听起来像个“小日本”。事实上，伊藤的确是美籍日人。虽然“小日本”也是一些中国人偏好的称谓，作者这里却是引用一位美国政客的说法。东方人在美国当法官的极少，这场所谓“世纪之审”居然由一位日裔法官来主持，显然让某些心怀种族偏见的美国人不舒服，曾经一度有意参加 1996 年总统竞选的纽约共和党参议员达马特就是其中之一。达马特公然蔑称伊藤为“小日本”，闹出一场不大不小的风波，公开道歉方才了事。不言而喻，蔑称时发泄的当是真情，道歉则是迫不得已。

无独有偶，不仅法官的身份不合常规，检察官的身份也有欠正统。首席检察官玛莎·克拉克不是男人是女人，而且是个女人味十足的女人，走起路来一步三折，摇曳生姿。史称东汉梁冀的夫人孙寿善为折腰步，向来不明所谓折腰步者究竟何所似，直到看到这位跳芭蕾舞出身的检察官走路的风姿，才算是有了实感。有些大男子汉对玛莎的折腰步极不入眼，以为有损法庭的尊严。次席检察官科里斯托夫·达旦是个黑人，黑人检察官倒不罕见，不过，科里斯托夫之所以入选恐怕并非偶然，欧·杰和欧·杰的首席辩护律师詹尼·柯卡融都是黑人，起用科里斯托夫，意在以夷攻夷？检方的用意自然瞒不过被誉为“梦之队”的辩护律师班子，詹尼·柯卡融等极力想把科里斯托夫排挤出局，无奈法官伊藤不肯，只得作罢。

在有种族与性别偏见的人看来，警察局方面的人选想必最为称职。警方的主要证人，警官马克·费尔曼，白，男，一副正气凛然的面孔。然而，这案件最后之所以以检方败诉而告终，不少人以为问题恰恰出在费尔曼身上。费尔曼的名字见报之后，立即风传此人是个种族主义份子。所谓无风不起浪，即使谣言无征，检方为避嫌起见似乎也不应该起用费尔曼作证。虽然没有人称检察班子为“梦之队”，料想检察班子也非同一般。无奈检察班子非用费尔曼不可，因为一切重要的证据，从欧·杰私邸院内的饱蘸血迹的手套，到欧·杰的“野马”吉普车上的血斑，统统都是费尔曼发现的。费尔曼在一次电视采访中大言不惭地声称：没有他马克·费尔曼，就没有欧·杰一案。话虽说得傲气，倒是不假。外人对于费尔曼是否真是种族主义份子并不清楚，检方和警方乃是沆瀣一气，自无不明之理。检方的错，不错在用马克·费尔曼，而错在以为可以掩盖费尔曼之为种族主义份子。在幕后对费尔曼施加一番训练之后，玛莎·克拉克故意在法庭上接连追问马克·费尔曼有无歧视黑人的观点，马克·费尔曼扮出满面春风的嘴脸，对玛莎·克拉克的问题一一否认，检方大概以为如此这般就可以澄清谣言而立于不败之地了。

“梦之队”果然是不同凡响，居然找到一位曾经采访过马克·费尔曼的女记者。该记者手上有费尔曼的谈话录音，据录音的记载，费尔曼公然宣称要把黑人统统烧死，可见费尔曼岂止是有歧视黑人的观点而已，简直是彻头彻尾的种族主义份子。于是，“梦之队”把费尔曼再次请上法庭。这一回，费尔曼不再是单刀赴会，而是带着一位律师。每逢詹尼·柯卡融发问，费尔曼就同律师一番交头接耳，然后由律师向法官伊藤说，费尔曼要求履行宪法第五条修正案给予证人保持沉默的权力。这里有两点值得一提：第一，并不是所有的州都允许证人履行这一权力，加利福尼亚凑巧是允许证人履行这一权力的州之一。换上别的州，费尔曼就极可能非得承认在法庭上撒了谎，从而使费尔曼的一切证词完全作废。而一旦费尔曼的证词作废，这案子恐怕就根本没有机会开审。第二，电视观众听到了费尔曼的录音全文，看到了费尔曼面对詹尼·柯卡融的盘问时要求保持沉默的尴尬，陪审团却没有。法官伊藤没有让陪审团出席，而事后又以录音全文不尽同案件有关为由，只允许陪审团听其中的一两句无足轻重的话。陪审团能看些什么，听些什么，权力完全操在法官手上，换上别的法官，陪审团就能无所遗漏，而费尔曼提供证据的真实度就会大打折扣。

中国人习惯了两千多年来的中央集权，对于美国各州法律上的差异往往诧异不解。美国人明白各州的加入美联邦是附带有条件的，而条件之一就是允许这种独立性，自然不以此为怪。令人费解的是，素以法治而非人治自豪的美国人何以会容忍法官有如此之大的权力？经多年的观察，美国人所谓的法治，其实还是人治，只不过法不出于政府强人之手，而出于法界强人之手。每逢举国上下有所疑难，比如人工流产是否合法之类，美国人往往并不走公民投票或立法修宪的途径，而是听任九名最高法院的法官投票解决。既要投票，足见这九名最高法界主宰的意见并不尽同。这九名最高法界主宰虽然如此高高在上，也还是难逃两鬓飘霜，老死之后须由新人顶替，换上来的新人的观点未必同老死退休者的意见相同。于是，每逢最高法院有人事更替，既经投过票的案件又往往须重新表决，从而可能推翻以前的判决。换言之，一切重大事务的合法与否，皆依最高法院的人选而定。

九名最高法院法官不由选举产生，而是由总统提名任命的。虽说任命之前须由国会同意，既经任命之后，总统无权管辖，但凡不如总统意的，休想入选则自在不言中。在里根总统任上凑巧有七名最高法院法官老死退职，七名新人都由里根一手包办。有人说，就此一举业已奠定里根总统在美国历史上的地位。由此可见，所谓法不出于政府强人之手的说法，也还不是没有商榷之处。

除最高法院的法官之外，上诉法院的法官对于法律的解释也意义重大。这是因为上诉法院的判决，可以被同类案件援引作为判决的依据。上诉法院不止一所，同一上诉法院也不免人事更替，不同的上诉法院法官对同类案件的判决并不尽同。于是，同样的案件就可以因为援引不同而得出不同的判决。

政府强人对法的间接操纵也不仅限于总统。若干年前有过这么一件案子：伊利诺依州某公司在其库房内存放有毒物品，库房的一个工作人员中毒而死，公司业主被控谋杀。堪萨斯的州长是业主的朋友，业主于是逃往堪萨斯州。各州警方均无权越州抓人，而伊利诺依州与堪萨斯州之间又恰恰不存在引渡关系，业主因而得以逍遥法外。事隔十年有奇，堪萨斯的州长竞选失利，新州长同业主无缘，上任伊始就将其驱逐出境，听任伊利诺依州将其捉拿归案。也是在伊利诺依州，还有这么一件案子：某女控告某男强奸，被告不认罪但被判25年徒刑。20年后原告良心发现，承认当年的控告诬陷不实，要求将被告平反释放。法院对此无异词，州长却不肯首。不肯首的理由何在？州长认为原告20年前的证词确实可信，而20年后的表白为弄虚作假。凭什么这么认为？就凭他自己的感觉。出于舆论的压力，州长最终同意放人，却拒予平反。不平反怎么释放？凭州长对法律的解释。20年前对强奸案的处刑过重，已经坐了20年牢，够了，不必有待刑满。举此两例，是见州长对司法的影响，较之总统有过之而无不及。

且说陪审团虽然未能有机会一睹马克·费尔曼的庐山真面目，却并未因此而影响判决的结果。根据美国的刑法，只要案情存在疑窦，就必须以无罪定案。在欧·杰一案中，可疑之点远不止一处。首先，犯罪学权威亨利·李指出案发现场显示凶手可能不止一位；受害者罗纳德身上的伤痕表明在死前曾同凶手有过一番激烈的打斗，而欧·杰身上却绝无同人搏斗过的痕迹。亨利·李从而告诉陪审团，案子不是像警方和检方说的那么简单，而是大有文章。其次，检方叫欧·杰在法庭上试戴警方在欧·杰院内发现的手套，结果手套太小，欧·杰的手戴不进去。第三，从警方估计的案发时间，到欧·杰出门上出租汽车，间隔过于短暂，欧·杰不大可能在如此短暂的时间内把一身收拾得一干二净。第四，警方声称在搜查欧·杰卧房时发现一只沾有血迹的袜子，而在搜查时拍下的录像却证明在警方进入卧房之初这只袜子并不存在。此外，有一系列的事例说明警方在处理案件的过程中极不谨慎，完全有可能忽略或破坏了证据。在审判过程中，尤其是当欧·杰在法庭上高高举起戴着据说属于凶手的手套，显示手套太小之后，不少律师都曾预言审判会以欧·杰无罪告终。可是到了10月2日，当法官伊藤在法庭上宣布陪审团仅用了三个多小时就已得出一致结论，判决将于次日上午正式公布之后，口风却出现逆转。检方在记者招待会上一个个面有得色，有些原本预测欧·杰无罪的专家纷纷改口。之所以会如此，据说是因为陪审团在法庭上宣布业已作出判决之时，回避正视欧·杰，行家们认为这是有罪判决的迹像。又据说因为根据以往的经验，快速的决定多倾向于有罪的判决。某位改口的律师事后告诉记者，他之所以改口，乃是因为得了内部消息。内部消息理应无误，如果不是此人撒谎，就一定是有人故意散布错误的消息。目的何在？如果在于制造轰动，那么，结果极其成功。

10月3日美国西部时间上午10点，美国举国上下出现一派异常的静止与期待。各电视网络统统中断正常的节目，各达官显贵也纷纷取消或推迟原计划的活动，甚至连克林顿总统也离开自己的办公室，跑到一间有电视的房间，唯恐错过这场所谓“世纪之审”的判决。无罪的判决传来，像是晴天霹雳，把成千上万守候在电视机旁的美国人震惊得呆若木鸡。《华盛顿邮报》上一次发行号外是因为尼克松总统因水门事件而辞职，《圣路易斯邮报》甚至不为水门事件所动，《圣路易斯邮报》上一次发行号外宣布的是第二次世界大战结束。两报却都在十月三日当天为欧·杰的无罪判决发行号外。举此一端，可见震惊的程度之深。克林顿总统当即发表一项声明，呼吁群众尊重陪审团的判决，可字里行间明显流露出对判决的不满，想是发表声明之时，尚未能从震惊之中完全清醒过来。

美国人向来以其陪审团制度而自豪，每逢陪审团的判决不尽如人意的时候，往往能泰然处之，摆出一副尊重制度的高姿态。欧·杰一案的陪审团既已一致得出无罪的结论，何以举国上下震惊到如此不能克制的程度？原来十二名陪审团成员之中，有十名黑人，白人仅得一位，另一名为拉丁美洲裔。如果陪审团成员的黑白比例倒过来而判决不变，美国人也许仍能安之若素。问题在于如果陪审团成员的黑白比例真的反过来，判决大概就会大不相同。据公布的民意测验，79% 的白人认为欧·杰是杀人凶手，而 72% 的黑人认为欧·杰清白无罪。一件同政治丝毫不沾边的刑事案搞成断然以种族划线的结局，可见美国黑白之间的鸿沟之深。种族矛盾不是本章的话题，姑且按下不表。其实，左右陪审团态度的岂止种族而已？政治观点、文化背景、经济状况等等的不同，都足以使人对同一案件持不同的看法，只不过这些因素不如种族那么黑白分明遂难以觉察罢了。

陪审团成员的遴选以就地取材为原则。“就地”的“地”，一般来说，就是案发之地。但是，倘若案情足以在案发地引起公愤，被告律师往往会要求转移审判地点，理由是当地人业已不能作出理性的判决。能否成功转移审判地点，并无条文依据，权在法官。由此可见，法官的一己之见，就足以决定陪审团的倾向性。根据法律，只有美国公民才有资格入选陪审团。然而，非美籍侨民收到初选通知的实例并不罕见，可见初选手续极其马虎。不过，初选之无所依循倒也无关紧要，因为还有复选在把关。复选由原告被告双方律师会同法官一起面试，凡是不如律师或法官意的，一概落选。好像是公允得无可指责。其实却不然。双方律师各执偏见自不在话下，法官的裁决也因人而异，并无统一的条例可循。此外，被唤去面试的人，凡有意入选者，难免不曲意迎合；凡无意入选者，难免不故意推托。某同僚向来服饰考究，某日却一反常态。为何如此？

因为刚刚从陪审团面试出来，因为不想入选，所以故意打扮得像个乞丐。衣着邋遢、口出胡言，是躲过入选陪审团的最简便的方法。预测审判所需的时间愈长，想方设法躲避的人也就愈多。原因很简单：有谁会愿意把大把的时间浪费在同自己不相干的案子上？再者，离职的时间长了，难保不丢饭碗。虽说充当陪审团是宪法规定的义务，雇主不得因此解雇。雇主难到不会寻找别的借口？在美国没有比保住饭碗更为重要的事，有多少人会愿意为了履行宪法规定的义务而甘冒砸破饭碗的风险？近乎无有。

综上所述，可见人的因素对陪审团的组成影响甚深。此外，钱在陪审团的组成上也扮演极其重要的角色。有人在事后问某位欧·杰的律师靠什么方法使黑人在陪审团中占如此绝对的优势？律师说什么法子也用不着，想不要这么多黑人都办不到。为何办不到？原因有二。其一，洛杉矶市的人口本来就黑众白寡，陪审团初选既如乔太守乱点鸳鸯谱，在劫难逃，黑人入选率高于白人理所当然。其二，开审之前一般预测审判会长达半年，凡是有良好职业者大都望而却步，而无业或者无正当职业可言者，黑人十居其九。复选面试既如姜太公钓鱼，愿者上钩，上钩者大都非白而黑，也是理所当然。此说不无道理，只是并非所有的陪审团都是如此组成的。上文提到的警察打人案，同样发生在洛杉矶，为何陪审团中却不见一个黑人的踪影？因为警察打人案的原告身无分文，由政府的律师提供义务服务。眼不见钱而秉公负责的律师不能说没有，只是可遇而不可求。警察打人案中的原告律师属于“吾从众”一流，听任被告律师一手包办而不予干涉。欧·杰既有大把的钞票，不仅聘有一流的律师，而且聘有一流的陪审团咨讯专家，对陪审团候选人逐一斟酌，检方在遴选陪审团上做不了手脚，这才能让陪审团自然组成。

陪审团的组成既受制于人，又受制于钱，陪审团制度之绝非尽善尽美已然可知。此外，陪审团的遴选欠缺文化程度的标准。比如，欧·杰审判案的十二名陪审团成员之中，仅两人受过大学教育。美国中等教育水平普遍低劣，名为中学毕业而实同文盲者多如过江之鲫。美国的法律又恰恰极尽深文苛细之能事，虽身经百战的律师，仍然难以游刃有余，如何能指望大字不识一斗的陪审团在聆听原告被告双方律师繁琐复杂的法律辩驳之后作出合法的判断？有些国家，比如法国与日本，没有陪审团制度，判决由多名法官组成的法官团作出。法、日等国的这套方法未必尽善尽美，但至少比一伙对法律一无所知的外行来作决定要高明一筹。虽说美国的案件大都由陪审团决定，被告其实有权选择不经陪审团而直接由法官定案。倘若被告如此选择，则案子的决定权就完全操在审案法官之手。与法、日等国由三名法官定案的制度相比，显然有欠周全。

欧·杰审判案以欧·杰无罪定案之后，有些人把这样的结局归咎于司法制度的腐败。头脑比较清醒的人士予以反驳，指出在整个审判过程中，无论是法官、检察官、还是辩护律师都不曾有任何非法舞弊行为，制度绝无腐败可言。至于制度本身是否合理，则完全是另一回事。有些人愤愤不平，说欧·杰审判案表明有钱就能逍遥法外，头脑比较清醒的人士也予以反驳，指出世道本来如此，从来如此，平心而论，如果收钱的是法官或陪审团，则的确属于“是可忍，熟不可忍”的范畴。然而事实上收钱的既不是操审判权的法官，也不是操判决权的陪审团，而是被告的辩护律师，若不肯忍，为之奈何？能使有钱者逍遥法外之弊并不在司法制度，而在于社会。有人说，如果欧·杰聘请的辩护律师是起诉的检察官，而起诉的检察官是欧·杰的辩护律师，则欧·杰必会成为阶下之囚。此话有如画龙点睛。在整个审判过程中，欧·杰的辩护律师的表现极其明显地高于检察官。何以会如此？因为检察官是公职，公职人员的薪水有限。律师是自由职业，收入的限度看自己的本事。于是，身手不凡的大都投入律师这一行，自奔前程，剩下平庸之辈充任检察官，吃大锅饭。例如，欧·杰的首席辩护律师詹尼本是检察官出身，对于检察官的几下功夫，早已深悉，叫检察官如何对付得了？

商业社会唯利是图之弊，在欧·杰审判案中发挥得淋漓尽至。欧·杰审判案是一件人命关天的案件，但这并不妨碍生财有道的美国人视之为奇货可居。法庭外每天都有商贩兜售有关案件的纪念品，从印有 32 号（欧·杰打橄榄球时使用的号码）的遮阳帽，到以警车在高速公路上追逐欧·杰为背景的手表，五花八门，应有尽有。具备商业头脑的不止专业商人，上自洛杉矶市政府，控方检察官，下至陪审团成员、证人、被告本人，以至死者家属，无不企图利用案件发财。市政府的生意眼，是在法庭外高价征收停车费。因前来采访的记者每日数以百计，洛杉矶市政府的这笔额外收入竟然高达 170 万美元。两位主要检察官玛莎和科里斯托夫均以工作量增加为由，要求增加薪水。一名陪审团成员因故被开除后，随即出版一本题为《欧·杰陪审团成员私记》。另一名陪审团成员暗中记录审判幕后细节，为事后出书作准备，遭揭发后被开除。尼蔻生前的女友芮斯尼克除上法庭替检方作证之外，急急忙忙请人捉刀，撰写她同尼蔻的私交，耸人听闻地名之曰《夭折志秘》。案发时寄居欧·杰篱下的食客柯林也在出庭作证之后，将其所知出售给某职业作家，写成一本《真像》。欧·杰本人也在狱中撰写《听我一席话》，公开声称出书不仅旨在自我辩护，也在于挣取稿费以支付律师费用。案子了结之后，玛莎、科里斯托夫，以及欧·杰的律师詹尼等立即同出版商签署从 100 多万到 400 多万美元不等的出书合同。詹尼早已身家千万，增添几百万元只不过锦上添花，原本收入不过中上的玛莎和科里斯托夫，则均因发了这笔横财而递上辞呈，挂冠而去。两死者的家属也不止于对欧·杰的无罪判决忿忿然而已，双双聘请律师以民法控告欧·杰，向欧·杰索取巨额赔偿。一件案子居然可以创造出如许发财致富之道。

4 教育简介

4.1 是学校？还是托管所？

美国实行十三年义务教育，幼儿园一年，小学六年，中学六年。幼儿园往往附设在小学之内，其实已是小学一部分，只是还保留幼儿园的名字而已。中学有初中高中之分，但年级的称谓却不是从初一到高三，而是从七年级到十二年级。美国的中小学教育情形如何？有人说只消看两项统计数字就够了。数字之一，不敢上学的学生日平均 16 万。数字之二，带枪上学的学生日平均 13 万。ABC 电视新闻杂志节目“最佳时间”（Prime Time）对科罗拉多州某市区的一所中学作过一次专题报道，对数字不敏感的人，也许能从这份报道中获得更加清晰的图像。这份专题报道内容颇为充实，恕不能在此一一复述。姑举其中两个片段以见一斑。片段之一，校门口校警林立，如临大敌，手持雷达探测器的校警挨个将学生周身上下检查。摄影镜头从大门移向一个窗口，一名男生正匆匆往窗里塞一个纸包，另一名男生从内接应。纸里包的是什么？无从得知。但既是不能走大门，想必是通不过雷达探测器检查的物品，非刀即枪。在此以前在其他电视新闻节目中看到过纽约市某中学校大门口的情形，大体雷同，不同之处是纽约市的那所学校除有校警把关之外，还敷设有钢丝网，俨然像一座监狱。这里倒还没有那么恐怖。片段之二，教室内两三个男生传递篮球，三四个女生交头接耳，其余拳打脚踢，搂搂抱抱，喝水抽烟，谈天说地，挤眉弄眼，发呆打盹者不一而足，唯独没有正襟危坐，读书写字的。老师在堂上的交椅中高翘二郎腿，闭目养神，眼不见为净。较之文化大革命中复课闹革命时教室内的混乱与不成体统，有过之无不及。

学校的情形既然不堪如此，16 万学生逃学委实情有可原。就理论而言，逃学在美国是犯法的，法律责任由家长承当。就实际而言，家长因子女逃学而吃官司的事例并不多见，可能是因为认真负责到把逃学学生的家长一一告上法院的学校为数甚少。既是说并不多见，则并非根本不存在。某地某女学生多次逃学，校方报告法院，法官将逃学学生之母传上法庭，责以不教之过。其母说女儿身上自有腿，女儿往哪跑，实在管不着，别说女儿不上学莫奈何，女儿常常夜不归家，也无办法。法官于是勒令用一条锁链把母女双双锁在一起，锁匙由母亲掌握，除去上厕所、洗澡、睡觉，不得开锁。换言之，母女得锁在一起双双一同出入教室。被唤上法庭，锁以锁链的为什么不是父亲？新闻报道只字未提。中国的传统文化有“养不教，父之过”之说，责父而不责母，当是重男轻女的传统在作怪。美国的传统恰好相反，视子女的教育为女流之末事，大男子汉不屑为之。这位法官责母而不责父，未知是否美国传统？

这位法官的判决不可不谓别出新裁，但显然不足以为法。别的不说，试问如果其母有工作，将作如何处理？更进一步说，如果逃学的学生有父而无母，而其父又恰恰身为当今之总统，难道也要总统天天锁上锁链上学校不成？虽然不足法，倒是不失为一场笑剧。下面要提到的另一个例子却难免不令人掉泪。逃学的也是个女生，有母无父，母亲是超级市场的售货员。每逢女儿逃学，法官就以管教不严的罪名判其母入狱若干天。蹲在监狱里不仅更加无法督促其女上学，而且因为丢了饭碗，使其本来就穷困的生活更加苦不堪言。同样的犯法，判决可以如此不同，于此也可见美国法制远非健全。

两位法官都可以说在执行义务教育法上不遗余力，问题在于：如此执法，究竟对于教育有何意义可言？能强行将学生押送学校，并不等于能强迫学生“学而时习之”。有位朋友说，法官绝不会天真到缺乏如此浅陋的常识，只是如我之辈天真地以为强迫青少年上学校的目的在于教育，其实是在于社会治安。换言之，学校不过是减少青少年上街为非作歹的时间的临时托管所。前不久，电视上报道一件好人好事。说的是某地一个黑人利用学校场地义务组织夜晚篮球陪训班。被歌颂的好人以及记者，异口同声地将此举的功劳说成是减少了青少年上街为非作歹的机会。可见持类似意见者，还真不乏其人。

如果美国的中小学大都如“最佳时间”所采访那一所，那么，把美国的中小学说成是为减少犯罪而设的临时托管所倒也不能说是诬蔑。不过，事实上这样的学校只代表市区的公立学校，私立和郊区的公立学校的情况迥然不同，而美国的城市人口除纽约、芝加哥等大都市外，大都分布在郊区，所以，上“临时托管所”的中小学生大约不足中小学生总数的一半。市区内的公立学校不曾涉足，据电视上看到的情形，大都屋舍破败，设备残缺，环境萧条。身历其境的郊区公立学校则不下十余所，其中一两所曾经每周必去两三次，因为家有两千金双双参加游泳训练班，其日常训练和比赛都使用公立中学的室内游泳池。学生平日上下学有校车接送，像游泳这类的课外活动，则须劳驾父母开车自行接送。身既为父母之一半，是以少不得要往学校跑。

但凡作者去过的郊区公立学校，一概室外草木如茵似锦，室内冷暖二气俱全。地上的铺设非地毯即瓷砖，墙上的涂抹非墙纸即油漆。即使是小学，也有颇具规模的图书馆，电脑房，以及供篮球、排球、体操等用途的多功能体育馆。高中更有室内游泳池、室外网球场、足球场、棒球场、橄榄球场以及接近专业标准的田径场地和跑道。同为公立学校，为何在市区者同在郊区者的物质条件相去如此之远？一言以蔽之曰：在于贫富的隔离。公立中小学的经费有相当一部分来自学区所在地的财产税和教育税。美国的学区，是中国没有的一种教育行政区划。市区的学区往往同市区的范围相吻合，郊外的学区则往往跨越多所小型市镇与县属地段。美国的富有及中产阶级之家大都居镇、居县、而不居城，所以郊区的财产税收往往可观。城里的居民大都属于穷困户，不拥有财产，因而城区的财产税收经常是微不足道。教育税是一项特别的税收，征多征寡由学区居民投票决定。美国的家庭收入基本上同家庭的教育程度成正比。换言之，教育程度高的也大都居镇、居县、而不居城。一般来说，教育程度愈高者，愈重视教育，也愈倾向同意征收教育税。反之，教育程度愈低者，愈不重视教育，也愈倾向不愿征收教育税。这两项因素加在一起，遂使郊区学区远较市区学校经费充足。中国有上行下效之说，放之美国亦然。大凡做父母的重视教育，做子女的也会有志于学。一般来说，在郊区的公立中小学就读的学生大都循规蹈矩，安分上课，同“最佳时间”所报道的情形判若天渊。

美国的家庭收入不仅基本上同家庭教育程度成正比，也基本上同种族构成一定的关系：白人家庭收入长期以来最高，最近方才被亚裔超越，拉丁美洲裔居第三，最下为祖籍非洲的黑人。亚裔在美国所占比例微不足道，拉丁美洲人移居美国者日益增多，有超越黑人，成为美国最大的少数民族之势，不过，毕竟是将来之事。就历史和目前而言，黑人既是为数最多的非白人种，也是收入最低的人种。因此，美国贫富的隔离又同时表现为黑白之间的种族隔离。

至于黑白的种族隔离为什么表现为黑居城白居郊的格局，那还得从一桩有关教育的公案谈起。1954 年以前，美国普遍实行黑白隔离的教育制度。这种制度的合法性基于 1896 年美国最高法院对“佩雷斯对傅克荪案”的裁决。裁决声称种族隔离的措施并不一定意味着种族歧视。当时持不同意见的最高法院法官哈兰就指出这种说法不过是欺人之谈。然而，这欺人之谈却足以使黑人在所谓与白人平等之后仍不得与白人同校就读的制度维持了半个世纪之久。1954 年堪萨斯州首府托陪卡市黑女童琳妲·布郎申请就读该市一所公立白人小学，遭到拒绝之后控告托陪卡市教育局实行种族歧视的政策。这件被称之为“布郎对托陪卡市教育局案”的官司一直打到最高法院。这一回最高法院的法官们打了 50 多年前的前辈们一个耳光，宣称种族隔离的教育制度有违宪法关于平等待人的原则，必须立即停止。

美国的城市居民本来以白为主，二次世界大战结束以后，大量黑人拥入城市寻求就业机会，不愿意同黑人共处的白人开始逃往郊区。不过，由于存在种族隔离的教育制度，仍有不少白人留在城里。“布郎对托陪卡市教育局案”的裁决终于使绝大多数当时仍然居城的白人迁居郊区，把城里原本专为白人而设的学校连同本来专为黑人而设的学校一起，统统让黑人全部占领，使城里的学校全部成为以黑人为主的学校。郊区的生活费用高，大部分黑人负担不起，不能步白人的后尘迁往郊区，从而使郊区的学校成为以白人为主的学校。“布朗对托陪卡市教育局案”的裁决本来旨在创造黑白混融的教育环境，结果只是终止了种族隔离的教育制度的合法性，却并未能终止黑白种族隔离的事实。有鉴于此，最高法院于1971年颁布一项美国人惯称之为“busing”的法令。“busing”亦作“bussing”，专指联邦法院有权采用校车接送部分居住在城区的黑人学生前往郊区学校就读的法令，姑译之为“校车法”。

校车法颁布之初在白人中间曾引起极大的不满，以至政府不得不多次出动警察弹压白人的示威。在地方政府拒绝合作时，还得靠联邦政府出动军队，俨然像一场内战。为缓和白人的敌对情绪，1974年最高法院从原有的立场稍稍后退，在对“密利肯对步莱德理案”的裁决中宣称：如果郊区学校以白人为主的现像不是由非法的隔离政策造成的，则联邦法院无权强迫郊区学校接受城区的黑人学生。事隔30年有奇，事态却有了意外的转折。如今一般白人虽然仍不愿与黑人为邻，但对于其子女就读的学校之中夹杂几名来自城区的黑人大都持容忍态度。现在带头反对校车法的不是白人，反倒是一些黑人领袖，所据理由是，校车法隐含着认为使黑人混入白人社会就会提高黑人素质的种族歧视的观点。根据校车法，郊区学区每接受一名城区学区的学生，地方政府须给予郊区学区一笔借读费。不少郊区学区行政当局舍不得丧失这笔收入，反而四出游说立法机构，唯恐终止这项法令的执行。根据哈佛大学的调查，目前学区种族隔离最为严重的五个州为纽约、加利福尼亚、密西根、伊利诺依和密西西比，其中以纽约州的情形最为糟糕，只有15%的黑人学生就读以白人为主的公立中小学。同一份调查报告指出，学区种族隔离最不严重的五个州为肯塔基、内华达、内布拉斯加、堪萨斯和俄克拉荷马。其中以肯塔基州的情形最好，黑人学生就读以白人为主的公立中小学的比例高达96%。

值得一提的是，恰好是在肯塔基州最大的城市路易维尔，市教育委员会中唯一的黑人委员不以校车法为然，要求重新审查校车法的价值。真是所谓三十年河东，三十年河西，不知从何说起。小女在上小学一年级时，班上就有一名根据“校车法”从市区学区来借读的黑女童。为了能赶来远离市区的学校上学，小小年纪每日天还不亮就得起床。每逢学校有春游一类的活动，则从来不曾参加，因为缴不起区区几块钱的活动费。听小女说起这位同窗，已是多年前的事了，现在提起来，仍不能不令人心酸。

有人说学区行政当局整天忙于校车法这类政治是非，遂使美国中小学的教育质量每下愈况。这说法是否有道理，从未作过研究，不敢妄下断语。不过，美国今天的中小学教育水平即使仅以郊区的学校而论也远欠理想，倒是真的。美国中小学教师大都具有大学学士学位，不少兼有教育硕士学位，学生学习质量欠佳显然不能归咎于师资水平不够高。以作者的观察，其主要原因有四。原因之一，过份强调个人或个性的价值。学生无论品德优劣，能力高低，无不趾高气扬，踌躇满志，以为老子天下第一。

原因之二，过份强调创造与理解，忽略记忆与练习的重要性。小学二、三年级的学生，大字不识一斗，加减乘除还在掰手指头，就侈谈发明创造。师生均以理解为满足，不明熟能生巧之道，家庭作业近乎无有。

原因之三，重音体美而轻数理化。音乐、体育、美术的活动搞得如火如荼，数学、物理、化学的教学乏人问津。

原因之四，有钱有势人家的子女大都就读私立学校，如何提高公立学校的教育水平提不起有钱有势者的兴趣。凡是有钱有势者不感兴趣的公共事业，在美国休想成功。有钱有势而不搞特殊化的当然也有，最为人所熟知的例子是卡特在就任总统之后仍把女儿送往公立中学就读。不过，像卡特这类的天真汉毕竟不多，更多的是像克林顿总统夫妇一流，飞黄腾达之后不再能安于贫贱。克林顿夫妇在竞选时侈谈公立学校并不比私立学校差，一旦当上总统，却立刻把女儿送进首都哥伦比特亚区达官显贵子女云集的私校。面对 CNN 电视记者赖瑞·肯的质问，克林顿先生面红耳赤，顾左右而言他，可见羞耻之心犹有存焉；克林顿太太则面不改色，大言不惭地声称上私校是女儿自己的选择，做父母的不能有所干涉。赖瑞·肯在结束采访时不无挖苦地反问：在美国能有多少学生能够如此有幸地选择学校？

公立中小学免费而且没有入学考试，只问是否住在学校所辖地区，不问品学优劣。私立中小学学费高昂，而且往往择优录取。私校的水平如果不比公校好，势无存在之可能。凡是声称私校并不比公校好的说法均属欺人之谈。除去公立和私立的学校之外，还有基督教或天主教办的教会学校。教会学校不免费，但学费不及私立学校高，中产阶级尚可负担得起。一般说来，教会学校的学习成绩也是介乎私校与公校之间。与公私两校皆不同的是，教会中小学中的学生少不得要读《圣经》，因而使大多数非教徒为之却步。美国施行政教分离的政策已久，公立学校既是政府的一部分，因而也不例外，读《圣经》或做祷告一类的事情在公立学校中本是早已禁止之举。近年来基督教和天主教的保守势力抬头，抨击禁止在公立学校中祷告侵犯人权，有违宪法。克林顿政府面对这一挑战，模棱两可，听任各州行政当局自行处理。坚决反对把宗教搞进学校的也不乏其人。某公立中学语文老师叫学生写篇历史人物传记，有学生问是否可以写基督，老师曰否，学生固执己见，照写不顾，老师判予零分，学生不服，上告学校当局，校方支持老师，学生上告法院，法官以无权干予学校教学为理由，拒不受理。

近来美国新闻媒介时时忧心忡忡地指出美国中学生的学习成绩赶不上西

欧，远不如日本，以为长此以往，美国的工商业产品将颇难在世界上与人竞争。如此担忧不是没有理由的，因为美国工人的学历大都止于中学，中学教育质量低劣的直接后果之一，是工人的知识和文化程度低下。低到什么程度？某公司人事部门指出，80%前往申请就职的人竟然不会填写简单的申请表。举此一端，可见一斑。有意思的是，在同外国进行比较时，从来不曾提到过中国，大概是以为中国属于第三世界，不屑一比。前几年有人从国内来信，说是国内的教科书质量太低，委托代为购买美国的中学数学教科书，可见国内也有人误以为美国的中学教育质量比中国高明。作者在回信中告诉这位朋友：第一，美国的中小学教科书是非卖品，开学时由学校发给学生，学期结束时还给学校，连旧教科书也无从寻觅。第二，美国不像中国，没有统一教材，甚至在同一所学校，不同的班也可能选用不同的课本，根本不存在美国教科书一说。第三，一般来说，美国中小学的智育质量远不如中国，数学水平尤差，而尤差的主要原因正在于教科书的编写大有问题。所以，即使买得到美国的数学教科书，也实无购买之必要。此信既去之后，渺无回音，想是以为作者借故推托，遂同作者绝交了。

美国大约有一半的高中毕业生就读大学。之所以说“就读”而不说“考入”，是因为美国并不存在像中国那样的高等学校入学考试。大学录取新生主要凭的是SAT-I或ACT的考试分数，以及高中一、二年级的成绩。美国大学录取通知早在高中毕业之前就已发出，高中三年级的成绩因而不在审查之列。SAT-I和ACT分别是Scholastic Aptitude Test和American College Testing的省称。ACT不及SAT-I普遍，似乎只流行于南部和所谓“Midwest”一带。“Midwest”直译作中文为“中西部”，而事实上却指美国中心的几个州。美国人之所以习惯称位处中心的芝加哥和圣路易斯一带为中西部，是因为美国的历史以如今的东部为中心，类似于中国人习惯称同样位处中心的兰州地区为西北。SAT-I勉强可算是全国性的统考。之所以说“勉强”，是因为考试并不在同一个时间举行。美国从东到西有四个时区，而不是像中国那样统一使用北京时间，最东部时区考试进行三个小时之后，最西部时区的考试方才开始。SAT-I和ACT也不是一年一度的考试，考生可以在多次考试之中任选一次或多次。既有多次，题目自然不同，但成绩却一视同仁。凡参加多次考试的，据说以最好成绩为准，可是每次考试的成绩都须呈报，因而不能不令人对此存疑。无论是SAT-I还是ACT，都不是像中国的高考那样对中学所学各科作一次总的检验，而是只考英文和数学两门。数学部分的题目以初中三年级的内容为上限，浅易到令人难以置信。对于以英文为母语的人来说，英文部分的题目也绝谈不上难。

各大学对SAT-I或ACT的分数要求不一。最好的和最差的大学往往不公布最低分数要求。公认一流而不公布分数要求的包括哈佛大学。这类学校之所以不公布分数要求，为的是开后门。一位哈佛大学毕业的美国朋友告诉作者：上哈佛这类学校的有两种人，一种是凭本事从前门进去的，另一种属于世世代代上哈佛的家族，比如，哈佛出身的前总统肯尼迪就属于这样的世家，耶鲁出身的布什父子总统也属于这样的世家。这类人家的纨绔子弟大都没有本事走前门，非开后门不得其门而入。这些世家凭什么令哈佛这样的学校如此买账？凭手里有向大学巨额捐款的账单。至于最差的大学为何不公布分数要求，自然是不好意思说出口，其实是没有底线可言，考不考 SAT-I 或 ACT 一样录取，说要看 SAT-I 或 ACT 的成绩，不过是做面子的官样文章。旨在衡量某专一学科的考试在美国称之为 Achievement Test。数学、物理、化学、英文等各科均有，统名之曰 SAT-II。不过，这类考试并不是必考的，绝大部分大学也不用来决定录取与否，而仅用来决定学生既经录取之后是否可以免修某些基础课。

考试虽然绝谈不上难，想要进入一流大学却也并不容易。首先，被录取不易，想要获得奖学金就更难。SAT 既然容易，分数考得高的自然大有人在，比 SAT 比不出高下，比中学的成绩，比中学的质量，比学业以外的本事，比父母是否是校友，比面试时的应对功夫。此外，还得看种族和性别。从 1972 年起，各大学都在联邦政府的要求下实施一项称之为 affirmative program 的措施，旨在制止大学录取学生时歧视非白人种和女性的倾向。在实行过程中，affirmative program 演变成配额制，每个学校都得定下一定的名额给少数民族和女性，否则难免不被指为种族或性别歧视而惹上官司。所谓少数民族，本来是包括华裔在内的，可能是因为华裔上大学的比例太高，上一流大学的比例尤高，华裔近来竟然被各大学不成文地归入白人一伙，成了不利条件。配额制近来频遭白人攻击，被指为违反宪法与种族歧视，能否继续下去，颇成疑问。其次，录取了还要读得起。美国一流大学绝大部分是私立的，私立的一流大学的学费大都接近 4 万美元一年，加上生活费用，一年的开销少说也得 6 万，绝非中产阶级所能负担得起。美国联邦政府提供教育贷款，利息较低而且在校就读期间不计利息，条件不能说不优惠。不过，贷款额有限，而且终究要连本带利归还，尚未就业就背上一身巨额债务总不是滋味，因而不少人即使被录取，只因没有奖学金也只好弃权。近年来，普林斯顿、哈佛、耶鲁、布朗等大学先后施行对低收入家庭子女免费或减收学费的政策，自然是出身低收入家庭的优秀学生的福音。不过，能这么做的大学极少，因为绝大多数大学没有如此的财力。

4.2 留学与学留须知

收入不高的美国人或居留美国的外国侨民可以申请联邦政府的教育贷款，也可以半工半读。这两个法子对外国留学生均不适用，因为外国留学生既无资格申请联邦政府的教育贷款，也没有打工的权力。外国留学生若不能靠自费，就只能靠奖学金。中文笼统地称之曰奖学金的财源，其实并不止一种，在英文中也各有不同的名称。颁发给大学生的，称之为 scholarship。颁发给研究生的，若接受者无须做任何工作，则称之为 fellowership，若接受者须协助其导师教课或从事研究，则称之为 assistantship。Assistantship 似乎只是在大学里流通的词汇，一般字典尚不收录。除去名称和性质的不同，来源也不一。有直接由学校颁发的，有由基金会、公司和社团提供的。Fellowership 基本上只给予文科的研究生，assistantship 基本上只给予理工科的研究生，商学院和医学院的 fellowership 基本上只给予 Ph. D.，而不给予 MBA 或 M. D.。由基金会、公司和社团提供的奖学金种类繁多，条件不一，有些甚至稀奇古怪到找不到合适人选而给不出去的地步。

某报曾刊登过一篇谈奖学金的文章，说奖学金固然不易申请到，如果懂得诀窍，难度也有可能大大降低。诀窍何在？在于不放过任何机会。一般人仅寻求大学颁发的，或知名度高、给钱多、不具有特别条件的奖学金，不谙人弃我取与积少成多之道。该文举出一名女学生为例，此女生成绩平平，其他方面亦无过人之处，但在申请奖学金上锲而不舍，数目小至几百元的也不放过，明知条件不合的也照申请不误，填写的申请表与为满足要求而撰写的文章数以千计，结果总共申请到为数 40 万美元的奖学金。

这位女学生的手法只不过有投机之讥，走旁门歪道的也不乏其人。美国国防部颁发一种奖学金，不仅负责支付学费，而且提供生活费用补贴，条件是在校时须接受军训，毕业之后必须在部队服役若干年。学费昂贵的私立大学华盛顿大学是有这种军训班的大学之一。该校有一名靠国防部奖学金入学的学生临毕业时，向其军训教官坦白，说他发现自己有同性恋的倾向。美国部队拒不接受同性恋者，该生于是用不着履行毕业之后入伍的义务。事隔不久，在同一所大学又有另一名学生如法炮制。这回国防部心有不甘，要求该生退赔全部奖学金。官司打到法院，结果以国防部败诉告终。判决的理由是：该生并未违反奖学金的条件，而是国防部自己不允许他履行毕业之后入伍的义务。

据 2005 年的统计，美国总共有大专院校 4,140 所，在数量上居世界第二位，比居首位的印度少了 3,000 所左右，不过，美国人口只有印度的四分之一。若按人口比例来计算，则美国反而可说是遥遥领先。在 4,140 所大学之中，四年制大学的仅 1,874。剩下的是两年制的专科，因英文的名称为 community college，中文有译作社区大学的，未见其妥。所谓四年制和两年制其实不是一种准确的说法，因为美国的大学实际上遵循的是学分制，修满学分，不论读了几年皆可毕业；反之，学分未修满，无论读了几年也不能毕业。要多少学分才可以毕业，并无统一规定，几个小时算一个学分，也无统一规定，所要求的学分须在几年之内修满，仍是没有统一规定，一概由各学校自作主张。绝大多数四年制大学的学生直接从中学毕业生中录取，大都是专职的学生，凡是能毕业的，不少能在四年之内修满学分，但用六年甚至更长时间才读完的也不乏其人。至于两年制的专科，有不少以夜校部为主，因有相当比例的学生为半工半读生，一学期大都仅修课一、两门，中途还极可能因故暂停，用多少时间读完就很难说了。传统的学制一年分两个学期，暑假接近四个月，寒假一个月。非传统的学制一年分春夏秋冬四期，春秋冬三期为常规学期，暑期照常开课，有的学校甚至又分暑期为两学期。这种学制据说为芝加哥大学首创，虽说是非传统，其实由来已久。这种学制的优点是，勤奋而聪明的学生可以马不停蹄，一气哈成，提早毕业。缺点是每个学期都像短期突击集训班，懒散或迟钝的学生招架不住。

美国的大学有 university，college，institute 和 school 等四种不同的名称。School 大都用来称呼独立的医法商或艺术院校，比如，芝加哥美术学院（School of the Art Institute of Chicago），朱里亚音乐学院（Juilliard School）。Institute 大都用来称呼独立的理工院校，最着名的有麻省理工学院（Massachusetts Institute of Technology）。也有用来称呼艺术院校的例子，比如，旧金山美术学院（San Francisco Art Institute）。普通大学大都称之为 university 或 college。二者的区分在于前者有 graduate school 而后者大都没有。但也有例外，极有名气的 Dartmouth College 虽有 graduate school，依旧使用 college 这名称。

大学本科称之为 undergraduate school，graduate school 为 undergraduate school 的毕业生而设，译为研究生院或简称之为研究院并不十分妥当。因为美国的 graduate school 并非都同学术或研究有关，也包括医法商科的 graduate school。医法商科的 graduate school 也通称为 professional school，以别于一般的 graduate school。工科各系也不予传统学术之列，所以，大多数大学也专设有工学院（school of engineering 或 college of engineering）来管辖工科的大学本科和研究生院。

由大专授予的学位称之为 associate degree。由大学本科授予的学位称之为 bachelor 或 baccalaureate，相当于中国的学士学位。研究生院授予 master、doctor 两种学位，中国称前者为硕士，后者为博士。Bachelor 有 Bachelor of Arts 与 Bachelor of Science 之分。前者简称为 B. A. 或 A. B.，后者简称为 B. S 或 S. B.。中文一般将前者译作“文学士”，后者译作“理学士”。这两种译法都不怎么妥当，Bachelor of Science 可以授予工科毕业生，不限于理科；arts 在此用作 liberal arts 之意，而 liberal arts 不仅包括文科，而且包括理论科学诸如数学，物理，化学等在内。数学，物理，化学专业的大学毕业生既可以是 Bachelor of Arts，也可以是 Bachelor of Science，视学校的传统习惯而定。有的大学数理化等学科同时存在 Bachelor of Arts 与 Bachelor of Science 两种学位，不过前者要求的专业学分低于后者。凡是仅有文理两科的大学也被称之为 liberal arts 大学。多年前在香港的《大公报》上看到一篇文章，说某某人在美国读“自由艺术”大学。想是望文生意，错把 liberal arts 理解成“自由艺术”。如果该文谈到的某某人读的是美术系，倒是不失歪打正着，若是进修数学，物理或化学，那就难免为笑柄了。

同 bachelor 的情形相同，master 也有 Master of Arts 和 Master of Science 之分。前者简称为 M. A. 或 A. M. ，后者简称为 M. S 或 S. M. 。出于同样的原因，把 Master of Arts 与 Master of Science 译作“文科硕士”与“理科硕士”，也同样有欠妥当。除去 Master of Arts 和 Master of Science 之外，值得特别一提的硕士学位有企业管理硕士和美术硕士，前者英文作 Master of Business Administration，简称为 MBA；后者英文作 Master of Fine Arts。简称为 MFA。有些商学院和美术系或艺术院校也授予 M. S. 或 M. A. 学位，这类 M. S. 或 M. A. 虽然同为硕士，资格却低于 MBA 或 MFA。MFA 是美术这一行的最高学位，上面不再设有博士学位。MBA 也是企业管理的最高学位，虽然有少数商学院设有博士学位，但其宗旨在培养大学师资，不以企业管理为的，一般也不称之为 Doctor of Business Administration，而泛称之为 Doctor of Philosophy。

Doctor of Philosophy 是最普遍的博士学位，简称为 Ph. D. 。Philosophy 在此泛指一切学术，并不专指哲学，哲学博士固然是 Doctor of Philosophy，数学、物理、化学、历史、文学、经济、地理博士也是 Doctor of Philosophy。有些学校称工科博士为 Doctor of Engineering，以别于其他的博士，但更多的学校并不多此一举，同样名之曰 Doctor of Philosophy。美国的博士文凭照例只印上 Doctor of Philosophy 的字样，并不标明专业，仅看文凭根本无从得知其专业为何。医学和法学博士则例不与 Doctor of Philosophy 混同。医学博士称之为 Doctor of Medicine，简称之曰 M. D. 。凡毕业于医学院而获 Ph. D 学位者，均系从事生物或病理研究的学生而不是医生。法学博士称之为 Doctor of Laws，简称之曰 LL. D. 。之所以不简称之曰 L. D. ，可能是不想同简称为 Ld 的 Lord 混淆。法学博士也简称作 J. D. 。J. D. 来源于拉丁文 Jurum Doctor。

美国大学毕业生就读研究生院的人数视经济情况的好坏而定。经济情况好，就业机会多，上研究生院的人数就少；经济情况不好，就业机会少，上研究生院的人数就多。就这种意义而言，研究生院是大学毕业生免于失业的避风港。至于 post doctor（国内称之为“博士后”），并不是个学位的名称，除去生化博士有当 post doctor 的习惯之外，其余各专业的 post doctor，统统是找不到工作的博士的失业避风港，在履历上增添 post doctor 这么一条绝不是什么光采之事。中国的博士按说不应有失业的现象，却也在大谈“博士后”，看来是把

post doctor 错误地理解为高于博士的学位。港台有人称 post doctor 为“超博士”，显然也是出于同样的误解。大部分学术性研究生院要求申请者考 Graduate Record Examinations，简称 GRE。医学院要求考 Medical College Admission Test，简称 MCAT，法学院要求考 Law School Admission Test，简称 LSAT，商学院要求考 Graduate Management Admission Test，简称 GMAT。此外，还有十六种考试以分别检验申请者在生化、生物、化学、电子计算机、经济、工程、地质、历史、物理、文学、数学、音乐、政治学、心理学、教育学和社会学领域的专业水平。并不是所有的研究生院都要求这种专业考试的成绩，不过，凡是想申请奖学金者，都以应考为宜。

这一系列的考试，连同上文提到的 SAT，以及不以英语为母语的外国留学生需要通过的 Test of English as a Foreign Language，简称 TOEFL，都是美国教育测验服务处（Educational Testing Service，简称 ETS）制作的。ETS 与普林斯顿大学、普林斯顿高等研究院为比邻，不过同二者均无瓜葛。作者初来美国时，一位从台湾来的同事神乎其神地同作者谈起 ETS，说什么 ETS 制作的考试题都是科学化的，卷子不用人阅，而是送交电脑处理，保证精确而公平云云。当时作者对美国的了解甚少，对电脑的认识近乎空白，听了此人的一席话，还真以为美国在继工业革命之后又经历了一次知识测验革命。后来才知道这些考试与传统的考试之不同，不过是由考生在印好的四五个答案中挑选一个。所谓用电脑阅卷，不过是让电脑识别铅笔在卷子上涂抹的黑点。这样的考试其实远不如传统的考试更能测出应试者的水平，不过省了请人看卷子的费用而已。如今 GRE 等考试可以在电脑上进行，弃沿用了近两千年的纸笔而不用，从考试工具这一点来看，倒是堪称为一场革命。

同大学本科一样，研究生院也实行学分制。一般来说，硕士课程为期两年，博士课程为期四年，法学博士课程为期三年。有些学校的硕士班要求撰写论文，有些则可以用增修课程的办法代替论文。除法、医两科之外，其余的博士生都非撰写论文并通过论文答辩不可。理工科的论文是否合格，标准比较客观，文科则全凭审查委员会委员的眼光。修完科程，通过资格考试之后须在几年内通过论文，有的学校有严格规定，届时论文出不来，资格考试作废，甚至已修课程也得重来。有的学校则毫无规定，一切由导师作主。导师是审查委员会的必然委员和最关重要的委员。如果导师认为论文还不成熟，则根本没有通过的机会。导师和研究生的关系是双方自愿接合的。水平高的学生不难找到有名望的导师，有名望的导师也不愁找不到水平高的学生。在找寻导师时必须格外慎重。一般来说，研究生的奖学金是从导师得来的，学成之后还得靠导师的推荐信才能找到工作，因而导师不仅是研究生读书时的衣食父母，而且在很大程度上决定研究生毕业之后的前途。

论文审查委员会一般由三至五位教授组成，导师以外的委员由研究生自己找。这些委员虽不及导师重要，却也绝不可掉以轻心。吹毛求疵的不能找自不在话下，同导师关系不融洽的也在不考虑之列。在普林斯顿大学见到一位读中国历史的女性博士研究生，写论文不知写了凡几年，直写到两鬓飘霜，满面憔悴，腰勾背驼，却仍通不过。见其人就不禁想起《儒林外史》中的范进。此人的论文水平据说远非杰出，但也能勉强通过，只因审查委员会中有一位斤斤计较者，方才落得如此地步。离开普林斯顿大学后不久，听说审查委员会终于趁那位深文苛细的委员休假之机，通过了她的论文，结局也有些类似《儒林外史》中的范进。多年前哈佛和斯坦福大学都发生过博士研究生在审查委员会拒不通过其论文之时，当场将导师或委员打死的事件，那结局就不是像范进中举那样以喜剧告终了。通过论文，授予博士学位也还并不标志结局圆满。如果导师拒写推荐信或在推荐信里不说好话，文凭如同废纸，充其量只能挂在墙上自我安慰，于就业一无所补。前些年国内来的留学生某在获得博士学位之后愤而开枪行凶，打死其导师等人后自杀，就是因为其导师拒予推荐所致。

学业结局圆满，也不一定就等于在就业上一帆风顺。一般来说，学士学位的就业机会最多，其次是硕士，博士的就业机会最差。这是因为博士应当是从事研究或高等院校教学的，工商界从事研究的位置不多，高等院校实行永聘制，如果没有教授老死或退休，根本就不存在机会。学医和学法皆不用撰写论文，好像是比其他行的博士更容易，其实也不尽然。医生在毕业之后要经过几年艰苦的实习，实习期满之后挣钱越多的专科，实习的期限也就越长。除去实习，也还要通过一系列专业考试。学法的则在获得博士学位之后尚须通过职业牌照考试才能开业，如果始终通不过这种考试，法学博士文凭大抵也就形同废纸一张了。

以就业机会和挣钱多少而言，学医最好。在美国没有失业的医生，实习期间虽然只有 3、4 万美元的年薪，实习之后的平均收入却在 18 万美元上下，居各行各业之冠，而且绝大多数医生的收入都同这个平均数目极为接近，不需要才华出众或鸿运当头才能如此风光。既然如此，医学院难进不言而喻。除去录取标准高之外，学费也高，奖学金近乎无有。美国公民和移民可依靠教育贷款解决学费，外国留学生则全得靠自费，非出身大富之家无由问津。如今美国承认中国的医学文凭，但凡从中国医学院毕业者，只须通过美国的资格考试就可成为实习医生。所以，想来美国行医，是绝对犯不着来美国读医学院的了。

想入法学院者也极多，尤其是大学的文科毕业生，因为就读法学院几乎是文科毕业生进入高薪阶层的唯一途径。不过，律师的收入相去甚远，受聘于一流律师事务所者，起薪可以高达 15、6 万美元。受雇于政府司法系统者，起薪可能只有 4、5 万美元。差距这么大，司法系统怎么招得到好学生？为解决这一问题，司法系统往往会替学生偿还因读法学院而积累的债务，条件是学生必须在司法系统服务一定的年头。律师同医生一样，既可受雇于人，亦可自行开业，所以也无失业一说。律师的出路不仅在于从法，而且也在于从政。美国政界人物大都律师出身，当今美国参议院议员90%出身于法学院，由此可见一斑。美国有法学院170多所，每年有近13万人进入法学院。法学院也是学费高昂而且奖学金近乎无有，如何解决学费也是外国留学生的一大难题。

与医学院和法学院的走红程度相去不远的是商学院。美国有近300所商学院，近年来每年入学的新生约20万人。同其他各研究生院不同，商学院并不怎么欢迎刚刚从大学毕业的学生，而是大都以有过两、三年工作经验的人为招收的目标。MBA的就业机会和起薪高低相去极远，一流商学院的毕业生的起薪可能高达15、6万美元。至于出自三四流商学院的MBA，能找到份工作就算不错了。同医法两院的情形相同，商学院也是基本上不予奖学金的。

再其次为学工。初出茅庐的工学学士的平均年收入接近5万美元，博士的起薪在7、8万美元之间。上文提到美国中学的数学极差，由此而造成的直接后果之一，是绝大部分美国中学生不能学工。美国大学工科本科毕业生中有60%是外国留学生，工学院研究生院中的外国学生比例更高。除去美国人大都缺乏学工的能力之外，工学院研究生院大都提供奖学金也是外来学生能占据多数的主要原因。工学院之所以有较多的奖学金，其原因在于美国工学院的教授大都从工业界接下实用研究项目，研究经费由公司支付，教授接过这笔研究经费，转手用作奖学金招收研究生为其研究助手。工科包括化学工程、电子工程、机械工程、土木工程等等不同的专业，工商界对各专业的需求量变化极快，去年当红的，今年可能就黑得很，今年黑得很的，明年可能又大红大紫，是以既难以捉摸也无须捉摸。

学理的薪水与前途又在其次。在理科之中，化学最好，因为石油化工业，制药业和食品业都有需求。其次为数学，不过至少要有硕士学位才能比较容易混碗饭吃。保险公司需要不少统计学的硕士，搞应用数学的博士除去大学教书之外，还可去华尔街的投资银行搞经济模式分析。物理学的前途最差，美国人甚少有问津者，研究生院中的物理系基本上是外国留学生的天下。

计算机学有的学校称之为Computer Engineering，属工学院；有的学校称之为Computer Science，属理学院；还有的学校干脆另起炉灶，成立计算机学院。计算机学之所以如此这般模棱两可，一方面是因为计算机学有硬件软件之分，前者偏工，后者偏理；另一方面也因为计算机学年轻得很，成为大学中的一个学科尚不足40个春秋，如何归属仍无定论。计算机学这一行的外国流学生极多，其中又以中国人为最。在计算机软件工业集中的加利福尼亚硅谷，中文几乎可以成为工作语言。

人文科学、社会科学、艺术以及同艺术有关的行业如建筑设计等等在美国谋生最难，机会少而薪水低。

美国在卡特总统以前根本不存在教育部，如今教育部倒是有了，但并不干预大学的事务，究竟管什么，知道的人不多，想知道的人更少，要求撤消教育部的呼声倒是时有所闻。大学设不设研究生院，研究生院设哪些专业，开设硕士班还是博士班，抑或二者兼开等等，均由各大学自作主张，教育部概不过问。美国大学既无统一的招生考试，又无教育部从中制定规章和标准，是以水平相去极远。差的，只要是中学毕业生一概录取；好的，成绩全部优秀者也未必能有希望。曾经在报上看到一篇谈某州立大学的文章，说该大学决计提高学校的录取标准，从今以后凡是没有修过中学代数的将不予考虑。好一个提高标准！中学生不选修代数课也能毕业已经够令人吃惊的了，这样的毕业生居然也能上大学，真是不知从何说起。

一流私立大学的新生大都来自高水平的私立中学，但这类大学也往往招几个穷乡僻壤的公立中学毕业生作为点缀，以示大公无私。80 年代初美国有部电影，名曰“猎鹿者”（Deer Hunter），讲的是宾夕法尼亚州穷山沟里的年轻人被拉去越南当炮灰的事。作者在普林斯顿大学碰巧见到一位来自宾夕法尼亚穷山沟的某公立中学的新生，自称是县里的尖子，料想不是信口开河，否则，普林斯顿大学也不会录取他。初来时自视甚高，但不久即发觉无论在知识的广度还是在认识的深度上均远处下流，开始担忧能否毕业。作者也认识一两位原本在伯克莱加利福尼亚大学（University of California at Berkeley）就读的学生，因觉得吃力，转到距伯克莱不远的黑沃德加利福尼亚州立大学（California State University at Hayward），立刻成为全优的高才生。

总的来说，美国大学生的知识和文化水平低得惊人。根据 ETS 的调查，大学毕业生只有一半能看懂公共汽车时刻表，只有 13% 会做多步骤的数学应用题。ETS 定义最高文化水平，是能够正确理解并概括律师的辩护词。根据这种定义，只有 11%的大学本科毕业生与 4% 的专科毕业生达到最高文化水平。1982 年某机构对佛罗里达立大学的学生作过一次常识测验。结果之糟糕，令人难以置信。比如，50% 的学生在暗射图上指不出佛罗里达最出名的城市迈阿密，一半以上的学生以为香港在日本。当年适逢英国同阿根廷为争夺马尔维纳斯群岛的所有权而发生战事，马尔维纳斯群岛因而频频见于报刊电视，但 80% 的学生竟然以为马尔维纳斯群岛在英国沿海，可见大部分学生不仅不读书，也甚少留意新闻报道。

同中小学的情形相同，美国的大学也有公立、私立和教会之分。无论是否教会，大学里都有教堂，而且往往不止一处。不过，即使是教会大学，除非读的是神学院，否则，学生同宗教可以完全绝缘。美国不存在国立大学，除两年的专科属县或市之外，其余四年制的公立大学一律为州立。最老的州立大学是设立在教堂山（ChapelHill）的北卡罗来纳大学，成立于1789年，至今仍是最好的州立大学之一。最老的私立大学是设立在波士顿西北郊的哈佛大学。哈佛大学的历史可以追溯至1636年，正式成为哈佛大学则是1780年的事。

中国人向来以国立大学为贵，公立或省立者次之，私立者最下。与中国的情形恰恰相反，美国人贱公而贵私，在私立大学之中又以所谓常春藤联盟（Ivy League）的八所大学最负盛名。这八所大学全都位于东北部，自北而南，分别为达特茅斯学院（Dartmouth College），哈佛大学（Harvard University），布郎大学（Brown University），耶鲁大学（Yale University），康奈尔大学（Cornell University），哥仑比亚大学（Columbia University），普林斯顿大学（Princeton University），宾夕法尼亚大学（University of Pennsylvania）。

私立大学的后起之秀，有中部的芝加哥大学（University of Chicago），芝加哥北郊的西北大学（Northwestern University），西部的斯坦福大学（Stanford University）等。

专以理工科而著称者，则东有麻省理工学院（Massachusetts Institute of Technology），卡内基-梅隆大学（Carnegie Mellon University），西有加利福尼亚理工学院（California Institute of Technology），南有乔治亚理工学院（Georgia Institute of Technology）。除乔治亚理工学院外，其余三所皆为私立。

教会大学以西距芝加哥五十英里的圣母大学（University of Notre Dame）名声最响亮，有意思的是，使圣母大学名声大著的，并不是神学，而是该校的橄揽球队。校园内的橄揽球场外高高耸立着一幅巨大的耶稣画像，许是想表明学生们并没有因玩球而忘祖，只是不知耶稣如果有灵，整天看着玩球的在球场上拳打脚踢，看球的在观众席上咆哮如雷，会作何感想。中国过去也有所谓教会大学，比如，北京的燕京大学，长沙的湘雅医学院都被称之为教会大学。前者由哈佛大学创办，后者由耶鲁大学的医学院创办，如今哈佛与耶鲁本身并不是教会大学，不知称燕京和湘雅为教会学校系出于误解抑或另有原因。

美国杂志搞大学排名的不止一家，以《美国新闻与世界报道》的排名最为流行。这家周刊平时的销售量远在《时代》、《新闻周刊》等等之后，唯独发表大学、研究院排名的两期特刊大为畅销。以作者之见，倘若志在文理，则当以常春藤联盟八校、麻省理工学院、斯坦福大学、芝加哥大学、柏克莱加利福尼亚大学为首选。倘若志在工程，则当以麻省理工学院、斯坦福大学、柏克莱加利福尼亚大学、乔治亚理工学院、香槟伊利诺伊大学、麦迪逊威斯康辛大学为首选。其余的不过二流，私立者价钱太贵，犯不上去；被拒收，也犯不上惋惜，更犯不上懊丧、悔恨。

医学院的排名，大抵侧重研究水平，志在行医挣钱者，基本上无需参考。

至于法、商两科，排名基本依据毕业以后挣钱的多寡，而就读这两科者，也基本以挣钱为其目的，故这两项排名较有意义。不过，大致知道挣钱的范围也就够了，不必斤斤计较于究竟排在第几名。

水平不高的大学大都不设研究生院，但不设研究生院的大学并不一定比设研究生院的大学水平差。美国东北部有几所被昵称之曰“超级微型学院”（suppermini college）的私立大学，虽无研究生院，可是在美国世家大族的眼里，其地位仅次于常春藤联盟。这几所学校毕业的学生大都能进入出色的研究生院或是谋得不错的工作，至于其原因究竟是因为在学校受到良好教育，还是因为家庭背景不同凡响，则很难判断。

水平较差的研究生院往往只有硕士班而不设博士班。高水平的研究生院则恰恰相反，可能只设博士班而不设硕士班，但不设硕士班的研究生院也能授予硕士学位，这种称之为 terminated master 是专为修完博士课程却完成不了论文或被导师认为没有资格撰写论文的博士生而设的。不少国内学生以为来美留学，必须先读硕士，然后才能读博士。其实不然。凡是大学毕业生都可以直接申请读博士。只打算读硕士者也不妨申请读博士学位，因为博士生比硕士生容易拿到奖学金。读到可以拿硕士时，拿了硕士学位一走了之。

无可否认，今日的美国在科学技术和经济实力方面仍居世界领先地位。美国没有类似中国科学院和中国社会科学院这样的规模庞大、性能综合的研究机构，独立而专门的研究所也极少，绝大部分学术研究都由设有博士研究生院的大学承担。因此，凡是设有科技和经济学博士研究生院的大学，在理工医农与经济学的领域，都具有世界先进水平。近几十年来，诺贝尔科学与经济学奖的得主大都为美国的大学教授，就是最好的证明。在美国各大学之中，同诺贝尔奖金缘份最大的要数芝加哥大学。迄今为止，总共有 81 位芝加哥大学毕业的博士、芝加哥大学的教授或研究人员获得诺贝尔奖，其中物理奖者 28 人，经济学奖者 25 人，化学奖者 14 人，医学奖者 11 人，文学奖者 3 人。

诺贝尔奖的评审是否公允，一直有争议。相对而言，科学、医学奖的审评比较客观。至于文学奖，得与不得，或得多得少，同一个国家的文学水平并不一定有多少关系。原因之一，是诺贝尔文学奖具有偏向欧美文学的天性，因其评选委员皆属欧美民族，只能欣赏欧美文学，对于其他文学作品须借助于翻译，且不说文学作品的词句与风格之美翻译不出来，即使是文学作品的社会、文化与历史背景也不是翻译所能表达的。原因之二，是诺贝尔文学奖同诺贝尔和平奖一样，具有政治性，并不完全以作品的文学价值为评选的唯一标准。

也许有人会问：既然美国的大学本科水平相对低下，何以研究生院的质量能居世界领先地位？原因有三。其一，研究生院集中了大学本科毕业生的精英。其二，大学对研究生院的重视远在大学本科之上。其三，研究生院中有为数众多的外国流学生，理工科研究生院基本上以外国留学生为主。

每年来美留学的外国学生人数居世界之冠，据统计，2005-2006 年度美国共有外国留学生 564,716 人，其中大部分是研究生。58%的留学生来自亚洲，其中以来自印度与中国者最多，分别为 76,503 与 62,582 人。有人指出：仅从有这么多外国人来美读研究生这一点，就可以推知美国研究生院的水平居世界领先地位。这种说法不能说没有道理，但也不尽然。在来自亚洲的留学生中，除 4 万左右的日本留学生大都学成之后归国之外，其余的大都学成之后留下不走。对于学成后不走的人来说，留学的目的并不在于学，而在于留。学，不过是留的手段。对于这些人而言，即使美国的学术水平不高，也会照来不误。

如果学成之后志在回国，那么，中国人来美国留学只应当学理、学工、学农、学医、学经济、学西方艺术等等，绝对不应来此学中文或中国历史。可是偏偏有人来美国学中文或中国历史，混到博士文凭之后回去高就。作者在普林斯顿大学就曾见到过好几位这样的学生。学成之后，其中一人回到来美前任职的台湾大学，立刻从副教授升为正教授兼中文系主任。其余几位都在台湾中央研究院当上研究员。美国的中国文学与中国历史学博士居然会在台湾如此吃香，不指为崇洋媚外，实无以名之。还有位中国社会科学院文学研究所的研究员，应普林斯顿大学东亚系某洋教授之邀来普林斯顿大学作访问学者。既已在中国最高的学术研究机构混到研究员的地位，即使谈不上精通博雅，至少应当能充当洋教授的老师而绰绰有余才对。然而此人来普林斯顿之后，竟然毕恭毕敬地聆听洋教授讲授中国文学，口口声声说自己是来学习的。若不指为崇洋媚外，也无以名之。

美国的大学教授享受铁饭碗的制度，所谓铁饭碗，指永聘制，教授职位是终身的，不到老死退休，大学不得解聘。不过，这制度并不意味教授一经聘请就成为终身。首先，受聘的教授必须是在所谓永聘席（tenure track）上。非永聘席的教授职位是临时性的，或者因某教授休假一年而出的空缺，或者因大学不准备设这个职位为固定性。其次，在永聘席上的教授要经过一个见习阶段并通过永聘委员会的审查之后才能获永聘的教席。审查的内容以被审查者出版的论文或书为主，教学水平如何一般不在考虑之列。同录取学生的情形相同，性别与种族也是受考虑的因素。80 年代初耶鲁大学历史系有一男一女同时竞争一个永聘教席。据说系里教授大部分人都认为男的水平远出女的之上，但人人都预测男的会输，因为该系当时尚无女性教授，不敢被别人指为性别歧视，结果果然由女的胜出。尔后不久，哈佛大学某系拒予一名女教授永聘职位，险而招至一场官司。哈佛大学不愿因官司而坏了名誉，同意给予该女教授永聘职位，外加赔偿以换取庭外和解。结果该女教授在接受哈佛大学的条件之后，辞职不就，转而接受了其他大学的永聘。

见习阶段一般是六年，见习教授可以要求提前审查，但不得推后。见习期间的教授大都称之为助教授（assistant professor），也有给予副教授衔的，大概是在当博士生时已经名声雀起。经审查委员会通过之后，一概提升为副教授（associate professor）。一般来说，既经一所大学拒予永聘者，既不能再在该大学任教，也不能再到其他大学去充当见习助教授。如果其他大学有兴趣予以录用，必须给予永聘职位。理由何在？大概是见习期只能有一次，不得重复。凡被一流大学淘汰者，也许还能有希望在三流或四流大学中找到永聘的教席。如果见习所在的大学本来就是四流，一经拒绝，就等于终身与教授绝缘。如果所学行业除在大学任教之外，尚能就职于工商政法，与教授绝缘并不意味着非改行不可。所学者若是文史，则等于走上绝路。作者见过好几个搞中国史的教授，未能得到永聘之后，不得不重返研究生院读图书管理硕士，然后再凭图书管理硕士的资格去大学图书馆当管理员。有坚持不肯改行的，结果往往更惨。

设立教授永聘制的初衷，在于保障学术自由。构想是好的，只是在实行中往往出现流弊。流弊之其一：见习教授为确保获得永聘，无不小心谨慎，唯恐与系里的权威人士发生包括学术在内的一切冲突。换言之，见习教授的学术自由不仅未能受永聘制所保障，反而因永聘制而受损。流弊之二：既经永聘的教授无论是否在教学上误人子弟，也无论是否在研究上一无所成，校方均无可奈何。获得保障的，其实不是学术的自由，而是饱食终日无所用心的自由。流弊之三：永聘教席名额有限，一经填满，无论如何才华盖世也只有望洋兴叹的份。有些行业除当教授以外别无出路，因此，令本来极有天份于这些行业的人不得不另谋出路。

美国的教授即使获得永聘，其社会地位和经济地位都不可与中国的教授同日而语。中国素有尊师重道的传统，这传统虽如江河日下，遗意犹存。即使是在文化大革命中知识与知识分子最不受尊重的岁月，教授其实仍享有高于工农兵的社会地位，只不过不表现以养尊处优的形式，而表现以挨整受斗的形式而已。须知只有是所谓反动权威方才会挨整受斗，既是权威，自然是在社会的上层。如今教授仍是权威，只是去掉了反动两个字。于是，有名望的教授又像文化大革命以前那样进入各级政治协商委员会或人民代表大会。权虽不掌，社会地位在。美国人从来不尊重知识分子，教授既为最典型的知识分子，自与受尊重无缘。中国的教授无论在过去还是在今天，一直属于高薪阶层，在薪水基本上等同于收入的过去，教授属于高收入阶层。如今薪水和收入之间不再能划等号，但是在靠薪水为主要收入的人中间，教授仍处上流。美国的教授从来不予高薪之列，工商政法各界的薪水都要高于大学教授。在美国当教授图的是兴趣、稳定与清闲，而不是高薪。中国的教授虽无永聘之名，却有永聘之实，其职业的稳定绝不在美国之下。

论清闲，美国教授似乎也输中国教授一筹。美国大学的寒暑假比中国长，除寒暑假外，美国教授每隔若干年（各学校对年头的规定不一，对正副教授的规定也不一）有一次休假，这是中国教授不如的地方。但是，中国的高级教授可以不上班，普通教授的授课时间也极少，绝大部分时间可以由教授自己掌握，写书写论文固然可以锦上添花，无所事事也无人非议。美国教授一般要上三门课，外加一两天坐班时间，坐在办公室里替上门的学生解答疑难。想要少教课程，需自筹经费搞研究项目。自筹经费虽不等于自掏腰包，但既要花费时间，又要会钻门路才能有此生财之道。此外，到一定时间如果搞不出任何名堂，财源就会断绝，不能像中国教授那样安闲自得，优游卒岁。

4.3 图书与图书馆

1980年作者抵达美国，第一件事就是去普林斯顿大学洽谈工作。工作细节谈妥之后，接待作者的教授顺便带作者在校园里走了一圈。在路过一座花岗岩建筑时，这位教授告诉作者那就是普林斯顿大学的图书馆。当时无暇入内参观，只是稍微放慢脚步，领略了一下外景。该馆地上部分只有三层，谈不上宏伟，门楼修得像座欧洲中世纪的城堡，倒是别有风致，整个建筑予人以浑厚朴实的印象。尔后的一年多在普林斯顿大学的生活中，这座图书馆成了作者经常出入之地。最初几次进入该图书馆，总不免被一楼大厅的豪华气派所吸引，不自觉地放慢脚步。去的次数多了，自然也就熟视无睹，而始终令作者欣赏不已的，是该图书馆的开放性，出入图书馆无须出示任何证件。美国的大学大都没有围墙和门岗，甚至根本不存在大门，任何闲杂人等都可以随时出入校园。图书馆不检查证件，也就是说任何与大学无关的人都可以进去看书。开放的书籍不限于放在阅览室内供人参考的工具书籍和报章杂志，地上地下八层书库一律开放。看中什么书，用不着假手图书馆的工作人员，自己从书架上取下来就是。外借手续也极简单，出门前去柜台验交一下工作证即可。

早在来美国之前，从《参考消息》上得知普林斯顿大学有座以“葛斯德”命名的图书馆，专门收藏中国木版古籍。据《参考消息》的报道，葛斯德是个美国商人，本世纪初从美国去北京经商时感染目疾，经北京协和医院的外籍西医治疗无效，通过朋友的推荐，敷用河北定县马氏眼药膏，即时康复。葛斯德于是对于中国古代文化产生浓厚兴趣，开始大量收集中国古籍。早期专意于医书，逐渐涉及其他领域。葛斯德离开中国时，又委托其在美国领事馆任职的朋友代为继续收购。经数十年的累积，收藏数量颇为丰富，其中善本数目亦相当可观，业已成为不可多得的中国古籍的宝藏。在葛斯德故去之后，其家人把葛斯德的收藏全部赠送给普林斯顿大学，由普林斯顿大学设专馆珍藏。来到普林斯顿大学之后，才知道《参考消息》的报道与事实稍有出入。葛斯德图书馆虽然设在普林斯顿大学之内，葛斯德的收藏的所有权并不属于普林斯顿大学所有。原来接受葛斯德家人赠送的，并非是普林斯顿大学，而是普林斯顿高等研究院。不少人误以为普林斯顿高等研究院是普林斯顿大学的一部分，其实，二者是两个比邻却互不相干的学术机构。普林斯顿高等研究院素来以理科研究为主，在接受葛斯德的收藏的时候，根本不存在文科，得了这笔宝藏却形同废物。碰巧负责这批图书转手的人是普林斯顿大学的校友，此人趁便做个顺水人情，说服普林斯顿高等研究院把这笔收藏寄存普林斯顿大学，委托普林斯顿大学代为管理。如今设在普林斯顿大学东亚学系的葛斯德图书馆，实际上是属于普林斯顿高等研究院的葛斯德的收藏与属于普林斯顿大学自身收藏的混合体。普林斯顿大学自己采购的书籍毫无版本上的价值，勉强实用而已。

图书馆所在的那座楼，当年称之为帕米尔楼，不仅是座有年头的建筑，而且大有年久失修的景象。一楼的水泥地面满是裂纹，二楼的地板踩上去嘎然作响。这座楼本是物理系的所在，地下室曾经堆放过含放射性的物质，一楼的某间房间据说曾是爱因斯坦的办公室。物理系早已乔迁现代化的新楼，东亚学系不是显学，盖不起新楼，只得用别人旧楼。葛斯德图书馆既然设在这样的旧楼之中，所谓设专馆珍藏葛斯德的收藏云云，自然也是夸大不实之词。不过，这图书馆倒是管理得极好，一切都显得井然有序。在开放这一点上，也不让普林斯顿大学图书馆总馆专美。除去善本之外，其余的书籍，包括不少如今已成绝版的线装书，都一律开放，任人取阅或借读。对于东亚学系的工作人员，优待有加，外借书籍，既不限量，也不限期，可以保留到有他人索取时归还。当年作者趁此便利，陆陆续续从葛斯德图书馆搬回家中的书籍不下百余种，使作者那间本来徒有四壁的书房得以名实相符。

普林斯顿大学的校园建筑典雅，环境幽美，兼有湖山平畴之胜，素来号称美国大学校园之冠。不过，这里所说的只是闻名遐迩的主校园，也是一般人所知的校园。其实，顺着主校园东侧的一号公路北行约三英里，在公路东边的树林深处，还隐藏着一个专供研究之用，不大为外人所知的分校园。说“隐藏着”，绝不是故弄玄虚，因为这校园有一片茂密的树林作为天然屏障，即使在冬天树叶落的时节，园中的建筑也只是依稀可见。此外，校园的入口设在一条弯弯曲曲的小路的尽头，极不起眼，稍不小心就会错过。门口设有岗哨，却不悬挂招牌，非出示普林斯顿大学的工作证不得其门而入。驰过一条曲折的幽径，一座小型飞机场赫然在目。据说有飞机场的大学，全美国仅有两所。不过，这飞机场上经常停放着的，只是些供练习用的滑翔机，毫无保密的价值。机场的南面错落有致地铺开十来座三、四层的楼房。楼房的大门一律上锁，有一、两座楼的墙上挂着诸如“能源部”，“环境保护部”的牌子，不知设在这些楼里的研究所真是同这些部门合作的机构，还是挂羊头卖狗肉，另有文章。更多的楼房则标记缺如，像一首首无题的诗，个中奥妙费人思量。据说在这些楼里进行的研究项目都是由国防部资助的。不言而喻，这座校园之所以进入隐蔽，门禁森严，自然是因为有这些值得上锁而不愿挂牌的办公楼的缘故。但是，最值得保密的，据说还是一座看不见的图书馆。想要进入这座沉埋在地下的秘密图书馆，非要有由普林斯顿大学校长亲自签发的特殊借阅证不可。保密得如此严格，可见馆中珍藏的一定不是公开发表过的书刊，而是未经发表，或不得发表的文件。对于普通读者来说，倒极可能是一些不屑一顾的东西。有这么一座深藏不露的图书馆，其实并无损于普林斯顿大学图书馆的开放性。提到这座图书馆，只不过是不想令人误会，以为美国人不知内外有别，一切公开。

普林斯顿大学距美国首都哥伦比亚特区不算远，开车大约不出四小时的行程。在普林斯顿大学的第一年，曾抽空去哥伦比亚特区游览一回。哥伦比亚特区值得观赏的名胜不少，对作者最具吸引力的，是闻名已久的国会图书馆。据说无论就藏书的数量还是就藏书的质量而言，美国国会图书馆都居世界第一位。既已知其为世界第一，想像中这座图书馆或宏伟壮观，或典雅秀丽，不料行到国会图书馆门口时，却发现图书馆的建筑平庸得无足称道。更令人诧异的是，该图书馆竟然是不对外开放的。所谓“不对外”，不是指不对外国人，而是身非议员或有关工作人员，一概不得入内，同普林斯顿大学图书馆的那种听任一切闲杂人等出入自由的情形相比，简直判若天渊。吃过闭门羹后，想起该馆中文部的负责人是位华裔，说不定会予以通假。找到这位负责人，递上普林斯顿大学的工作证，提出入内参观的请求之后，对方说，碍于规章，不宜违例。话说极为有理，表达方式也极为得体，不能强人之难。正准备挥手道别之时，却不料对方又突然变了主意，说不便参观的真正原因，其实在于地方太小、书太多，书架与书架之间都堆满书籍，行走起来极不方便。如果一定想看，他还是可以网开一面，只是时间不得太长，以十分钟为限。对于这样的条件，作者自然是满口答应，走进书库一看，发觉地方果然拥挤不堪，而且非常零乱。据说大多数人在看到达芬奇的名作“蒙娜丽莎”的真迹之后，都感到失望。在参观过国会图书馆之后，作者也有一种莫名的失落感，所谓“盛名之下，其实难副”。

国会图书馆虽不对外开放，却参予各大学图书馆的馆际交流协作。通过这种交流协作关系，你可以从国会图书馆和其他大学图书馆借到你自己学校图书馆没有的书籍。比如，有一次作者需要的某书在全美国只有耶鲁大学图书馆有一册。作者在普林斯顿大学图书馆填写一张转借单，交给普林斯顿大学图书馆的外借柜台，不出两星期就由普林斯顿大学图书馆把作者所需的书转交给作者，相当便利。

另有一回，作者需要的一本书只在纽约的哥伦比亚大学的东方图书馆有，因为纽约离普林斯顿大学只有一小时的距离，而作者又急于查看书中极小的一个段落，与其通过转借的方法，不如自己开车跑一趟。哥伦比亚大学是作者见过的美国大学中唯一有围墙的，大概是位于纽约市区治安欠佳的地段，不得不尔。哥伦比亚大学的东方图书馆设在一座阅历颇深的旧楼房里，进大厅举头一望，但见书报杂志从书架一直堆放到地板。其杂乱无章，同普林斯顿大学葛斯德图书馆的井然有序形成鲜明对比。作者要的那本书，书库内没有，询问柜台，却无外借记录，不是藏在某堆乱书之中无从寻觅，就是不翼而飞了。60 年代在北京时听说胡适在哥伦比亚大学任图书馆馆长，以为胡适在美国混得很风光。来美国之后才知道大学图书馆长、博物馆长等在美国并不是什么高等学术职务。况且，胡适也并不是任哥伦比亚大学图书馆的馆长，只不过是这所东方图书馆的主任而已。名之曰“主任”，其实不过是个管理员，因为并没有任何馆员归这位“主任”指挥，其处境其实是潦倒不堪。

离开普林斯顿大学之后，做了几年加利福尼亚居民。住的地方离柏克莱加利福尼亚大学不远。这里所说的柏克莱加利福尼亚大学，国内习称之为加利福尼亚大学柏克莱分校。当年在国内时经常纳闷：分校既然如此出名，为何从来不曾听人说起其本校？其实，把这所大学称这为分校，出于对加利福尼亚州立大学系统的误解。加利福尼亚州立大学分高低两个层次。高层共有大学九所，全都名之曰 University of California，以所在地名予以区别。设在柏克莱的称之为 University of California at Berkeley，设在洛杉矶的称之为 University of California at Los Angeles，如此等等。九所大学共有一个名义上的校长，而各自有一位副校长。其实，名义上的校长不如说是加利福尼亚高等教育厅的厅长，而所谓副校长乃是实在的校长。在这九所大学之中，历史最久、名气最大、地位最高的，正是位于柏克莱的这一所。如果加利福尼亚大学系统真的有所谓“本校”、“分校”之别，那么，设在柏克莱的这一所，必然会是“本校”无疑，绝对不会是什么“分校”。

因为住得离柏克莱加利福尼亚大学不太远，周末时常到该校园去散步。该校园的自然环境不俗，有山有涧，天气好的时候，登上山顶，隔海的旧金山金门大桥隐约可见。每逢云雾缭绕，则对岸的摩天大厦婉如海市蜃楼般虚无缥缈，别有一番景致。校园中的建筑却不敢恭维，绝大部分既不典雅，亦不摩登。大学图书馆总馆依山而造，侧临登山的大道，予人以欠缺门面的感觉。该图书馆虽然也对加利福尼亚居民开放，但要凭加利福尼亚的驾驶执照办理借阅证，不能像普林斯顿大学图书馆那样随便出入。记得初次办理借阅证时，索价 25 美元，有效期一年。第二年续办，年费就涨到 50 美元。按规章，书库不对外开放，借书要填卡，由图书馆工作人员入书库代为取出，手续同国内大多数图书馆差不多。但这规章执行不严，很多人都直接进书库自己找书，作者只遭挡驾一次，其余的时候，只靠挥一挥手上的借阅证就被放行了。横过上山的马路，与该图书馆隔路相望的一座小白楼中设有大学的亚洲图书馆。但这里只有现代书刊，中文古籍在柏克莱加利福尼亚大学显然乏人问津，因而被名副其实地束之高阁了。这间名副其实的藏书阁，设在生物系图书馆的顶楼和阁楼。顶楼由一条专用电梯与地面相连，顶楼和阁楼之间则由一条铁梯相通。每次登上藏书阁，总是空无人迹。那条专用电梯运行起来颤悠悠的，令人担心搞不好会出毛病。

美国人有句所谓“墨菲定律”的俗话，大约相当于中文的“躲得过初一，躲不过十五”。这话不巧在这条电梯上言中。某个星期天，有朋自远方来，作者要去接机。从家赴机场正好路过柏克莱加利福尼亚大学，遂提前两小时出门，趁便去这间藏书阁消遣一番。上去时电梯没出问题，下来时电梯也运行正常，只是降到地面时，梯门不开，不得其门而出，只得按下电梯内的警铃呼救。大概是因为星期天没有执勤人员上班，图书馆里又不巧一时无人，警铃足响了二十分钟才有个学生闻声赶来相助。合二人之力内外夹攻，终于能破门而出。不巧之中的万巧，是那“墨菲定律”在飞机是否会晚点上也灵验不误，虽晚到机场，却没耽误接人。

这些都是题外的话，真正应当交代的是，这间藏书阁的收藏质量极差，供消遣都不能算好，更遑论供研究之用了。不知是否正因为此，这些图书才被如此打入冷宫，还是因为柏克莱加利福尼亚大学没有人从事古籍的研究，才使古籍的收藏如此贫乏。除去这间阁楼和亚洲图书馆外，在校园南门外有个中国问题研究所，所里也有一些有关中国的当代书刊。南门本是校园南端的界限，后来校园扩张了，这座大门变成园中之门，而中国问题研究所所在的那幢楼房也就成了园内的建筑。但这研究所始终不是大学的一部分，而是由福特基金会资助的一个独立机构。名之曰研究所，其实不过是间阅览室，谈不上什么研究。阅览室中的书报种类零乱而不齐全，书籍的收藏量极少，也丝毫不成体系。无论是书刊的数量与质量，还是阅读环境，都不能同海湾对岸的胡佛亚洲研究所的图书馆相提并论。

胡佛亚洲研究所坐落在斯坦福大学的校园之内，却也不是斯坦福大学的一部分。不仅不是斯坦福大学的一部分，而且还时常同斯坦福大学摩擦，原因在于“两条路线的斗争”。斯坦福大学偏“左”，而胡佛亚洲研究所偏“右”。这里所说的“左”与“右”，都是美国所谓的“左”与“右”，不可同中国的“左”和“右”混淆。胡佛亚洲研究所的图书馆的阅览室是座玻璃与金属结构的现代化单层建筑，高敞而明亮。冷气和暖气都开得足，冬暖而夏凉。缺点是玻璃墙同通风设备之间似乎存在共鸣作用，每逢暖气或冷气吹起来时，室内噪音大作，有如万马奔腾。阅览室内，大陆、港台的报纸杂志兼收并蓄，种类齐全，而且免费对外开放。自从发掘到这一出处之后，就很少再去设在柏克莱加利福尼亚大学内的中国问题研究所。令人遗憾的是，在这间阅览室消磨个够之后，不能顺便去近在咫尺的斯坦福大学图书馆。1982 年的时候，一张一年有效的斯坦福大学图书馆借书证索价 200 美元，不是像作者这种收入的人所乐于付出的代价。

在美国各大学图书馆中，作者最熟悉的，当数芝加哥大学的图书馆。顾名思义，芝加哥大学当然在芝加哥城。这顾名思义的因素在芝加哥大学与斯坦福大学的历史上都起过一次极其重大的作用。50 年代初，芝加哥大学所在地段治安急剧恶化，以至校方以为三十六计走为上计。具体的搬迁计划是迁往当时尚无名望的斯坦福大学。正当图书已经装箱待发之际，拟订搬迁计划的校长卸任。新校长显然是“名不正则言不顺”的信徒，以为芝加哥大学既然叫做“芝加哥大学”，搬到芝加哥以外去不成体统，遂打消搬迁的计划。想当年芝加哥大学建校之初，如果不是用地名作校名，如今的芝加哥恐怕就会少一所名校。如果芝加哥大学当年真的迁往斯坦福大学的校园，如今还会有斯坦福大学吗？

芝加哥大学的图书馆是座钢筋混凝土的庞然大物，无论从正面或侧面看上去，都像座城堡，但不是普林斯顿大学图书馆的那种古典的味道，是彻头彻尾的现代派造型。这种风格同隔路相望的一排哥特式建筑完全不相称，妙在却绝无格格不入的感觉，可能是因为图书馆本身占地极广，俨然自成一个体系。在图书馆北侧不远有座铜塑原子弹纪念碑，看上去像是一朵大写意的蘑菇云，倒是同图书馆的风格配合得很好。原子弹纪念碑之所以设在芝加哥大学，是因为主持第一颗原子弹工程的费尔米等人当时在芝加哥大学执教，美国第一座原子反应堆就设在芝加哥大学某座体育馆内。事到如今，不过相隔 60 来年，当年那座体育馆而今安在？竟然没有官方记录。或者今天的图书馆就是在那座体育馆的废墟上兴建的，否则，这原子弹纪念碑凭什么要立在这图书馆旁边呢？

该图书馆内的装修极粗糙，或者不如说根本谈不上什么装修，极可能是经费不足，只得草草了事。作者在芝加哥大学的时候常来这座图书馆的地下第二层，那一层是经济与商业管理期刊阅览室的所在。常来这里是因专业的要求，不得不尔。自己乐意去的，是设在地上第五层的亚洲图书部。这里的中文书报的数量与质量都不及普林斯顿大学的葛斯德图书馆，但是比柏克莱加利福尼亚大学却高明多矣。这间亚洲图书部有一排朝阳的玻璃窗，窗前有沙发数张。冬天晴雪的日子，找张中文报纸，斜倚沙发欣赏窗外的雪景，享受窗下的阳光，那种懒洋洋的情调至今令人回味无穷。

不过，总的来说，芝加哥大学图书馆给作者留下的印象并不算好。自从见识过普林斯顿大学图书馆的那种开放之后，凡是不够开放的图书馆在作者看来都不够意思，而芝加哥大学图书馆恰好是作者所见过的图书馆中最不开放的一个。进门要出示学校的证件自不在话下，而且查得极严，凡是未经注册处盖章的学生证一律无效。即使有学籍，只要是这学期不曾选课，就不得其门而入了。校友可凭校友证进大门，但是必须立刻办一张当天有效的临时证件才能合法在图书馆内走动。想要借书，不缴钱是休想的了。索价几何记不大清了，好像是同斯坦福的价格差不多。至于同芝加哥大学无缘份的人，即使只是想在门厅里的目录室走一走也免谈。进门不容易，出门也难。出门时要搜手提包，包中若有书，就得一本一本拿出来经看门者过目。

芝加哥大学图书管理学研究生院也设在图书馆同一幢楼里，是美国少有的几所设有博士研究生班的图书管理学院。作为一个行业，图书管理学在美国极不吃香，不吃香到需要从外国进口人员的地步。在美国大大小小的图书馆中很容易碰到来自台湾的管理人员，因为来美国学图书管理是移民的捷径。美国大学的工学院有极多外国留学生，那是因为美国人视微积分为畏途；美国人甚少读图书管理学则另有原因，不是愁难，而是觉得枯燥无味。今日的美国人很少把“有趣”同“脑力活动”联系在一起，像围棋这种高层次的脑力游戏在美国没有市场且不说，就像桥牌、国际象棋这类属于西方的游戏，如今在美国也极少有人问津。明乎此，没什么人愿意同图书打交道也就不足为怪了。作者认识几个在大学图书馆工作的美国人，本来都已在文学或历史等学科修到博士学位，只因本行就业艰难，在几经失业的彷徨之后，才不得已再进图书管理学院，混个硕士头衔来图书馆谋生。

说来奇怪的是，图书管理学这一行虽然没人愿意干，图书馆在美国却相当普及。大城市的图书馆规模往往相当可观，就连一些县立图书馆通常设备也不错，而且往往下设分馆若干，分布各地，以便读者就近借阅。一般来说，这类公共图书馆缺乏学术性著作，不能从事专业研究，但大都有不错的商业资料和儿童读物。有人视美国为儿童与商人的乐园，这说法在公共图书馆上得到验证。

作者去过几次芝加哥市立图书馆，每此都是为了带当时上小学的女儿去借书。这座图书馆看起来有些像意大利文艺复兴时代的宫殿，从式样上判断，大概建于 1870 年芝加哥市大火灾之后不久。房子内外的设计均相当豪华，尤其是大厅中央的楼梯显得极有气派，可惜年久失修，使人不禁想起明日黄花。馆址位于车水马龙、人声鼎沸的繁华地段，这种环境对于图书馆来说，实在谈不上好。但是芝加哥同纽约一样，城里另一种环境是满目沧桑，荒废不堪，相比之下，芝加哥图书馆还算是没选错地方。

作者在芝加哥勾留期间，适逢芝加哥图书馆经历两件大事。第一件是改名。芝加哥市图书馆本来就叫“芝加哥市图书馆”，名正而言顺。从 1987 年起却改称之曰“华盛顿图书馆”。美国以第一任总统华盛顿命名者多如牛毛，但是芝加哥图书馆的改名却与这位已故总统无关，只是因为那一年芝加哥市市长华盛顿死在任上。在美国，凡是有钱有势的人都想搞些名堂以企永垂不朽，就像是中国历代帝王将相死后少不得要有个谥号一样。有钱的，用钱买下一所学院的名称是常有的事，钱更多的，会搞一个以自己的姓氏为名的基金会。有势的，往往会凭借其政治势力在公共事业上开刀，惠而不费，比有钱人须自己破费更高明一筹。不言而喻，芝加哥市图书馆的改名属于后一种情形。这位华盛顿市长生前对芝加哥市图书馆，或更广泛一点说，对芝加哥市的文化事业有多少贡献，未曾有闻，喜欢出风头倒是尽人皆知。在他当市长的时候，在通向芝加哥市的最主要的一条高速公路上，高高地悬挂着一幅横标语，上面用斗大的字写着："芝加哥市长华盛顿欢迎你"。"欢迎"当然只是句废话，唯恐前来芝加哥的人不知道他华盛顿是市长才是真。

芝加哥市图书馆经历的第二件大事是迁址。上文提到的那座使人不禁想起明日黄花的图书馆如今已经名副其实地成了明日黄花。盖新馆的理由据说是原馆址面积不够使用。上文提到芝加哥市只有两种环境，新馆址选在这两种环境的交界处，两者的缺点兼而有之。在美国大凡是公共事业要盖新建筑，都须采取公开招标的方式，以示大公无私。芝加哥市素有注重城市建筑设计的传统和名声，兴盖图书馆的招标广告吸引了不少国际上知名的建筑设计公司。芝加哥市政府郑重其事地成立了一个遴选委员会，负责挑选各公司呈送的图纸和模型。几经淘汰之后，最后入围的包括一家加拿大公司，一家墨西哥公司，三家美国公司。加拿大公司的设计最有气派，也最有现代意味，中选的却是一家美国公司的最乏特色的设计。遴选委员会公布的理由是：入选的设计最像图书馆。真是天大的笑话，一所图书馆是否像所图书馆，只应看两件事。一件是有没有书，另一件是开放还是不开放，无关建筑式样。

文化大革命之前的北京，琉璃厂有家中国书店，王府井北口有家外文书店。两家书店都不对外开放，要凭特别的许可证方得其门而入，这是颇为令人遗憾的一点。但是一旦进得大门，就能在学术书海中任意遨游，其乐趣实无穷无尽。美国没有这类纯学术性的书店，绝大多数美国的书店完全商业化，凡是没有销路的书，书店里一定没有。美国的书店都卖些什么书呢？小说大约占去书架的一半，其中时下流行的蹩脚货色又约占小说的一半。其次是期刊，包括各种时装杂志、运动杂志、汽车杂志、新闻杂志、摄影杂志、房屋装修杂志等等，凡是你想得出的非学术性的题目，一定会有一种杂志在书店出售。再其次是儿童读物、人物传记、旅游指南和参考书。近年来各书店都陆续增辟电脑书籍专栏，但这并不表示美国书店有引进技术性书籍的新倾向，只不过是因为如今电脑的使用已经深入商业甚至家庭生活，从而使得一些有关电脑工具和软件的书籍十分畅销。

人物传记只有很少一部分是有关历史人物的，大多数都是当红影星、流行歌手或球星的自传，或是刚从政治舞台退下来的达官显贵的回忆录。这类传记与回忆录往往由两位作者合写，其一自然是这些名流自己，另一位则是替这些名流捉刀的所谓职业作家。不仅名流自己请人捉刀树碑立传，就连名流的老婆也依样画葫芦。比如，前总统里根的老婆有一本回忆录，前总统布什的老婆也有一本回忆录，而且都畅销得很。这些老婆凭什么写传记呢？凭她们的老公不是一般平民百姓。畅销的小说大多属下里巴人之类，优秀的文学作品能够出版已属运气，想要畅销，除非获得诺贝尔文学奖。一部得奖作品无论在得奖前如何乏人问津，一俟得奖之后必然大为风行，足见广大读者也是追风的粉丝。参考书籍包括各种升学指南或商业执照考试习题集，也包括英文和外文字典，但是休想在一般的书店里找到牛津大字典、韦氏大字典这类的大部头字典。

出人意外的是，几乎所有的书店都有《易经》和《老子》的英译本，而且常常不止一种版本。不过，从印刷的版式上可以看出这些《易经》和《老子》都不是作为学术著作，而是作为高品味的消遣书而出售的。美国人称沙发前的茶几为 coffee table，称供消遣性的书为 coffee table book。顾名思义，coffee table book 恐怕还兼有装璜门面的意思。这类书籍往往印刷极其精美，也正说明兼有装饰的作用。《易经》和《老子》之所以能入选，大概是因为这样三种原因：第一，词句简练而含义玄妙，随便浏览一两行也可以有意外的收获。第二，结构松散，无所谓头尾，翻开任何一页都可以开始，随时都能放下。第三，既是异国的，又是哲学的，足以夸耀书主人的文化修养不同凡响。

想要买学术性的著作，一般来说，非得去大学的书店不可。凡是像样的大学都有一间所谓 U Store。U 是 University 的缩写，U Store 也就是大学书店的意思。规模大的 U Store，像斯坦福大学和普林斯顿大学的 U Store，从图书、文具、电视、音响、摄影器材、衣服鞋袜，到香烟、汽水、零食，几乎无所不售。规模小的，基本上就是一家书店。一般来说，学校的水平愈高，U Store 里的书刊数量与质量也就愈好。二流以下的大学的书店，除去教科书外，往往就别无长物了。但即使是学术性极强的大学书店，也少不得有《花花公子》一类的色情画报出售，绝不能同上文提到的中国书店或外文书店相提并论。大学书店不像大学图书馆，没有不对外开放的，因为是做生意，不开放还做什么生意？不过，倘若住地附近没有一所水平较高的大学，想买学术著作就未免犯难了。

至于非英文的书店，即使是在一流的大学城，也一概缺如。美国基本上不存在以非美国人为对象的外文书店。在纽约、旧金山、洛杉矶等华人较多的城市，大都会有一两家中文书店，即使不开在华人社区内，上门的顾客也大都是华人。旧金山的第二十四街曾经有过一家相当不错的中文书店，书源大都来自国内。作者曾在那里买过《历代诗话》、《池北偶谈》、《搜神记》、《归田琐记》、《人间词话》等数种。最后一次去那家书店是1984年夏，进门之后发现所有的文科书籍都不见了，只剩下理工书籍和画报之类。打听之下，才知道是因为文科书没有销路，都当废纸丢掉了。老板说，如果作者早来一天，垃圾箱还没被卡车拖走，所有丢掉的书都可以白送给作者，只可惜作者同发横财从来无缘。

美国出版的书籍大都精装，大字，道林纸，连小学生的课本也是如此，只有畅销的小说一类才会有平装、报纸的小开本行世。印刷精良，装订考究固然是好事，书价也因此而昂贵，动辄50、60美元一册，足够四口之家下一次饭馆，这就不是什么好事了。出人意外的是，经典的文学名著往往反而比新出版的庸俗小说便宜，而且经常大减价。逢上大减价时，可以花4、5块钱买到原来标价40、50元的书。经典之作之所以不值钱，可能出于两个原因，其一是因为经典之作不合当代美国人的口味，销路不畅；其二是因为经典之作的作者早已作古，出版商不用支付稿酬。稿酬之高低，在美国也完全取决于销路的好坏，同文字的其他价值无关。文章稿费最高的据说是《电视指南》、《读者文摘》、《花花公子》，都是些鄙俗的刊物。学术性的著作因为没有销路，所以干脆没有稿费，有时还须作者自掏腰包才能使呕心沥血之作得以出版。同学术有关却还有钱可赚的，是大学教科书。大学教材卖得比普通书还要贵，一册三、四百页的书通常会索价近百元，而且从不减价，大有勒索学生之嫌。幸亏中小学课本是非卖品，一律由学校发给学生免费使用，否则，收入低的家庭肯定吃不消。

近年来有些书籍除去印在纸上之外，还以录音带的形式发行。但是，听书毕竟不及看书效率高，也未见得比看书方便，因而未见有流行的趋势。最近又出现光盘版图书，光盘版图书的优点在于不仅可从阅读，而且极易于转抄、摘录、检索与打印。热衷于新技术的人预言不出十年，印在在纸上的书就会被印在光盘图书所取代，保守的人则根本不肯承认光盘图书有称之为“书”的资格，这两种观点都不免过于极端。工具书如字典、百科全书、年鉴、手册之类，被光盘版所取代恐怕是势在不免。至于其他书籍，极可能是纸版与光盘版平分秋色。

5 金钱浅释

5.1 美元的定义

无论古今中外，金钱始终是社会的核心，美国与金钱的关系似乎尤其紧密。欧洲人之所以会“发现”美国这块地方，是因为想寻求一条与东方贸易的新途径，贸易的最终目的无非是钱。美国人之所以要独立为美国人，是因为不满英国政府的苛捐杂税，征税与反征税的最终目的也无非是钱。美国西部之所以得以开发，是因为有一股接一股的淘金热。以上说的是历史，如今情形有无改观？只消看下面一个例子就够了：在美国无论走到多破落的小镇，至少会有两幢房子还看得过去，如果其中一幢是教堂，那么，另一幢必为银行无疑。由此可见，宗教与金钱同为美国社会的基石。

有趣的是，金钱在美国虽有如此重要的地位，知道什么是美金的美国人却并不多。这不是讲笑话，大部分美国人会以为钱包里的钞票和硬币就是美金。严格地讲，这种理解并不确切。首先，美国人钱包里的钞票，指的是由美国联邦储备银行发行的“Federal Reserve notes”。美国共有十二家联邦储备银行，分别设在波士顿、纽约、费城、克利夫兰、里士满、亚特兰大、芝加哥、圣路易斯、明尼阿波利斯、堪萨斯城、达拉斯和旧金山。虽然这十二家联邦储备银行的主要职能在于替联邦政府控制美国的货币，却不是国立的而是私立的机构。从理论上来说，由美国联邦储备银行发行的美钞，只是一种代用券，而不能算是真正的钱。真正的钱，应当是由美国财政部发行的纸币（比如 U.S. notes）和硬币。U.S. notes 一类的纸币，作者从来没看见过，相信绝大多数美国人也同作者一样与之无缘，因为这类货真价实的钱，并不在市面上流通。

根据现代经济学界流行的观点，钱有三种功能。“流通”居其一，其余两种功能分别为“计价”与“保值”。根据流通程度的不同，美国经济学又把美国的钱分成三类，分别称之为 M1，M2，和 M3。“M”是英文“money”（“钱”）的字头，所谓 M1，M2，M3，也就是“一类钱”，“二类钱”和“三类钱”的意思。无论是这三类钱中的哪一类，都远不限于联邦储备银行发行的美钞与财政部发行的各种纸币与硬币，这也是把美钞与硬币视为钱不够确切的原因之二。

M1 包括非银行所有的美钞、由美国财政部发行的各类纸币和硬币、以及各类支票。“非银行所有”这五个字万万不可忽略，因为无论是美钞、纸币、硬币，还是支票，一旦进了银行便不再是钱。这说法近乎滑稽，其实不过避免重数，因为存入银行的钱，不是变成新的支票就是变成存款。

M2 包括 M1，外加私人所有的 money market mutual funds，活期存款，10 万美元以下的定期存款，overnight RPs，以及 overnight Euro dollars。Money market mutual funds 成份复杂，非一言两语所能解释得清。简言之，不妨视为一种特别的储蓄。RPs 是 repurchase agreements 的缩写，overnight RPs 是“隔夜赎回协议”的意思，不妨译作“隔夜债券”。大公司手头常常会有暂时不用的巨额现款，而银行常常有暂时周转不灵的时候。大公司用手头暂时不用的现款从银行购买美国政府发行的债券，银行同意第二天将债券赎回，并支付大公司一定的利息，这就是所谓 overnight RPs 的实际意思。Overnight RPs 的交易通常以 100 万美元为单位，所以非大公司莫能问津。所谓 overnight Euro dollars，指美国银行在英国伦敦与加勒比海诸国所设分行所有的以美元计账的隔夜债券。

M3 包括 M2，外加 10 万美元以上的定期存款，定期 RPs，以及非私人所有的 money market mutual funds。

从 M1、M2、到 M3，流通性递减，M1 因而是三种钱之中最为重要的一种。根据 1983 年的统计，美国总共有 M1 4,824 亿美元，其中在市面上流通的美元（美钞与硬币）与不在市面上流通的美元（U. S. notes，Gold certificates，Silver certificates 等）共计 1,500 亿美元左右，不足 M1 总数的三分之一。三分之二强的 M1 都是商业银行发行的支票。

常见的硬币有 1 分、5 分、10 分、25 分四种，不那么常见的有 50 分与 1 元两种。常见的美钞有 1 元、5 元、10 元、20 元、100 元五种，曾经发行过 20 元与 50 元的，目前已罕见，还发行过 340 张高达 1 万美元的，更是无从问津了。如今 100 元的美钞，是市面上流通的最高票值。文盲在中国大陆或香港等地可以凭颜色、花纹，或大小认钞票，这法子在美国行不通，因为美钞无论票面价值多少，一律为淡墨绿色，花纹雷同，大小相等。初次见到美钞时，颇以美钞的巨细不分吃惊，忍不住问一位美国相识，谁知这位美国人对于港币、人民币的大小不齐也正纳闷，他问作者：参差不齐的钞票如何好往钱包里装？可见彼此都是少见多怪。不过，虽说好像是各有利弊，美钞之弊显然更为严重。即使文盲无有，盲人总不能也没有吧？美国盲人怎么认美钞？2002 年美国盲人协会终于就盲人无法认钞一事向法庭提出申诉，2008 年 5 月，哥伦比亚特区上诉法院驳回地方法院不利于盲人的原判，宣称大小相同、手感一致的美钞设计与制作为非法。大小相同、手感一致的美钞会因此而成为历史的陈迹么？相信在不久的将来可见分晓。

美国早期铸造的硬币含银，时下流通的硬币除一分的色泽铜黄以外，均呈银白，其实却都是铜镍合金的产物，不再与银有缘，其票面价值均远远高于铸造所费人工与材料之和。在美元成为国际通用货币之初，美元同美国的黄金储备有一定的比例关系，所有外国政府拥有的美元就理论而言都可以用来向美国政府换取黄金。这种关系早在60年代就已经实际上不复存在，在70年代初正式宣布取消，可是至今仍有一些美国人以为美元之所以是国际通用的货币，是因为美元有黄金作抵押的缘故。其实，美元之所以能在二次大战结束之后逐渐取代英镑成为国际通货，完全是因为美国是当时世界上唯一的财主，同美元有无黄金作后盾从来没有瓜葛。越战失利之后，美国一度从债主国的地位转换成借债国的地位。从纯经济学的观点来看，当时的美元已经不再具有作为国际通货的资格。有人说，美国人有运气，取代美国成为世界头号财主的碰巧是日本，日本是二次世界大战的罪魁祸首之一，又是世界经济强国之中唯一非白人国度。在二次世界大战记忆犹新的今天，在世界经济仍操纵在白人之手的局面下，日元自然不大可能取美元而代之。这说法不为无理，却也不尽然。运气之外，美国在当时仍然是世界第二经济强国和第一军事强国。经济既非强弩之末，又有飞机导弹作为后盾，想要动摇美元作为国际通货的地位，显然绝非易事。近十年来日本经济实力不断下滑，美国重新成为世界第一经济强国，美元的国际硬通货地位，自然更不可能为日元所动摇了。

5.2 美元的发行与流通

美元既与黄金储备了不相涉，其发行的多寡完全操在美国联邦储备系统的管理委员会之手。美国联邦储备管理委员会的决定总是由其主席宣布，也总是与其主席的意见一致，致使局外人以为委员会主席有一手垄断国际通货的权力。据一位自称深悉内幕的经济学教授说，由美国联邦储备管理委员会主席宣布的决定事实上是委员会的集体决定，只是因为根据委员会的惯例，主席最后一个表态。美国联邦储备管理委员会由七人组成，全部由总统提名，经参议院投票表决通过方能走马上任，任期长达十四年，以确保委员的职务不受总统选举的影响而政治化或党派化。既经任命，则不得罢免，如此规定，也是为了确保管理委员能不屈从政府或议会的政治压力。虽然如此，怀疑管理委员会的所谓独立性也不乏其人，这些人指出管理委员大都曲意奉承总统的意图，却并不能真正独立于政治之外。例外的情形当然也有，杜鲁门总统任上就曾有一位联邦储备管理委员会主席公开指责总统，不过这位主席不得不在事后立刻“自动”辞职，正好可以用来作为联邦储备管理委员会不能真正独立于政治之外的一个证例。

美国联邦储备管理委员会并非操纵美元的唯一权力机构，在这个委员会之下，或者说在这个委员会之旁，还有一个称之为联邦公开市场委员会的机构，直接负责控制市面上美元流通的多寡。公开市场委员会由十二人组成，联邦储备管理委员会的七名成员是其当然的成员，剩下五个名额由十二家联邦储备银行的行长轮番选任。M1 既是最为流通的钱，而六成以上的 M1 既非美钞亦非硬币而是支票，可见控制商业银行支票的发行远较控制美钞与硬币的发行更能有效地控制美元在市面上的流通量。由公开市场委员会负责管理的公开市场，正是为了控制商业银行发行支票的多寡而设。

支票能在银行兑现，在很多场合下也能直接当钱使用，这是无人不知的。至于支票的发行如何能影响钱在市面上的流通量，就不是人人皆知的了。一般人总以为支票不过是钱的一种转换形式，以为有钱存入银行，才能从银行换取支票户口，事实却并非如此。用美钞或硬币换取支票户口的情形并非不存在，只是少有。在绝大多数情形下，存入银行的并不是美钞或硬币，而是另一家银行发行的支票，而这另一家银行的支票又是第三家银行的支票换来的。追源溯始，第一张支票往往不是美钞或硬币的转换，而是商业银行发放的债务。正因为此，银行以支票形式发放的债务越多，市面上流通的钱也就越多。

私人之间的借贷，债权人有多少钱，就只能放多少债。银行的放债不同，银行可以以少放多。究竟可以多出多少，取决于联邦储备系统对银行的现金储备所作的规定。比方说，现金储备规定为 10%，有 100 元现金的银行最多可以发放 1,000 元的债务，现金储备升高到 12%，有 100 元现金的银行最多就只能发放 830 元的债务。因此，联邦储备系统可以通过降低或提高现金储备的要求来管制银行的支票发行量。但据说直接调节现金储备百分比的作法会产生不利的副作用，不如通过公开市场的间接调节更有效。

所谓公开市场的间接调节，指这样一种方法：每当公开市场委员会认为有必要紧缩银根，扼制通货膨胀之时，就通过公开市场向商业银行倾销政府债券；每逢公开市场委员会认为有必要增加市面的美元流通额时，就通过公开市场从商业银行收购政府债券。银行须用现金购买政府债券，手上的政府债券越多，手上的现金就越少，现金越少，能以支票形式发放的债务也就越少，因而在公开市场倾销政府债券能收到减少美元流通量的作用。反过来，银行出卖政府债券之所得为现金，手上的现金越多，能以支票形式发放的债务也就越多，因而在公开市场收购政府债券能收到增加美元流通量的作用。

美国的商业银行分为两类，一类在联邦政府注册，称之为 national 银行，另一类在各州政府注册，称之为 state 银行。有人把前者译为国立银行，后者译为州立银行，似是而非。中文“国立”和“州立”，都指非私立的意思，而美国的银行无论在联邦政府注册还是州政府注册，都是私立机构，非私立的银行在美国根本不存在。不过，虽曰私立，每逢公开市场委员会通过政府债券交易所向银行兜售政府债券之时，却没有哪家在联邦政府注册的银行敢于不乖乖儿听命，否则，其营业执照难免不被吊销。在各州政府注册的银行，都是些无关痛痒的小银行，对于美元流通量的影响甚微，联邦储备系统也就不与之斤斤计较。至于从银行收回政府债券，那是银行巴不得的事，自然是易如顺水推舟。

银行放债不是没有风险的，风险之一，是放出去债成为收不回的烂债。防止滥债发生的主要手段，是对借贷者进行信用调查，对信用好的少收利息，对信用差的多收利息，对信用太差的，干脆不借。这法子说起来简单，做起来却不容易。把信用的标准定高了，顾客让别的银行抢走，把信用的标准定低了，烂债就可能发生。美国各银行大都有各自熟悉、经常借贷、信用最好的客户，这些主顾享受优惠的利率，称之曰"prime rate"或"prime interest rate"。所谓优惠，是指对一般客户而言。还有一种比优惠利率更低的利率，称之为"Federal funds rate"，指各银行之间相互借贷的利率。银行之所以要借钱，是因为现金储备暂时短缺所致，所以"Federal funds rate"不妨译为"联邦储备利率"。联邦储备利率之所以会比优惠利率还要低，并不是因为银行与银行因同行业而互惠，只不过是势必如此，否则，哪还会有银行借钱来放债？

银行放债的风险之二，是把通货膨胀率估计过低。比如，银行估计一年内的通货膨胀率为5%，从而把一年定期借贷的利率定为8%，旨在挣得3%的利息。如果当年的通货膨胀率其实只有4%，那么，银行的实得利息为4%，而不是预计的3%。如果通货膨胀率为9%，那么，银行就不仅没有赚到钱，反而亏损1%。美国的通货膨胀率在二次世界大战以前很长一段时期内为负数，使人对通货膨胀的风险估计不足。结果之一，是专做房屋抵押贷款生意的储蓄借贷所（savings and loan）在70年代中期以前把30年定期定利率的房屋抵押贷款利率定得偏低，致使1,000多家储蓄借贷所在90年代破产，总共亏损额高达1,601亿美元，未免因此而造成社会危机，美国联邦政府承担了1,246亿美元的债务，成为迄今为止美国联邦政府面临的头号财政难题之一。风险的另一面是机会，储蓄借贷所吃的亏，成为商业银行大发横财的机会。商业银行在80年代以通货膨胀率将持续高涨为理由，把短期贷款的利率提高到20%左右，而实际的通货膨胀率却被控制在5%以下。

银行放出的债务既然远远超出其现金储备，万一有为数众多的客户同时提现，银行势必难以招架，而一旦有招架不住的风声传出，又势必在客户中引起恐慌，致使本来无需提现的客户赶来提现，从而使不能兑现的谣言成为不能兑现的事实。结果是银行关门大吉，客户钱财化水，不折不扣的两败俱伤。不言而喻，这是银行放债所面临的最大风险。为了避免这类灾难发生，美国的银行在历史上曾经使用过这样的对策：在人迹罕到、强人出没的偏僻地点设立分行，并规定只能在这样的分行办理提现。这种馊主意居然能流行一时，委实令人难以置信。像这样的“高招”，如今自然是行不通的了。现在的办法是，叫银行联合起来成立一家联邦存款保险公司（Federal Deposit Insurance Corporation，简称为 FDIC）。如果银行当真倒了，联邦存款保险公司承担对每一帐号赔偿 10 万美元的责任。

5.3 储蓄与投资

凡是有固定收入的人，都少不了会在银行立户，以便存放薪水支票。在银行里存放巨额存款的人却极少，因为美国银行存款的利息极低，一般来说，不足以抵消通货膨胀而致的损失。之所以会如此，是因为存入银行的钱基本上是没有风险的，而利息的高低又恰同风险的高低成正比。大部分美国人的储蓄都投入股票市场，以企谋取较高的利润。美国最大、最重要的股票市场，是设在纽约市的纽约股票交易所（NewYork Stock Exchange），该交易所成立于 1791 年，迄今已有 200 多年的历史。在规模与重要性上居次席的股票交易所，本来属于 1908 年开创，同样位于纽约市的美国股票交易所（American Stock Exchange）。不过，近年来美国股票交易所式微，简称为 NASDAQ 的交易所后来居上。NASDAQ 的全称是 National Association of Securities Dealers Automated Quotations System，大约是因为过于罗嗦，很少有人使用这一全称。严格地说，NASDAQ 谈不上是个交易所，因为“所”者，“所在”之意，而 NASDAQ 并不存在一个进行交易的所在，一切在 NASDAQ 进行的交易,都是通过电脑网络执行的。本来在 NASDAQ 进行交易的都是些微不足道的小公司的股票，80 年代后期，一些在 NASDAQ 进行交易的高科技小公司突然膨胀为对世界经济和科技均有举足轻重之势的跨国公司，遂使 NASDAQ 的地位不但凌驾于美国股票交易所之上，而且俨然有与纽约股票交易所并驾齐驱之势。使 NASDAQ 的地位突飞猛进的功臣，当数英特尔（Intel）与微软（Microsoft）。前者几乎垄断了个人电脑的芯片生意，后者几乎垄断了个人电脑操作系统的生意。有意思的是，这两家公司的坐大，都是多年来一直几乎垄断一切电脑生意的 IBM 一手造成的。

股票交易的历史在美国源远流长，参与股票买卖者人数众多。不过，对股票一无所知的也不乏其人。更有意思的是，即使在经常买卖股票的人中间，也是一知半解者居多，真正的行家甚少。比如，股票的交易并非买方与发行股票的公司之间的交易，股票交易所其实只是二手货的市场。有些人买卖股票业已多年，对此却认识模糊。又比如，股票的价值并不反映公司生意的现状或历史，而是对公司未来的挣钱能力的估数，理解这一点的人就更少。

凡是对未来的预测或估计，总是需要根据事态的发展时时予以修正，否则就会因毫厘之差而致千里之谬。股票价值所反映的既然是公司未来的挣钱能力，股票价值随公司的经营状况以及总的经济形势的变化而波动势在必然。比如，某公司的盈利不如理想，其股票就会下挫。世界主要石油产地中东的政治局势不稳，美国石油公司的股票就会上扬。这类价格的升降，其理甚明，勿须解释。但是，下挫或上扬的程度是否合理就很难说了。一般来说，心理作用的影响往往超越实际因素。消息愈是出人意表，心理作用的影响也就愈大。在更多的情形下，促使股票价格波动的因素完全是心理的，实际的原因根本无有，虽然所谓的股票行家总是能在事后找出理由。作者在芝加哥大学商学院就读时，曾参与教授组织的模拟股票交易。既称之为模拟，自然不是真买真卖，不过是教授叫学生把想买与想卖的都记录备案，经一段时间之后，看看记录在案的“输赢”如何。某同学在这种模拟交易中大胜，教授问他诀窍何在。他说没什么奥妙可言，不过买贱卖贵而已。“买贱卖贵”四字，是古今中外人所共知的老生常谈，所以此人说没什么奥妙可言，事实上真能实践者却不多。一旦不是模拟而是实战，眼看某股票下跌，手上有的都急于出手，手上没有的都庆幸没有，敢于买进的极少。眼看某股票上涨，手上有的都抓紧不放，手上没有的都急于要有，甘心卖掉的也极少。

世界上凡事都可以归结为“难者不会，会者不难”，只有两件事例外。例外之一是去赌场赌钱，例外之二就是买卖股票。去赌场赌钱，偶一为之，或许可赢，但靠的不是技术或经验而是运气。去的次数多了，则就理论而言，无论是玩家还是生手都必输无疑。买卖股票不等于赌博，没有就理论而言必输无疑这么回事，但行家与生手的输赢机会均等，或者说根本无所谓行家与生手之分，这一点则与赌博无异。股票掮客自然会反驳这种观点，因为股票掮客藉以谋生的本钱就是所谓买卖股票的技术与经验。毫无疑问，股票掮客比一般人更懂得交易所的运作与股票的行情。问题在于这些知识并无助于在买卖股票上赢钱，想要保证在买卖股票上赢钱，只能靠运气或内幕消息。这种观点早已从理论上得到证明，并且写入有关股票的各种教科书。

为获得事实上的证例，《华尔街日报》曾经做过这么一个试验：每周请几位公认的股票行家精心挑选各自看好的股票，同时请几位报社内对股票生意一窍不通的记者任意乱选股票，每隔一段时期对两组股票进行一次对比。结果显示行家和外行打成平手。令人不解的是，虽有理论和实践两方面的证明，股票掮客的生意却仍然兴隆不衰。也许是因为十之八九的人都没有内幕消息，运气又由不得自己，所以，明知股票掮客的意见不一定有任何意义，也还是愿意洗耳恭听。

所谓内幕消息，不是道听途说的消息，也不是亲朋好友辗转相告的消息。这并不是说，如此得来的消息均属子虚乌有，只是这样的消息无论真实与否，都绝对不是内幕消息而是已经流传的消息。有关股票的消息一经流传，立刻一钱不值，因为股票的价格早在这消息传到一般人耳朵之前业已作了相应的调整。这种因市场作用而发生的自动调节有多快？据说只消两秒钟。有谁能在如此短暂的时间内靠跟风而获利呢？只有在股票交易所呈递买卖合同的职员。如果股票市场公然允许人凭藉内幕消息交易，没有内幕消息的人则势必处于极度不利的地位。为了维护股票市场的公平性，但凡有内幕消息的人，比如公司最高一级的管理人员，都不得根据所知内幕消息进行股票交易。把内幕消息泄露给亲朋好友，让这些人利用内幕消息而发财也属非法。负责管理、监督股票交易的机构为证券交易委员会（Securities and Exchange Commission，简称 SEC）。监督的基本方法是：凡是五千股以上的交易，SEC 均对交易者作背景调查，如有疑窦，则进一步深追。

然而，凡是非法的事都会有人去做，否则也就不用立法禁止了，股票交易自然也不例外。90 年代中期，联邦调查局与证券交易管理委员会接连破获数起利用内幕消息进行非法交易的案子。而锒铛入狱的人之中，就有久享股票交易天才盛誉的波耶斯基。波耶斯基在案发前经常到名牌商学院去演讲其交易经，不折不扣是华尔街炙手可热的人物。案发之后，没人再同他攀交情自不在话下，冷嘲热讽、落井下石者倒是不少。趁机发财的也不乏其人，其中一例是好莱坞立刻推出一部以此案为背景的电影《华尔街》，因属趁热打铁，相当卖座。另一例则是“赔了夫人又折钱”，原来波耶斯基想必是做贼心虚，非法交易所得早已转在其夫人名下，岂料一旦成为阶下之囚，夫人不仅下堂而去，而且离去之时名正言顺地带走其名下的全部财产，而且在施舍离婚赡养费时对波耶斯基非常刻薄。《华尔街日报》的一名股票专栏作家把专栏内容在未发表之前透露给朋友，也因此而被判刑。股票专栏的内容本不是内幕消息，只不过是作者个人的看法。然而，由于《华尔街日报》的权威性，唯该专栏是瞻者众，专栏说甜的瓜，众人一哄而抢，说不辣的姜，大家一齐撒手。因而预先得知该专栏的褒贬，就像握有内幕消息一样，没有不因此而发财的。

仅凭 SEC 的监督，自然是不足以杜绝非法的交易。问题的性质严重时，就要请联邦调查局上阵。联邦调查局曾用卧底的办法，在芝加哥破获一个非法交易集团。联邦调查局侦察的对象，是芝加哥的交易权市场（Options Market）。所谓交易权，指在一定的期限内用一定价格卖出或买进某股票的权力。股票交易权的交易由来已久，并不是新近的发明。不过，这种交易在美国大行其道，却是从 1973 年芝加哥交易权交易所（Chicago Board Options Exchange）成立之后方才开始的。虽然纽约和其他城市也存在交易权市场，但其规模都不能望芝加哥的项背。股票交易权的交易含有极高的赌博性，芝加哥因而云集了一批铤而走险的职业交易高手，正是这批人的活动引起了联邦调查局的注意。

除去股票交易权，期货的交易也具有极高的风险，因而也是投机者一博输赢之地。美国最大的期货交易所也恰好在芝加哥，真是所谓无独有偶。期货包括各种重要的农牧产品，之所以称之为期货，是因为不是一手交钱一手交货的现买现卖。像股票交易权的交易一样，期货交易所交易的是在一定时间之内用一定的价格买卖某种产品的权力。大概是由于风险性过高，股票交易权和期货的交易本来不怎么为一般小民百姓所关注，克林顿的当选总统却出人意外地使期货交易成为轰动一时的热门话题。原因是克林顿夫人曾经在期货市场碰过一次运气，下注几千块钱买牲口，不移时便获利十数倍。当时克林顿不过是阿肯色州长，区区小州长的太太发一笔不大不小的横财，自然无人问津。一旦跃龙门而成为所谓第一夫人，捕风捉影的事都会有人穷追不舍，何况克林顿太太炒牲口发横财有案可稽，让政敌抓住纠缠不放也是理所当然。克林顿太太的这笔牲口期货交易之所以形迹可疑，不仅是因为发得太快、获利太高，而且是因为据说几千块钱为数太小，在一般情形下根本不足以在牲口期货市场下注。克林顿太太的解释是：她对期货市场一无所知，对这笔交易的细节也一无所知，买卖是在一位朋友的怂恿下，由这位朋友一手包办的。至于这位朋友是否因此而从克林顿州长手上捞到什么好处，就不是有案可稽的了。几经纠缠，终不得要领，风波也就逐渐平息，只是偶然还会看到股票行家警告一般人，切莫误会牲口期货为发财的捷径。

5.4 收入的多寡

十几年前，亚裔的收入还略低于白人。至 2006 年居然高出白人 17%以上，原因何在？在于近年来亚洲移民的结构发生变化。从东南亚等地来的劳工少了，从中国、印度等地来的留学生移民多了，中国、印度留学生皆能凭借高学历谋得高薪的职位。黑人收入之所以最低，根本原因也在教育程度。就读大学者少，进入高薪阶层者就少。至于女性收入之大大低于男性，除去性别歧视之外，无可解释。有些人凭空设想女性的收入之所以低下，是因为生孩子、操持家务，从而耽误工作。其实不然。据芝加哥大学的一项统计，刚刚从大学毕业的男女学生，就已经并不同工同酬。

以行业而言，在美国挣钱最多的人是文艺体育界的明星。比如，头号篮球明星麦克乔丹 1996 年的年薪是 3,100 万美元，外加同样以千万元计的广告收入。虽然不是每位职业篮球选手都这么阔绰，职业篮球的最低年薪也有 22 万美元，凡是拿最低年薪的选手大都是罕有机会上场的替补队员，几乎可以说是不劳而获，22 万美元的数字也就绝不能算少了。电影明星每拍一部电影动辄以百万计，电视明星一年挣几百万的也多如过江之鲫。美国地产大王特朗普的前妻、曾为时装明星模特的伊凡娜在电视购物频道推销首饰，一小时所得为 1,

300 美元，令那些以每小时收费数百美元而飘飘然不可一世的超一流律师听了，恨不得一头撞向南墙。然而，在挣钱上拔头筹的还得数歌影双栖的女明星芭芭拉司翠珊。几年前美国赌城拉斯维加斯大兴土木，接连建造几所大规模综合性娱乐场所与高档酒店，竣工之时以 2,000 万美元的代价聘请十年不曾登台演出的司翠珊举行两场室外大型独唱晚会。当时美国大学教授的平均收入是年薪 5 万，司翠珊两晚之所得，竟相当于一位教授工作 400 年。

如果视文艺和体育明星为特例，撇开不谈，那么，最能挣钱的要数华尔街投资银行的高级股票掮客。对这些人来说，一年挣几十万简直无足挂齿。通用电气公司曾经买下华尔街一家中等规模的投资银行，买卖成交之后不久就发现投资银行的“公司文化”同通用电气公司的“公司文化”格格不入。不入之一，正在于收入的差别。当年通用电气公司总裁的年收入不过几百万美元，负责管理收购来的投资银行部门主管的年收入更不足一百万美元，而这家投资银行年收入在一百万以上的竟有几十人之多。

如果也视华尔街的这一批人为特例，撇开不谈，那么，最能挣钱的数大公司的高级行政人员。美国大公司的最高负责人称之为“chief executive officer”，简称为“CEO”。这个职位通常不是由公司董事会主席（Chairman of the Board）兼任，就是由公司总裁（ President）兼任。不管是董事会主席还是总裁，如果不兼任 CEO，就不是真正的第一把手。事实上，“第一把手”也正好是 CEO 的最恰当的译名。

据伯克莱加利福尼亚大学商学院的统计，70 年代美国大公司第一把手的平均收入同公司工作人员的平均收入之比为 41：1。该校所用“大公司”一词的定义是：雇员的中间数为 2,4500 人的公司。20 年后，差距翻了四倍以上。1992 年第一把手的平均年收入为 280 万美元，雇员平均年收入为 18,900 美元，构成 145：1 比例。1993 第一把手的平均年收入为 330 万美元，雇员平均年收入为 19,400 美元，比例扩大为 170：1。1994 年第一把手和雇员的的平均年收入分别为 370 美元和 20,000 美元，差别继续增大为 187：1。

收入仅次于大公司第一把手的为大公司的高层管理人员，这批人为数不少，收入的差别也较大，大约可归纳入上百万到四、五十万的范围。其次为医生、高级律师、大学校长、联邦政府部长级官员等，平均年收入约在二十几万至四、五十万之间。再其次为工程科技人员、教授、有开业执照的会计师、中小学校长、大公司的中下级经理等，这批人的收入差别也不小，高的可至二、三十万，低的不过五、六万。再次为中小学教师、无开业执照的会计、图书管理人员、护士、一般商店管理人员等，其平均年薪在四、五万美元左右。

美国没有中等师范，中小学教师都须大学毕业，有不少还兼有教育硕士学位。美国的会计师（accountant）无论有开业执照与否，也都须大学毕业。无须大学学位，相当于中国一般会计、出纳的职务在美国称之为“accounting clerk”。美国的护士也至少是大学本科毕业生，高级的护士大都有硕士学位。因此，以上提到的各行各业都是至少具有大学毕业资格的行业。

上列数字同时显示，所学的专业或所从事的行业之不同，是造成收入差别的最大的因素。一般说来，管理者收入偏高，技术者收入偏低。成为管理者的捷径在今天似乎是上大学读技术专业，工作两三年后回研究院读企业管理硕士，然后再回到大公司弃技术而投入管理这一行。少数商学院有博士班，不过，千万别误以为捞个企业管理博士会更有利于成为人上之人。博士班是为培养师资而设的，一旦成了企业管理博士，就几乎同大公司第一把手这类职务绝了缘。因为在一般美国人心目之中，博士都是书呆子，只有本事治书，没有本事治人。其实，就是读企业管理硕士，也只是为了镀金，而并非真正为了求道。所以，想要挣大钱，必须去一流商学院。

不过，即使有一流商学院的企业管理硕士学位，也并不能保证成为高级管理人员。因为成为管理者的基本的条件有三，与学位无关。基本的条件之一，是要有 excellent communication skills。译成中文，就是要“笔嘴两利”的意思。基本的条件之二，是具备 networking，所谓 networking，也就是要有“关系”。记得曾读到过一篇英文杂志的文章，谈在中国做生意没有“关系”如何寸步难行，为了表示英美文化中不存在“关系学”，该文作者特意创造了个新的英文词汇 guanxilology，明摆着个 networking 不用，属于典型的有眼看人，无心问己。基本的条件之三，是要会逢迎拍马。以作者之见，来美国做人上人的梦大可不必，因为“笔嘴两利”是指英文而不是指中文，“关系”也不是中国的社会关系而是美国的社会关系。想要在这两点上同美国人比高下，自然是好梦难成。此外，即使是拍马的技术，也因文化背景而异，在中国会拍马屁股的人，跑到美国来搞不好会拍到马腿上。管理者的梦既做不成，在美国留下来的中国人大都走技术这条路。技术不止一种，收入也不尽同。据美国劳工统计局的调查，从事工科、数学、物理、药物与经济学这五行的男性薪水最高，女性则以学药物、工科、电脑、医药护理和护士为优。

听到美国人一年挣多少美金，有些中国人会立刻根据外汇兑换率折算为多少人民币，其实算法不能这么简单。美国的联邦税收法苛细非常，而且几乎年年更换，地方税收更无统一规定，很难给予简单扼要的介绍。简言之，美国人扣除各项税收之后的实际收入大约只有毛收入的 60% 或 70%。

即使以实际收入论，也并不能简单按外汇兑换率折算成人民币。这首先是因为两国的物价差别甚大，其次是因为两国的就业与退休制度也判若天渊。第一项因素简单易懂，只是不容易计算。第二项因素须稍作解释。美国政府是不负责个人就业的，有人因为失业者可以领取一定时期的失业救济，遂以为美国政府至少对失业尽了一定责任，其实不然。失业救济从表面上看是雇主替雇员买下的保险，实际上当然不外是羊毛出在羊身上，也就是说，是就业者自己挣来的，从实际上看，失业保险同政府不相干。从来不曾就业的人，或者说一直失业的人，根本拿不到失业救济，就是最好的明证。美国另有社会救济，那倒是由政府负责的，不过不可同失业保险混为一谈。美国联邦政府征收的社会福利税是为提供年老退休之后的生活补贴而设的，不过数字渺小，也不同工资够成比例，不能同中国的退休金相提并论。美国提供退休金福利的公司甚少，一般公司所谓的退休金，其实只是附有补贴的个人储蓄。换言之，在美国如果自己不存钱养老，老来生活无着落或生活水平大幅度下降势在不免。如果计入物价差与社会制度差这两项因素，美国人的实际收入就还要在60%的基础上再打折扣。至于这折扣应当是多少，那就难说了。不过，无论如何折扣，美国人的实际收入水平总是要比中国人为高，只是没有表面上看起来高那么多而已。

5.5 金融危机

2008年岁末之际，一场前所未有的金融风暴以迅雷不及掩耳之势横扫华尔街。尘埃落定之时，原本红得发紫的投资银行几乎荡然无存。仅存的两家之所以能免于破灭，依靠的是联邦政府允许其改头换面为商业银行的救急措施。原本最大的两家商业银行倘若不是联邦政府援之以手，也难逃破产的命运。

金融风暴因何而来？有人说因次级抵押贷款而来。所谓次级抵押贷款，指对原本不够资格贷款购买房屋者发放的、用房屋作为抵押的贷款。很多银行与投资银行都过深地卷入了次级抵押贷款的生意，随着美国房地产市场泡沫的破灭，依靠房地产增值方能维持其分期付款能力的买家纷纷放弃手上房地产，作为债主的银行与投资银行因而陷入困境。次级抵押贷款只是引发风暴的导火线，而并非根本原因之所在。

有人归责于银行家的贪婪。这种说法当因气愤而生。贪婪的何止银行家？银行家固然能挖空心思制造各种高风险的贷款花招，却并不能强迫客户接受这样的贷款，如果客户不贪，无论银行家有多贪，高风险的贷款不可能风靡一时以至留下无穷后患。此外，这种观点忽略了一个极其重要的事实：巧妇难为无米之炊。如果银行手上资金不足，无论银行家有多贪、有多狡，银行家既无必要、也无可能铤而走险、陷入次级抵押贷款这类漩涡。次级抵押贷款以及其他高风险贷款方式之所以出笼，乃是因为银行手头资金过剩的结果。

有人指责前总统小布什不负责任或管理无方，这种说法基本上出于对小布什的憎恶，与事实不相吻合。事实之一，美国的金融政策操在联邦储备系统之手，更确切的说，操纵在这个系统下的公开市场12人管理委员会之手。联邦储备系统既不受总统支配，也不受政党左右。事实之二，金融管理政策是经由议会制定的，总统的权利仅在于认可或否决。同其他经由议会制定的政策一样，总统的否决可以被参议院再次否决。可见总统的责任与权力有限，与其指责总统，莫如指责议会。事实之三，对如今金融管理影响最大的改革法案，是在克林顿总统任上经由共和党控制的国会通过、由克林顿总统签署而后成为法令的，基本上是共和、民主两党合作的产物，与党派政治、意识形态无关，与小布什更无瓜葛。

然则原因究竟何在？以作者之见，根本性的原因有三。

原因之一，1999年克林顿总统任上通过的放松金融管理的法案。该法案混淆投资银行与商业银行的界限，既允许投资银行发放支票，又允许商业银行从事证券生意。商业银行的进入证券市场，不仅令证券市场受商业银行大宗资金的左右，从而未必反映上市公司的真实经营前景，而且也令商业银行面临高风险的危机。投资银行本来是有钱佬的私人集资集团，无论有钱佬们多么有钱，就财源而言无法与股票上市的商业银行竞争。为吸取更多的资金起见，投资银行纷纷改弦易辙，统统改为股票上市的公司。因上市而资金充裕的投资银行同商业银行一样，成为可以左右证券市场的势力，不利与证券市场的合理交易。此外，当资金来源于自己的腰包之时，如何投资必然十分谨慎。当资金来源于别人的腰包之时，就未必那么谨慎了。证券交易一旦为上市公司所包揽，各种高风险的交易手段与投资类型立即应运而生。把次级抵押贷款包装成证券形式予以买卖，即其证例。

原因之二，公开市场委员会失职，未能及时控制货币的流通量。为何如此？解释是：由于中美贸易的大幅度逆差，中国购入大量美国国债，致令公开市场委员会以为可以不必要求美国商业银行承担购买美国国债的责任。换言之，美国金融决策机构指望通过外债顶替内债。好处何在？令美国的金融系统可以放手发放资金，从而促进需求、维持经济繁荣。坏处呢？为再贷款、次级贷款等等的出笼提供了充要条件。美国金融决策机构负责人仅见其利，不见其弊，以为美国人的预支可以稳妥地通过大量握有美国国债的外国人诸如中国人、日本人等替其买单。孰料预支的数额过于庞大，房地产的市场炒过了头，危机一经触发，遂如决堤洪水。

原因之三，负责管理、监督股票交易的证券交易委员会（SEC）腐败无能。SEC一向并无腐败无能的名声，因而2008年底抖弄出来的贝纳德·马多夫案对华尔街的冲击，绝不亚于雷曼兄弟投资银行的破产。

马多夫是何方圣神？未必是人皆知。不过，即使不知道马多夫是何方圣神，总该不会没有听说过纳斯达克（NASDAQ）吧？在华尔街圈内，马多夫几乎就是纳斯达克的同义词。为何如此？因为纳斯达克的诞生与壮大，马多夫 功莫大焉；马多夫的投资公司曾经既是纳斯达克最大的买家，也是纳斯达克的最大的卖家；1990 至 1993 年，马多夫本人正是纳斯达克的董事长。这么一个风光人物，因何被捕？因为马多夫是棕榈海滩乡村俱乐部中炙手可热的会员。棕榈海滩乡村俱乐部又是个什么去处？所谓乡村俱乐部者，清一色是有钱佬的游乐场所，通常包括高尔夫球场、网球场、游泳池等等。棕榈海滩乡村俱乐部与众不同之处有二。其一，这乡村俱乐部是犹太人的俱乐部，不是犹太人，即使有钱，不得其门而入。其二，即使是犹太人，即使有钱，倘若那钱来得“不干不净”，同样免入。

马多夫既是棕榈海滩乡村俱乐部中炙手可热的会员，怎么会因为是有钱的犹太人而被捕？马多夫的麻烦不在此，在于他干干净净地骗取了 500 亿美金。上当受骗的，不仅包括棕榈海滩乡村俱乐部中的显赫会员，而且包括非犹太人但同样钱势兼有的 WASPS（White Anglo-Saxon Protestant），以及一系列高档次的银行与投资公司。比如，瑞士银行 UBP 经营的 22 个基金之中，就有一半以上把成千上万的资金投入了马多夫打造的黑洞。结果自然是“肉包子打狗，有去无回”。因有不少基金卷入，受害者远远不限于有钱有势从而有幸接受马多夫的直接服务者，而且包括众多节衣缩食勉强有所积蓄的草民。

瑞士依以生存的主要手段原本有二：手表与银行。自从石英手表问世以来，手表业的垄断地位被日本打破，银行遂为瑞士一枝独秀的行业。令金融业高手如云的瑞士银行都不免落入其圈套，马多夫究竟使用了什么高招？说来奇怪，并非是什么高招，不过是再平凡不过的庞氏骗局。所谓庞氏骗局，因意大利移民查尔斯·庞氏（Charles Ponzi）而得名。上个世纪之初，查尔斯·庞氏以高利率为饵，骗取大量资金。如何能够成功骗人？高利息自然是诱饵。利息从何而来？并非来自对投资者资金的运作，而是来自投资者的资金本金。倘若投资者不断后继有人，倘若投资者的数目与日俱增，倘若投资者并不要求取出投入的本金，那么，这样的骗局可以立于不败之地。问题是，以上三个前提都不可能永远成立。马多夫 的骗局在成功运作至少 10 年之后穿帮露馅，正是因为有投资者要求提取 70 亿本金，马多夫无法偿还，只得坦白行骗的真相。

查尔斯·庞氏并不是这种骗局的发明人，只是令这种骗局在美国成为轰动一时的新闻而已。或问：庞氏骗局既已在美国轰动一时，马多夫怎么可能成功地抄袭长达至少 10 年之久而不败漏？以作者之见，答案只有一个，即马多夫是个成功的犹太人。美国金融界操纵在犹太人之手，这是众所周知的事实。但凡成功的犹太人，在美国金融界都游刃有余。换作其他人种，绝对不可能成功。比如，倘若换作国人，自己人的圈子内有钱者屈指可数，想忽悠犹太人或者 WASP 入彀？没门。能够骗他个万八千就算是极其成功的了，上哪去骗 500 亿？倘若换作阿拉伯人，一动手恐怕就会遭到 FBI 的盯梢，一举一动皆被窃听偷窥，虽寸步亦复难行，何成功之有？不信？君不见2009年元月初，一干美籍阿拉伯裔仅仅因为在飞机上谈论几句哪个席位更加安全就遭邻座老美检举而被轰下飞机接受FBI的调查么？

或问：难道因为是犹太人，就没人怀疑、没人检举了么？并非如此。早在9年前，马多夫投资公司的巨大“成功”就遭到亨利·马科珀罗（Harry Markopolos）的怀疑与检举。马科珀罗是何人？初出茅庐、名不见经传的小人物。当时马科珀罗任职于某投资公司，该公司的投资策略与马多夫投资公司所“使用”者相同，业绩却相去不可以以道里计。怎么回事？马科珀罗的老板令马科珀罗调查研究一下。马科珀罗调查研究之后，得出马多夫投资公司绝不可能造就如此辉煌业绩的结论。为慎重起见，马科珀罗又求教于某数学专家，数学专家得出的结论也一样。于是，马科珀罗将其调查研究所获，撰写为详细报告呈送SEC。岂料检举报告一去渺无回音。马科珀罗锲而不舍，一而再、再而三地上告SEC，结果皆如泥牛入海，化作乌有。

SEC为何如此装聋作哑？用马多夫自己的话来解释，那是因为“我同SEC负责人熟。”熟到什么程度？“我外甥女婿就是负责人之一。”马多夫所云，虽然是实话，其实也是笑话。因为马多夫同SEC的关系绝对不需要通过其外甥女，其外甥女之所以嫁到SEC，倒是恐怕正因他马多夫与SEC的关系所致。据马多夫案发之后的报道，SEC负责人从SEC卸任之后旋即出任投资银行法律部门负责人，早已成为惯例。投资银行法律部门负责人的年薪动辄以百万美元计，这种肥缺绝对不是“靠熟”就能捞得着的。SEC负责人卸任之后之所以能捞到这样的肥缺，不仅是因为在任之时曾替投资银行效劳，而且还因为就职投资银行之后可以利用在SEC中原有的旧关系继续替投资银行效劳。

就规模与速度而言，2008年底暴发的金融危机皆属史无前例。如何应对？小布什卸任，撂挑子而去，轮到奥巴马接手。不过，白宫虽然换了节目主持人，上演的节目却依然不变。应对的方法，依旧是刺激经济增长。唯一的不同，是把用于刺激的经费从五千亿美元提升到八千亿美元。

奥巴马的方案提交国会审批之时，虽然遭到部分议员质疑其细节的可行性与合理性，却不见有人质问奥巴马：八千亿美元从哪儿来？难道美国国会议员都是傻冒，都把奥巴马当成摇钱树或者魔术大师，要风得风，要雨得雨，要美金得美金？当然不是。不问，因为议员们都知道可以印钞票。小布什卸任前用于赎买华尔街的钱是这么来的，奥巴马计划用于进一步刺激经济的钱，也只能是这么来。

或问：这么容易？怎么冰岛面临破产之时需要国际资助？难道不知道印钞票这法子？钞票不是人人都能印的。除去美国，大量印钞票必然导致通货膨胀，得不偿失。为什么美国行？因为美金是国际通用货币。美国人印钞票，全世界人替美国买单。所以，美国印钞票，有可能将自己的危机转嫁于他人。

八千亿美元该怎么用？国会两院议员以党划线。由于民主党在两院皆占优势，结果自然是大都顺从了民主党的意思。所谓顺从民主党或共和党的意思，并不是说顺从谁的意思去刺激经济，两党争吵的关键其实与如何刺激经济无关，因为两党都趁此有钱可花的机会把平时因无钱可花而不得不搁置的想法都塞进这项本来旨在刺激经济的方案。酝酿议案之时趁便附加一些与原提案不相干的东西乃是美国政客们的惯例，本来不足为奇。略微令人惊讶的是，当此金融危机十万火急之际，政客们依旧乐此不疲。

总的来说，美国参议院议员的文化程度远远高于众议院议员。绝大多数参议院议员皆认识到必须不惜资金抢救银行与投资银行，而不少众议院议员以及为数更多的草民却持反对意见。有些草民甚至上街游行，抨击政府抢救华尔街的计划为劫贫济富的行径。事实当然并非如此。反对派之所以反对，大抵因为不懂银行的生意与其他生意具有完全不同的性质。两者的生意究竟有何不同？简言之，商业银行的主要业务是生产资本，而投资银行的主要业务是运作资本。令银行与其他行业不同的，正是这资本二字。其他行业，无论是从事生产还是从事服务，都是利用资本、消耗资本的生意，唯有银行是生产资本、运作资本的生意。没有商业银行就没有资本，没有投资银行就没有资本的集散与周转，二者皆无之时，哪还能有什么资本主义社会？所以，别的行业都可以听其自生自灭，唯独银行不可。不抢救银行，无异于自杀。

除去银行，八千亿刺激资金的最大收益者为通用汽车公司与克莱斯勒汽车公司。没有政府的资助，这两家公司早已倒闭；没有政府的持续资助，这两家公司势必会倒闭；即使有政府的持续资助，这两家公司恐怕依然难免一死或至少是半死。局势既然如此，为何政府与议会依然主张拨款抢救？原因大抵有三。其一，倘若这两家汽车公司倒闭，势必造成更大的失业问题，从而深化金融风暴带来的社会危机。其二，汽车工会长期以来是民主党的支柱之一，奥巴马与工会尤其投缘。汽车公司一旦倒闭，汽车工会必然随之而亡。在民主党控制国会的局面下，在奥巴马依靠工会势力先后击败党内外政敌之后不久，不能见死不救吧？其三，不少美国人视汽车工业为美国人的工业。在这“不少人”之中，恰好也包括奥巴马本人。在其首次面向国会的演讲中，奥巴马竟然宣称汽车是美国人发明的。在这不合事实的宣称被人指出之后，奥巴马的发言人出面澄清事实之时，竟然又大言不惭地声称：美国人虽然不曾发明汽车，却无疑能生产出最好的汽车。当真如此，美国的汽车公司怎么还用得着政府出面资助方能得以苟延残喘？奥巴马本人其发言人的言论，不过充分体现出美国人视美国汽车工业的败走麦城为国耻而已。

6 美国文化特色

6.1 基督教文化

美国是基督教徒建立的，自从建国以至于今，基督教始终是美国文化的核心。这里所说的“基督教”，乃合基督教三大派系而言。基督教的三大派系在英文分别名之曰“Christian”，“Catholic”，“Orthodox”，中文把“Christian”译作“新教”或“基督教”，把“Catholic”译作“天主教”，亦译作“公教”或“旧教”，把“Orthodox”译作“正教”或“东正教”。视这三大派系为一体，虔诚的教徒们可能会鸣鼓而攻之。不过，以作者之见，即使从宗教的角度来看，三者的区别也不过是正统与修正之分；从文化的角度来看，统称之为基督教文化则不仅无可指责，其实是恰到好处。

凡是略知西方历史的人想必都会知道：古代西方文化如古希腊文化与古罗马文化，都同中国文化一样，早在有基督教问世以前数千年就业已开花结果，并不依赖基督教的出现而发生而发展。但是，对于古希腊人与古罗马人称之为“蛮族”（barbarian）的诸民族来说，基督教却不折不扣为其文化之鼻祖。这些依赖基督教而开化的“蛮族”正好是现代西方各民族之祖先，因而现代西方的道德观念、社会伦理、教育制度、文学艺术的形成和发展，都同基督教文化有不可分割的关系。美国文化不过是西方文化的一个分流，美国文化之以基督教为其核心，如水之走向，势必如此。

基督教之所以称之为“基督教”，是因为创教者被人唤作“基督”。“基督”与“耶稣”经常被人混为一谈。严格地说，“耶稣”是名字，“基督”是头衔。“基督”在西欧各文字均作“Christ”，源自希腊文，首先见诸希腊文版的《旧约》，是希腊文对希伯莱文“moshakh”一词的翻译，本是动词，意思是“抹油”，尤指“往头上抹油”，转作名词，直译成中文就是“头上抹过油的人”。往头上抹一种香油是犹太王公大人袭爵登基时的一种仪式，所谓“头上抹过油的人”也就是王公大人的意思。把“头上抹过油的人”用来专指“耶稣”，是基督教大为盛行之后的事。

说基督教始于基督，那是根据基督教的说法。如果基督教的说法可信，那么，基督之母，也就是基督教奉为“圣母玛利亚”者，在婚前就孕育基督在身，不过，不是通过和凡人的媾合，而是接受上帝的灵感，当科学大行其道之后，这类无稽之谈自然很难为有识之士所接受，19 世纪的历史学家大都倾向于否定基督的存在。有意思的是，科学的进一步发展不仅没有能增强否定派的势力；恰恰相反，20 世纪的历史学者反而大都认为基督确有其人，不过只是凡人而并非上帝之子。既然是凡人，所谓圣母玛利亚感上帝之灵而怀孕之说自然不攻自破。然则，如何解释玛利亚的未婚先孕？一种解释是：这故事纯属子虚乌有，目的在于拔高基督的形像。另一种解释是：这故事真假参半。基督实为私生子，这事在当时无可隐瞒，或者并不认为需要隐瞒，故而未曾隐瞒。后来的基督徒才捏造托体上帝之说。

根据基督教的说法，基督诞生于“公元”元年。在“公元”之上加引号，自然不是没有用意的。根据某些史学家的考证，其出生之年当在公元 4 年至 8 年之间。出入不大，基本上可以忽略。关于基督教的发迹，史学界同宗教界的意见则颇有分歧。史学界的观点是：基督教是在基督死去 300 多年之后，凭借罗马皇帝康斯坦丁的政治势力方才发扬光大的。基督教则宣称康斯坦丁大帝之所以皈依基督教，正是企图利用业已强大的基督教的社会势力扩张其政治势力。基督教在康斯坦丁大帝之前为非法组织，在康斯坦丁大帝之后则取代罗马传统的太阳教而成为东西罗马帝国的国教，这两点均为史有明证的事实。一个非法异教的势力如何能同皇帝规定的国教相提并论？由此推之，史学界的观点显然比较可信。

康斯坦丁本是太阳教的信徒，为何皈依基督教？据说是因为康斯坦丁在与马克森提斯争夺皇位的决战前夜梦见基督，靠基督的指点击败马克森提斯。梦话本无凭，况且是一千七百年前的梦话，不过，康斯坦丁在驾崩之前不久接受洗礼，成为历史上第一个信仰基督教的皇帝，倒是事实。不仅康斯坦丁本人是基督教的功臣，康斯坦丁之母因发现了钉死基督的十字架，也被基督教奉为圣人，尊之曰“圣赫伦娜”。钉死基督的十字架不过是个普普通通的木制刑具，哪有三百多年不腐朽之理？所谓发现，乃是神话。说钉死基督的十字架不过是个普普通通的木制刑具，也许值得稍作解释，因为十字架多年来已被基督教搞成神圣不可侵犯的东西。其实，当时罗马帝国处决死囚，一律钉死在十字架上。基督的被如此钉死，既无神秘可言，也无神圣可言，而是极为平凡普通。

随着西方列强的殖民扩张，基督教文化的势力遍及全球。需要提醒读者注意的是，“随着”云云，既指时间上的前后，也指因果上的前后。基督教文化势力的扩张，凭借的并不是基督教文化本身有多少优于其他宗教或非宗教的文化之处，所以能顺利地扩张到传统上非基督教文化的世界，靠的是列强的船坚炮利。船坚炮利靠的是科学与技术，并不是宗教。一般来说，宗教绝不是促进科学技术的发生与发展的因素，基督教在扼制科学技术的发生与发展上尤其不遗余力。现代科学技术为何从基督教文化世界中兴起，迄今虽无定论，但同信奉基督教无关，因为几乎一切科学理论都同基督教的基本信条相抵触。

同时存在或先后存在的关系，并不一定是因果的关系，却往往被误解为因果的关系。基督教国家的船坚炮利不仅使船不够坚、炮不够利的诸民族中的一些人误以为基督教文化优于自己的文化，而且也促使基督教传教士对基督教文化高于一切其他文化深信不疑，从而给基督教文化的扩张造成一种里应外合之势。美国《时代》周刊在创刊75周年的专集中撰文纪念该刊创办人亨利·路西（Henry Luce），文章指出亨利·路西因为出生于传教士的家庭，终身未能摆脱以为基督教文化高于其他一切文化的优越感。可见，对于西方传教士的这类误会，当今美国的有识之士也洞悉甚明。此外，列强的船坚炮利当然还对基督教文化的扩张具有更加直接的影响，基督教文化向欧洲以外的世界的扩张大都是凭借武力推行的。

美国人以欧洲移民为主体，美国文化承继基督教文化的传统自不在话下。然而，即使在美国其他方面，基督教文化也有潜移默化的一面。比如，美国的宪法固然规定宗教信仰自由，在美国的伊斯兰教徒却不得依循伊斯兰教的教义而实行一夫多妻。美国的摩门教自视为基督教，但传统的基督教视之为异端，故摩门教徒在美国也不能使其一夫多妻的信仰合法化。反之，基督教徒婚姻的离合只须教会的认可而无须政府民政机构的认可即为合法。由此可见，美国人所谓的宗教信仰自由，其实是在基督教文化认可范围之内的信仰自由，而美国人对此也大都浑然不觉、茫然无知。作者一度因工作原因频频出差，经常为旅馆的不速之客。发现旅馆等级无论高下，地点无论城乡，客房之内一律备有基督教的《圣经》一册，其余各宗教的经典则一概阙如。举此一端，亦可见基督教在美国所能享受到的地位绝非其他宗教所能同日可语者。

提起一夫一妻的婚姻制度渊源于基督教文化，有人以为这下总算找到了基督教文化高于其他文化的证据。但凡如是想者，可谓只知其一，不知其二。首先，一夫一妻的婚姻制度并不始于基督教。比如，早在有基督之前，罗马人就实行一夫一妻的婚姻制度。其次，无论是基督教以前的一夫一妻制还是基督教推行的一夫一妻制都既不维护男女平等，也不保障自由恋爱。比如，罗马人的婚姻纯粹是家族的事务，与男欢女爱无涉。为了增进家族的利益和个人的前途，一个男人离离合合十数回司空见惯，而女性不过是利益取舍之间的筹码。最为著名的例子如罗马一代哲人西塞罗，为同富有的妙龄少女相结合，便弃其结发之妻如弃履。

实不相瞒，作者原本也是对西方社会史知识缺阙者之一，对这类观点也并不知似是而非。只是在阅读了发表在1998年3月这一期的《斯密司索楠》（Smithsonian）上的一篇题为“往事不堪回首”（The Long Good-bye）的文章之后，才得悉如上所述西方一夫一妻制的历史真相。《斯密司索楠》是美国斯密司索楠研究所发行的一份常识性月刊，这月刊上所发表的文章大都反映学术界一致认同的观点，其可信性往往远远高于其学术上的独到之见。如今美国的家庭和婚姻关系极不稳定，离婚率高达50%，再婚、三婚者多如过江之鲫，一门兄弟姊妹五六，而居然没有同父同母者屡见不鲜。玩世不恭的人笑称这种现象为系列性一夫多妻和系列性一妻多夫，思想保守的人则感叹今非昔比。

“往事不堪回首”一文虽然以大量的事实揭示基督教的一夫一妻制并不保障夫妻平等，却没有进一步追究其原因何在。以作者之见，其根本原因，在于基督教文化公然视妻为夫之财产。妻既然为夫之财产，则打骂由之、买卖由之、逐杀由之，自在情理之中，不足为奇。凡是对基督教文化视妻为夫之财产说存疑者，都不妨读一读下面这段新闻报道的案件：

弗吉尼亚州一位富有的男士休去其结发之妻，与其秘书共组新家庭。这类离婚案件一般无非是休与被休者双方为离婚赡养费之多寡而争吵一番，除非离异双方或至少一方为社会名流，否则根本不构成新闻。孰料这一回被遗弃者的辩护律师却不落俗套，这位律师在200年前写就而沿用迄今的弗吉尼亚州婚姻法中发掘出规定妻为夫之财产的条文，从而撇开休妻者不予理睬，转而向休妻者的新妇索取巨额赔款。理由是这第三者的介入使被休者之夫的财产（也就是被休之妻）受到损失。这样的起诉听起来有些荒唐，且不说妻为夫之财产说早已不为美国社会所容，即使在当今的美国社会妻仍然确为夫之财产，则为妻者只有被拥有的份，如何反能向他人索取财产而成为财产的拥有者？然而受理这案子的法官却不仅判决被休者胜诉，而且更妙的是判决由被告之夫负责赔偿损失，因为被告本身一文不明，赔偿不起。于是，财产受损者就因为其财产受到损失而须进一步损失财产。如此这般的起诉和判决居然不是笑话而是事实，实在令人不解。更加令人不解的是，弗吉尼亚州婚姻法的如此不合时宜却因这桩离婚案而暴露，却无人非议、无人抨击、也无人建议修改。不过，这牵涉到的是美国人对法治的态度，与婚姻无关，置之勿论。征引这一离婚案的目的仅在于为基督教文化传统视妻为夫之财产说提供一项法律证据而已。

上文谈到基督教三大派系无论从宗教的角度还是从文化的角度来看都不妨一概而论，那是从大处着眼。细言之，区别当然存在。从文化的角度来说，最为重大的区别恰好在对离婚的态度。就理论上而言，天主教根本不存在离婚一说，而只有所谓 annulment。一般字典都把 annulment 译作“废止”，但至少就指离婚而言，这译法并不确切，因为 annulment 事实上是宣布既经天主教会注册过的婚姻根本不曾存在过。既然是不曾存在过，离异者再婚也就不是“再婚”而是又一次“初婚”，因而无论离合多少次，就理论而言，合法的婚姻永远只有一次。于是，每一个天主教徒去天渐近的时候，都不会因为犯了离婚之罪而不得进入天堂。据统计，1994 年天主教会在世界范围内总共宣布 72,700

多起婚姻不曾存在过，其中54,463起发生在美国，居世界之最。

天主教这译名从 Catholic 而来，译作“天主教”其实欠妥，译作“公教”比较接近原意，但仍然不能充分表达原文的妄自尊大。Catholic 的正式定义是“无处不信者、无时不信者、无人不信者”（That which has been believed everywhere，always，and by all.），这层普天之下惟我独尊、古往今来惟我独是的意思，同天主教表面上鼓吹的平等博爱云云背道而驰，同罗马教皇坚持全世界的天主教徒都须奉之为唯一的精神领袖的态度倒是丝丝入扣。

除婚姻之外，天主教与基督教在文化领域中的另一区别，在于前者坚决抵制人工流产，后者的态度则无可无不可。天主教的坚决抵制，说明天主教比基督教更加正统，因为既然相信上帝为造物之主，就得任凭上帝掌握生杀之大权，人工流产等于是篡夺上帝的基本权利，是可忍孰不可忍！近来美国反人工流产运动不断出现枪杀做人工流产手术的医生，炸毁人工流产诊所的暴力事件，令一些人大惑不解。这些人之所以会大惑不解，是因为不解反人工流产运动以保护生命为其宣传纲领，既然对尚未出生之生命都如此惺惺相惜，何忍于谋杀成年人？其实保护生命不过是虚晃一招，保护上帝的权利方是要害所在。

美国人以信仰基督教为主，在基督教徒中又以信仰新教派者占多数，但新教又分成若干派系，其中“浸礼会”派（Baptist Church）信徒最多，约占美国总人口的19.4%，其次为“美以美”派（Methodist），其信徒人数约占全美人口总数的8%。天主教徒约占美国人口的26.2%，虽不及新教信徒之总数，但因不再下分派系，仍为美国最大的宗教社团。美国人喜欢标榜政教分离和信仰自由为其文化传统，其实，殖民时代的美国与美国建国之初，宗教和地方政府原本是合二而一的。大多数州都各有其唯一合法的教派，其他教会或教派一概不得在其境内传播，境内居民无论信徒与否，一律须向州立教会纳税。政教分离和信仰自由之说，是1788年修宪的结果。从此各州政府才逐渐同宗教脱离关系，最后一个执行这项宪法修正案的是马萨诸塞州，迟至1833年才取缔州立教会。美国政教分离虽然已经多年，但教会对政治的影响却至今依然强烈。比如，除一人之外，美国所有的总统都是基督教新派教徒，这唯一的例外是天主教出身的肯尼迪。以肯尼迪家族雄厚的政治势力和财力，肯尼迪在竞选时尚且不得不特别申明其绝对效忠的对象是美国而不是罗马教皇，这才免除美国人对天主教徒所怀有的戒心。近年来美国以天主教为核心的反人工流产的运动来势汹汹，以至总统候选人、国会议员候选人都不得不对此公开表态，说明美国的政教分离并非如美国政府和新闻媒介所说的那么彻底和完善。

除基督教之外，美国最大的宗教势力为犹太教，信徒约占美国总人口的1.8%。犹太人都信犹太教，美国犹太教信徒占美国总人口的1.8%，也就等于是说美国犹太人口占美国总人口的1.8%。就人口而言，犹太教并不居第二位，但在美国的犹太人不仅大都有钱，而且大都受过高等教育，因而犹太人不仅把持美国的金融，而且也把持美国的高等教育和新闻媒介，其左右美国政治、经济和社会的势力远在人口比例之上。明乎此，就不难明白为何美国对以色列总是关怀备至。然而，犹太人毕竟是少而又少的少数，加之历史上犹太教又是基督教的死敌，凡是由选民投票产生的职位，除非在犹太人人数众多的地区如纽约，犹太人一般都罕能当选。

在信徒人数上略微超过，但在势力上却远不及犹太教的，是伊斯兰教。美国的伊斯兰教徒约有 600 万信徒，占美国人口总和之 2%强。在美国以外的世界，伊斯兰教大都同阿拉伯人联系在一起。美国也有由阿拉伯移民而引入的伊斯兰教，但在美国最引人瞩目的伊斯兰教派系却是美国黑人组织的“伊斯兰国”（Nation of Islam）。伊斯兰国由瓦理斯·法德（Wallace Fard）在 1930 年创办于底特律。法德在 1934 年神秘失踪，伊斯兰国在芝加哥的领袖伊里亚·穆罕默德（Elijah Muhammad）成为其第二代祖师。伊里亚·穆罕默德俗姓普耳（Poole），皈依伊斯兰国之后才改姓穆罕默德。教徒改姓司空见惯，比如，佛教和尚出家照例改名换姓，天主教皇登基之际也照例改名换姓。不过，伊里亚·穆罕默德改姓的原因却不完全是宗教的，而是具有强烈的政治色彩。美国黑奴的本来姓氏早在从非洲贩来之时就已泯灭，无可追寻，黑奴在获得自由身之时照例承袭白人主子的姓氏。因此，普耳的改姓既表示同白人一刀两断，也表示同做奴的历史一刀两断。后来但凡皈依伊斯兰国的美国黑人也大都依循此例，比如，现今伊斯兰国领袖路易斯·法拉罕（Louis Farrakhan）本姓斡克特（Walcott）；有“拳王”之称的阿里·穆罕默德本姓克雷（Clay）；著名篮球中锋克林·阿布度耳-加巴（Kareem Abdul-Jabbar）本来的名姓是刘易斯·阿辛铎（Lewis Alcindor）。其实，伊斯兰国本身就是一个政治组织，信徒如果不是愚昧无知，只消看伊斯兰国自称为“国”而不称为“教”，蔑称白人为“魔鬼”（the Devil），鼓吹黑人独立这三点，也就应会明白。打着伊斯兰教的旗号，不过是为了同白人的基督教分庭抗礼而已。

在伊斯兰国成立之初，美国还不曾有人侈谈人权；即使有，有色人种和非基督教徒也不在所谈的“人”的范围之内。因此，伊斯兰国的创立立即遭到美国当局的弹压。1934 年底特律所在的密西根州政府以伊斯兰国所办的学校不合基督教教义为名，先后逮捕学校的教师与伊里亚·穆罕默德。伊里亚·穆罕默德被法院判以六个月监外察看的处罚，伊斯兰国所办学校的学生被勒令返回由基督教徒执教的学校就读。1942 年，业已超过应征年龄的伊里亚·穆罕默德再度在首都哥伦比亚特区以拒不就征的罪名被捕入狱，直到二次大战结束方才释放。伊里亚·穆罕默德于 1975 年去世，其子瓦理斯继承其衣钵，成为伊斯兰国第三代祖师。其时，美国人权运动业已大盛，伊斯兰国对白人的敌视态度被指为种族主义而不为舆论所容，不仅不为白人舆论所容，甚至也不为所谓黑人主流所容。

为了洗刷种族主义的污点，瓦里斯改称伊斯兰国为美国穆斯林教会（American Muslin Mission），淡化独立的政治纲领，强调伊斯兰教的信条，企图融入所谓黑人运动的主流。然而，黑人伊斯兰运动的声势和旗帜却从此让其父手下的干将路易斯·法拉罕夺走。路易斯·法拉罕及其追随者仍称其组织为伊斯兰国，继续走公然与白人和美国政府敌对的道路。比如，美国政府视利比亚国家元首卡扎菲为眼中钉，一度企图谋杀之而不果，路易斯·法拉罕就偏偏走访利比亚，同卡扎菲握手言欢。美国政府支持以色列不遗余力，路易斯·法拉罕就偏偏破口大骂犹太人。因为路易斯·法拉罕大骂犹太，美国舆论界遂比之于希特勒。于是，洁身自好者大都不敢公开相与或公开赞同。然而，1995 年由路易斯·法拉罕发起、在首都哥伦比亚特区举行的百万男人大游行（Million Man March）却相当成功，说明路易斯·法拉罕及其伊斯兰国运动在美国黑人中还是颇有吸引力。然而，黑人若真想要独立，除非集中到某一州或某一地区，像如今这般散居各地，只能是幻想。犹太人之所以有势力，除兼有钱财和人才之外，也是因为集中居住在纽约地区，构成一股选举势力的结果。

除犹太教和黑人穆斯林之外，其余非基督教宗教组织在美国皆人寡势弱，无足挂齿。虽尊奉基督而不为传统基督教派所容者，倒是时时爆出新闻。美国政府机构和新闻媒介皆称这类宗教组织为 cult。Cult 本来泛指宗教组织，无贬义，但如今在美国却成了贬义词，意思大约相当中文的邪教。作者在上文提到“美国人所谓的宗教信仰自由，其实是在基督教文化认可范围之内的信仰自由”，美国报章、杂志、电视、甚至政府官员皆敢于公然用 cult 蔑称非传统的宗教团体，恰好可为作者之说之佐证。

最为轰动的一次“邪教”事件是发生在 1993 年的维口事件。维口是德克萨斯州中部偏东的一个小市镇，北去达拉斯市近一百英里。事件的简单经过如下：美国联邦政府财政部所辖酒烟军火缉私队于 2 月 28 日夜武装偷袭维口郊区的戴维斯教派总部，遭到戴维斯教派的反击，缉私队四人丧生。眼见酒烟军火缉私队不济事，司法部下令联邦调查局出动军警将戴维斯教派总部团团围困。经 50 天断续谈判无效，联邦调查局于 4 月 19 日动用坦克与化学毒气攻入戴维斯教派总部时，总部建筑忽发大火。被围困在总部之内的教徒及其眷属，除 9 人幸存外，其余 87 人，包括 17 名儿童在内全部死亡。幸存者与被围困期间自首者均被政府控以谋杀及图谋不轨等罪名，一一脚镣手铐，锒铛入狱。

美国官方对事件的解释可以归结为如下几点：一，克林顿总统对此事一无所知。二，烟酒军火缉私队对戴维斯教派进行了为时八个月的调查，包括派遣特工人员乔装信徒卧底，查得戴维斯教派窝藏军火，图谋不轨，遂于 2 月 28

日夜发动袭击，以期将戴维斯教派的首领戴维德·克若施（David Koresh）捉拿归案。不料袭击的计划为戴维斯教派潜伏在政府机构内的细作探知，袭人者反遭人袭。三，大火是戴维斯教派自我施放的，政府对戴维斯教徒的死亡没有责任。克若施放火后企图逃之夭夭，结果被手下的人开枪击毙。

6.2 英文文化

英文往往用同一个词既指某民族又指该民族所使用的语言。比如，Chinese既指“中国人”又指“中文”，French 既指“法国人”又指“法文”，German既指“德国人”又指“德文”，Japanese 既指“日本国”又指“日文”，如此等等不一而足。American 却仅指“美国人”，这当然是因为所谓“美文”并不存在，美国人所使用的语言是英文。所以会如此，则是因为欧洲人移居美国之初，以操英语者居多，英语遂顺理成章成为美国的国语。德裔虽然后来居上，成为美国第一大民族，毕竟是后来，不能扭转英语为美国国语的既成事实。所谓国语或者母语，与其说是一种语言，不如说是一种思维方法或文化体系，学习外国语不是纯粹学习语言。选取英语为美国的国语，不仅使美国文化成为英国文化的延伸，而且也使美国人的思维方法纳入英国人的思维体系。这一点不仅对美国文化的形成极为重要，对现代世界历史的发展也极为重要。比如，如果美国人以德语为母语，第二次世界大战时美国就极有可能不是英国的盟国，而成为德国的盟国，战事的结局也极可能因此与实际的结局相反。

撇开这类假设的问题不谈。现实的例子比比皆是。比如，英制计量单位之所以能同公制计量单位相持日久而不分胜负，是因为有美国作英国的后盾。英制计量单位在英国本土业已放弃之后居然在美国仍然能持续至今，则完全凭借的是美国工业和科技的实力。再如，法文本是世界上最有势力的文字，以往一切国际条约除用当事各国官方法定的文字写就之外，都须另用法文另备一份，以备日后对条约内容的理解发生争执时作为仲裁的依据。自从美国崛起为世界头号强国之后，法文的国际地位就被英文所取代。过去流行过一种把法文的国际的地位归于句法严谨之说，凡是对比较语言学略有常识者，当会知道这种说法实为无稽之谈。

美国人使用的文字和英国使用的文字虽然同属英文，但因地域悬隔，人情各异，美英在遣词、造句和发音等方面也不尽同，因而有“美式英文”之说。英国标准英文，称之为“King's English”，因擅长诗文的英王亨利八世而得名。亨利八世在位的年代为 1509 至 1547，从此之后，英国王室无论为王为女王，对于英文文学均无贡献或影响，但“King's English”的说法却一直沿袭至今。美国没有帝王，也不曾尊奉英国的“King's English”。尊奉王室虽未见其妥，无所尊奉也别有问题，比如，如何树立标准就是问题之一。

美式英文因其历史短浅，其所谓权威往往缺乏应有的公认性。这情形有些类似中文的白话文，什么样的文体叫好，什么样的文体叫不好，人各一说，难有定论。一般来说，美国人以简单明了为尚，句子较英国人为短，句法结构也较英国人为浅近。这对于以非英文为母语的移民来说，显然利多于弊。文学价值是否因此而打折扣则看你问谁。英国人大都看不起美国人的英文，以为浅俗粗鄙。作者曾偶然同一位英国作家谈起美国以简短为尚的文风，这位作家的回答是：凡是不会写长句子的人，只有写短句子这么一招。言外之意是，以简短为尚不过是藏拙的招数，不配以文风名之。美国人自己当然不这么看，而且因为文化向来须经济和武力为后盾方能畅通无阻，如今英国的经济与武力均不可与美国同日而语，美式英文虽本非正统，至如今却难不以正统目之。虽然如此，坚持取法“King's English”的，在英国本土之外也还不乏其人。比如，独立为时尚短的前英国各殖民地大都仍旧尊奉“King's English”。这不足为怪。令人意外的是，中国的英语口语教学仍以英国的所谓“牛津”腔调为标准，字典和语法的编纂也仍以“King's English”为依据。如今中国对美的关系无论就外交、经济、国防、学术还是旅游、探亲而言，均远在对英关系之上，在英文上舍美而尊英实无可取。

所谓“美国人”者，究竟何所指，似乎大有争议的余地。比如，作者心目中的“美国人”，为在美国生活的白色人种，有无美国国籍并不相干，这种观点显然不为一些自以为识大体的同胞所认同。比如，曾有人在报上撰文抨击在美国的一些中国人（也就是作者一类的小民）称美国的白人为“美国人”如何如何不妥云云。理由是但凡有美国国籍者，无论肤色和种族为何，都应视之为“美国人”。然而作者却以为此人以及持同样观点的人如果不是缺乏在美国的实际生活经验，就难免一厢情愿。君不见你我之流无论归化入籍抑或土生土长，都须在“美国人”之前冠以“亚洲的”，黑色人种无论为奴为民，都须在“美国人”之前冠以“非洲的”，甚至连美洲的土著也得在“美国人”之前冠以“土著的”，而只有欧洲白色人种方才有资格直接称之为“美国人”而无须冠以任何形容辞。

就法律而言，但凡有美国国籍者都应视为“美国人”，但这样的定义显然不为祖籍欧洲者从文化上予以认同。法律虽为维系社会的稳定和治安而设，真正能维系社会稳定和治安的却不是法律而是文化。多数人的意向不一定就能起主导作用，但如果为数既多，又同时居于社会的上层，则其意向的势力往往可能高出其人数的比例。祖籍欧洲的美国人恰好两样条件都兼备。因此，既然祖籍欧洲者在文化上不认同非欧非白人种，非欧非白人种在美国社会上受歧视和排斥势在不免。有些人以为只有美洲土著印地安人才有资格以货真价实的美国人自居，祖籍欧洲的移民同其他移民一样不过是外来者，因而祖籍欧洲者的排他本身是种族歧视的表现。乍听之下，这说法不为无理。退而思之，却又觉得未必尽然。印地安人虽为美洲土著，却实为建立美国的牺牲品而非建设者。以屠杀印地安人起家的欧洲移民是否应因入侵和屠杀而受谴责，那是道德、观点和历史的问题，并不能改变其为美国的创立者的事实。至于非欧移民，既非土著，又不曾参予美国的独立运动，人口数目既远在欧洲移民以下，抵美的年月也远在欧洲移民之后，其不能与祖籍欧洲者在谁是真正的“美国人”的问题上一争短长，自是不言而喻。

当然，有这样的理由并不等于就应该歧视。美国政府在第二次世界大战时把日裔统统关进集中营，对德裔却了无嫌隙，不仅了无嫌隙，而且任命身为德裔的艾森豪威尔为盟军总司令。一贱辱为阶下之囚，一贵重为三军之帅，其歧视之明显无逾此者。不那么明显和重大的例子更是多得不胜枚举。比如，某朋友在办理移民手续时，移民官员问他身为亚洲人，为何偏要跑到美国来。若责之以种族歧视，则证据不足；若不予反击，则等于是唾面自干，朋友反问这位移民官：你爷爷当年身为欧洲人，却为何偏要跑到美国来？移民官听罢，呆若木鸡，是否令之心服却无从得知。一般来说，美国人口头上公然歧视非欧移民为外来者不多，心中作何盘算那就只有天晓得了。当然，“不多”不等于没有。加利福尼亚有位美籍韩裔竞选议员，就有不少白人选民公然告之曰：“我们不会投你们外国人的票”。加利福尼亚素以开通著称，尚且如此，不如加利福尼亚那么开通的美国内地，其情形会如何，就可想而知了。

其实，就是称“祖籍欧洲”的“美国人”，在一部分美国人心目中仍然觉得不够“正统”。在这些美国人眼中，只有所谓“WASP”者，才是真正的“美国人”。“WASP”是“White，Anglo-Saxon，Protestant”的缩写，意思是“白种，安格鲁-萨克逊族，基督教徒”。“白种”和“基督教徒”无庸费解，“安格鲁-萨克逊族”是对一部分日尔曼人的历史称谓，大约相当于英、德和北欧各族的合称。近年来“WASP”的说法趋于销声匿迹，想是由于种族偏见的含义过于明显，不合时宜之故。说“不合时宜”，是因为美国法律和舆论的大方向，是渐趋消除种族偏见，因而一切种族歧视的言论都可能会受到舆论的挞伐，一切种族歧视的行动都可能会遭到法律的制裁。这当然是一种可喜的进步，至于是否已经够好或甚至已经矫枉过正，则见仁见智。务请读者注意，言论在美国是受法律保护的，因而无论是否合时宜、顺潮流，也无论如何卑鄙恶龊，包括一切公然仇视、诬蔑、诋毁某某民族的言论在内，都不会受到法律制裁。近来美国有部分人觉得公然仇视的言论属于“是可忍，孰不可忍”的范围，希望修改宪法有关保护言论自由的条例以便予以法律惩罚，却遭到左右两派的反对，左派坚持言论必须无条件自由，右派则身为仇视言论的倡导者，当然不想作茧自缚。

不过，有如此言论的自由，并不等于有如此发表的自由。但凡公开发行的报章杂志、电视电台，都会有自己的道德或政治标准，不合者，有不予发表的自由。但凡公开发行的报章杂志、电视电台，大都以做生意为本，当然不会不注意是否合时宜、顺潮流，否则亏损指日可待。因此，一切公然仇视、诬蔑、诋毁的文字大都不会见于公开发行的报章杂志、电视电台。有些人因此而误以为这类言论不存在或是少得可以忽略不计，以为身虽在异国他乡却有幸在好客友善的异国他乡，这些人想必不曾浏览电脑网络上有关中国的“消息栏”（“News Group”）。这里说的电视网络不是指时下流行的所谓“万维网”，而是指在万维网问世之前早已在电脑专业人员和大学师生中流行了十多年的所谓“用户网”（“user net”）。用户网上的消息栏既是自发的也是双向的，既供自由阅读亦供自由发表。因为发表不受任何限制，又因为发表者可以埋名隐姓毫无顾忌，因而在用户网上可以看到种种在公开发行的报章杂志、电视电台上所看不到听不着的言论。但凡沉醉在以为身在友善好客的异国他乡的美梦中人，只消到用户网上有关中国的信息组去看看，美梦一定会顿时化为一场恶梦。因为这网上有关中国人、中国文化、中国社会的言论十之八九都是消极的和否定的，极尽诋丑之能事者也屡见不鲜。或以为这网上的意见不足以代表大部分美国人的看法，是否如此，缺乏统计数字，无从认定。但即使的确属于一小撮人的偏见，也并不能毫无警觉，因为活跃在用户网上者大都为大学和研究院的学生，代表美国的文化上层，日后对美国社会的影响也会远在其人数比例之上。由此观之，如今不合时宜的种族偏见在日后再度流行的可能性并不能排除。

既然存在“WASP”的说法，这就说明种族歧视并非仅仅是白人歧视非白人种那么简单，白人内部也并非和谐团结、铁板一块。其实，种族歧视从来不是某某人歧视某某人，某某人受某某人歧视那么简单。歧视既可以是双向的，也可以是多层次的。被人歧视者不必一定不歧视别人，如果这“别人”碰巧正是歧视“自己”的人，则为双向歧视。如果这“别人”不是歧视“自己”的人，则为多层次的歧视。比如，美国白人歧视美国黑人，美国黑人又歧视其他侨居美国的非白种族，包括华裔在内，以为老子天下第二，仅居白人之后，就是多层次歧视之一例。当然，说黑人歧视华裔，是华裔的感觉。反之，黑人也觉得华裔歧视黑人，甚至白人也有觉得受华裔歧视的。多年前一位居住在旧金山的白人上法院控告旧金山“中国城”的商业界种族歧视，理由是他在“中国城”多家店铺应聘工作均遭拒绝，并指出“中国城”内所有商店的雇员清一色全是华裔，以证明他的被拒绝非偶然。美国人称传统的华裔聚居区为“China town”，大都译为“唐人街”或“中国城”。一般来说，没有什么美国人会真的愿意到“China town”去找工作，但凡有一技之长，能在美国人的社会里找到一份饭碗的中国人，除去买菜、下饭馆之外，也大都不会涉足，更不用说在那里工作或居住了。这位控告中国人种族歧视的白人也未必真有遭到歧视的感受，成心找碴的可能性居高。不过，“China town”一律不雇佣非华裔确是事实。中国人视之为天经地义，理所当然，也是事实。这案子的结局如何，未暇追踪，但“China town”不雇非华裔的传统并未因此案而有所改变。这样的事实虽不一定构成种族歧视的证据，但至少不是什么反证。要言之，但凡以为美国人对华裔一视同仁，友善非常者，不是过份天真就是自欺欺人；但凡以为华裔不问黑白，一视同仁，友善非常者，也同样不是过份天真就是自欺欺人。

在美国，第一流人物属于第一流公司的主管，不仅仅是因为这些人运筹数以亿计的美元，雇佣数以万计的人员，握美国的经济于股掌，操美国的政局于幕后，为美国社会的主宰，而且还因为美国第一流公司的主管往往出将入相，直接成为美国政府的领导人。比如，尼克松总统任上的外交部长舒尔茨与国防部长维因贝格在就任部长之前同在百克特尔公司就职，前者为百克特尔的总裁，后者为百克特尔的顾问。布什总统任上的国防部长原本为西尔斯百货公司国际部负责人。克林顿总统任上的财政部长原系华尔街最有地位的投资银行高盛的主管。美国总统、各部部长、参众两院议员、各州长若非由商界晋身，十之八九出身律师。这批政治专业户在左右美国国计民生的权势上，仅次于第一流公司的第一把手，居美国人物之次席。这批人既然大都出身律师，自然也都是不屑以学术和技术为务的人物。

根据美国报载的民意测验，美国人认为除去大公司主管、一流政客之外，构成美国统治阶级的还有新闻界的名流。这些人同当权派究竟谁高谁下，不易言之。不过，新闻界人物毕竟不直接当权，姑且以第三流人物处之。

美国新闻界的闻人之所以能跻身于美国的统治阶层，原因有二。美国政客的政治前途依赖于舆论，而美国的舆论恰恰操纵在新闻界领袖人物之手。政客一旦得罪新闻媒介，不是臭名昭著就是淹没无闻。反之，但凡受新闻界青眼的政客，其竞选活动无不如“登高而招”、“顺风而呼”，罕有不获胜者。这是原因之一，或者也可以说是表面上的理由。原因之二，或者说根本性的原因，在于美国人有一种迷信相信专家的倾向。比如，医药问题，绝对听从医生，法律事务，绝对相信律师；盖房子，要建筑文凭，修水管，要技工证书；甚至在院子里砍棵树，也要请有执照者执斧方能“你办事我放心”。依此类推，新闻工作者既以报道舆论为专业，舆论如何，当然是新闻界人士说了算。美国人自己对于完全依赖新闻媒介来认识世界这一点公认不讳。80 年代，美国最有影响力的新闻媒介机构是哥伦比亚广播公司，当时哥伦比亚广播公司电视网络的新闻主播瓦特尔·科融凯特（Walter Cronkite）是执美国舆论牛耳的顶尖人物。不久，科融凯特退休，美国举国上下一片叹惋。无论党派政见为何，无不异口同声称科融凯特为引导美国人认识世界近半个世纪的伟人。1998年秋，在美国总统克林顿因桃色丑闻而公开道歉的次日，各电视新闻纷纷报道克林顿和科融凯特同舟共钓的消息和照片，明白人立即指出克林顿企图利用科融凯特的声望挽回面子，可见科融凯特虽已引退多年，其左右美国舆论的余威依然可为现任总统提供庇护之所。想其在位之时，炙手可热之势可想而知。

6.3 美国文化特色

“美国化”究竟何所指？从小处着眼，可以归结为饮食起居、服饰好尚的以美国为准；从大处着眼，可以归结为价值观念、社会取向的以美国为宗。前者可以说是生活的美国化，后者可以说是思想的美国化。生活和思想都不外乎是文化的一部分或者说文化的一种表现形式，因此，所谓“美国化”，也就不妨概括为文化的美国化。所谓美国化的文化究竟为何？可以归纳为如下数点。

第一，向钱看。自从有钱之为物以来，人类社会罕有不向钱看者。即使在标榜以“清高”为传统的中国社会，也不免有“重赏之下，必有勇夫”，“人为财死，鸟为食亡”一类的哲言。然而，美国社会的向钱看，要比任何其他社会更加彻底。“The bottom line is money。”是美国人的口头禅，译成中文就是“万事皆空，唯钱是问”的意思，正好同中国的“万般皆下品，唯有读书高”形成发人深省的对照。美国没有蔑视或鄙视金钱的处世哲学，因而美国人对于向钱看从来持肯定或积极的态度。美国不曾经历门阀或贵族的历史，因而美国人的阶级划分完全以贫富为基准。自殖民时代以来以至于今，但凡背井离乡移居美国者皆以追求更好的物质生活为的，即使别有原由，也都是次要的。

美国有位号称“空中飞人”的篮球明星麦克·乔丹，作者曾远在吐鲁番的街市见过其球衣在摊子上出售，可见其名声不仅风靡美国，而且也风靡中国。两年前一家美国厂商未经其许可擅自利用其名姓推销商品，乔丹上法院向该厂商索取上千万美元的赔款。是非曲直控告双方并无争执，法官的责任仅在判断所索赔款数额是否合理。如何判断是否合理？法官要求乔丹向法院提交其报税表。乔丹当年的报税表上所列年收入为五千二百万美元，法官当即判决被告如原告所索之数目赔偿。合理与否既然要凭收入，不妨设想，如果乔丹报税表上所列年收入不是五千二百万，而是五百二十万，赔款数额必然更会打折扣。如果原告不是乔丹而是年收入只有五十二万的小康之家，赔款数额必然会大打折扣。如果更退一步说，原告不过是个年收入五万二千的无名小卒，法官当会如何处置？以原告无理取闹为由而将案子驳回的可能性极高。这案子可以说明两点。第一，美国的法律并非有一定之规，而是可以视人的价值而断曲直。第二，人的价值在美国并非等同，而是视挣钱的能力而定高下。

美国有位比尔·盖茨，因其创办的微软公司几乎垄断个人电脑操作系统而暴发为美国的首富，成为美国妇孺皆知的偶像。近来有一种名之曰 Linux 的个人电脑操作系统渐有市场，这种操作系统就技术上而言，远较微软公司的"窗"为胜，但两者之间更为重要的不同，在于"窗"是盖茨的摇钱树，而 Linux 却是分文不取免费提供。《美国日报》的记者在采访该操作系统的"发明者"，芬兰人莱讷斯托瓦兹时，（美国新闻媒介皆称托瓦兹为 Linux 的"发明者"，其实有欠妥当，因为所谓 Linux，基本上是沿袭早已行世多年的 Unix，只不过把硬件对象从中型电脑转到个人电脑而已。）对于托瓦兹的免费做法大惑不解。托瓦兹的回答是："在芬兰，人的价值不是以钱的多寡来衡量的"。移民美国为时尚浅的托瓦兹既发此语，势必对于美国人向钱看之彻底性，已有感。

芝加哥大学商学院的一位教授说：拔牙时，千万别以为牙科医生问你干哪一行是聊闲天，那其实是在盘算如何向你讨价。他说他从来不说是商学院的教授，只说是老师。教授本是老师，所以他并不因此而觉得说了谎而不好意思。但"老师"一词往往会被理解为"中小学老师"，因为中小学老师的收入不及商学院教授的一半，自称"老师"而不自称"教授"，就可以免得牙科医生漫天要价。当时作者初来乍到，于美俗所知甚少，听了这一席话还以为美国的牙医或独具慧眼或多属奸商。嗣后在美国社会上多混一些年头，方才明白这种不视成本而视买方钱包之深浅来定产品或服务的价值的标价方式，乃是美国大小公司无不遵循的惯例。

美国中学生参加国际科技奥林匹克竞赛年复一年名落孙山，引起有关方面的注意。原因何在？如何改进？虽然众说纷纭，却有一点为各方面的共识，即教育经费太少，如果肯多化钱，则学生的水平定会上升。科罗拉多州某中学发生致十三人于死地的枪杀事件，一度震惊全国。原因何在？如何防止？虽然也是众说纷纭，但也有一点为各方面的共识，即教育经费太少，如果肯多化钱，学校的安全定会有保障。美国轰炸南斯拉夫首都时击中中国大使馆，造成三人死亡的严重事故。美方诿过于中央情报局的地图过时。地图为何过时？中央情报局抱怨经费不足，国会在野党指责执政府滥削预算以至中央情报局经费不足。由此可见，事无巨细，一旦失误或失败，美国人一概以钱不足为根本原因，以为只要有钱，则一切无不可迎刃而解。这些以挣钱能力之高低衡量人的价值，以顾客的财力之厚薄定商品与服务的价格的例子，正好从正反两个方面把美国人向钱看的彻底性表现得淋漓尽致。

钱为一生中至关重要的概念，美国人早在童稚之年就已接受为理所当然。夏天的时候五六岁的小孩在家门口摆个摊子卖自制冷饮的现象平常稀松。稍长之后，女孩替邻居看孩子，男童替邻居剪草，或者无论男女在家里洗碗、扫地、照看弟妹等等，都不是义务劳动，而是有报酬的生意。高中学生课余十之八九在快餐店、电影院、百货公司、超级市场等处打临工，正式加入劳工市场。这些孩子之所以如此积极于挣钱，并非家境困难，而是出于挣钱的强烈欲望。欲望从何而来？来自社会的习俗。左邻右舍的小孩都如此，为何我独不然？这就是社会习俗的作用。这种习俗也影响到做父母的态度。美国父母不论贫富，无不怂恿子女挣钱，也无不以子女肯于挣钱、善于挣钱而自豪。这样的社会习俗和家教无疑也是彻底向钱看的反映。

向钱看的缺点或阴暗面早已被中国历来不同思想体系批判得体无完肤，至于向钱看的优点或积极性，则即使在提倡让一部分人先富起来的今天的中国，仍少有人论及。其实，向钱看的优点或积极性并不难于认识，向钱看的优点或积极性，一言以弊之，曰“嫌贫爱富”。嫌贫爱富不一定就能致富，但安于贫则一定不能致富。一人安于贫，无可无不可；举世皆安于贫，也无可无不可；但如果只有中国人安于贫，中国以外的世界都不或大都不安于贫，则未见其可。美国为世界之首富，似乎无可否认。美国之所以如此这般富，得天独厚于人稀地广、资源丰富，似乎也无可否认。但美国人的彻底向钱看，才是美国之所以富甲天下的根本原因。所谓“有志者，事竟成”。

美国文化特点之二，在于趋炎附势、趋红踩黑。用美国人自己的话来说，叫做“追随赢家”（Follow the winner）。其他民族未见得就不如此，但在某些民族的文化中，至少在理论上和道德观点上以趋炎附势为耻，因而但凡要做好人、做大人物者，即使不能平心静气安于贫贱，至少要表现为不是趋炎附势的势力小人，而一旦身为趋炎附势小人的真相暴露无遗，则立即会沦为被鄙视的对象。就个人修养而言，这种道德观似乎无可指责。然而，就整个民族而言，却未见其妙。比如，某某人在竞选时败北，其拥戴者若不想被人指为趋炎附势的势力小人，就只有继续支持这位失败者。于是，竞选虽然结束，胜负双方的斗争却并不因此而休止，无休止的派系之争或党派之争显然无助于权力的和平移交。美国人既然视“追随赢家”为理所当然，某人一旦败北，即如树倒猢狲散，其支持者各奔前程，竞选时的火气立即消失，转而投靠获胜者的现象也屡见不鲜，无人以此为非。比如，布什败在里根手下之时，布什的竞选经理贝克随即摇身一变而为里根的白宫幕僚长。布什在里根下任当选总统之后，贝克又随即摇身一变而为布什的外交部长。如此这般趋走于两位竞争对手之间，里根、布什、贝克本人皆不以为意，外人也未有笑其趋炎附势者，相反，称道和羡慕贝克为能人之声倒是不绝于耳。

不仅捧场的可以做势力小人，当头头的也同样可以追随赢家。不过，美国人对此另有说法，这说法是“输即归附”。（If you cannot beat them，join them.）所以，当年约翰逊败在肯尼迪手下，就俯首甘为肯尼迪的副总统；布什败在里根手下，就俯首甘为里根的副总统。输即归附，也并非美国人独有的性质。不同之处在于，但凡在以趋炎附势为非的社会中，输即归附者往往会被视为可耻，罕有能再起而为领导者。美国却不然，约翰逊和布什旋即被选为总统即其明证。当头头的可以输即归附而仍然有前途可言，因而竞选活动在美国绝不致演变为你死我活之争。套用一句中国的俗话，就是“君子动口不动手”，无论输赢都以不伤和气为先。换言之，为某种文化所鄙视的趋炎附势，在美国却成为其民主竞选的基石。如果说趋炎附势无论如何不能视为人性的长处，那么，不妨说美国人善于用短。

美国文化特点之三，为向前看。美国人的向前看可以从如下三方面窥见一斑。第一，事无巨细，一概提前计划。私人生活琐屑如一年一度的休假，重大如一生两三回的结婚，无不早早定下日期。大专院校录取新生不待报名者从中学毕业就已发榜，大型企业招聘员工凭对一年甚至两三年后的经济预测而进行。下至公司的生意经，上自政府的国策，也都是在制订伊始便计划如何收拾败局。记得六十年代越南战争全面暴发开始，从《参考消息》上看到美国政府有关部门研究输了如何了结的报道，心中窃笑，以为美国人胆怯如此，必败无疑。来美国后方才明白越战虽然的确以美国失败告终，但预先研究如何收拾败局却同胆怯与否无关，而是向前看的一种表现。美国的企业管理课程也反复提醒学生：项目开始之日便须计划如何收拾败局，因为项目开始之日即可能是以失败告终之日。

美国政府喜欢鼓吹市场经济，惯于计划经济而不谙于市场经济者往往以为所谓市场经济，意味着毫无计划，一切任凭市场调节，其实不然。美国人所谓的市场经济仅就宏观经济而言，指政府不作全面性的宏观经济计划。但是美国各大企业均针对市场作详尽的研究，并根据研究的结果而对生产、销售和管理作细致周密的计划。换言之，美国的微观经济完全是建立在计划之上的。反观所谓计划经济制度下的企业，大都是盲目地接受上面的计划而自己对于生产、销售和管理却一无计划。换言之，计划经济制度下的微观经济恰恰是建立在非计划之上的。在小国寡民的情况下，国家一级的计划者不难掌握微观经济的情况，其计划或有可能细致、周密、实用。但凡规模宏大的经济，则政府放手不管微观经济，听凭企业自己计划，显然是更妥当和实用的方法。

向前看的第二个证例，是美国人对于既往之事大多不仅既往不咎，而且大都健忘。美国历史原本已经短浅，美国人不背历史包袱的态度更使得美国好像是初世为国，一切都清白干净得无与伦比。以人权和民权为例，美国是世界上最后一个视奴役为合法的国家，是除南非之外最后一个视种族歧视为合法的国家。一旦这些事情成为陈迹，美国人立即以鼓吹人权、鼓吹民族独立的旗手自居，甚至以维护民族和人权的国际警察自居。

向前看的第三个证例，在于美国人用钱一律预支。买房子借钱，买汽车借钱，买家具借钱，甚至采购日常用品也是动用信用卡先买后付。在美国的中国人也大都用信用卡，但往往只图方便，并不真正借贷。美国人却反是，大都是有多少信用卡在手，一律用到最高借贷额，每月仅付利息而不付本金。

美国文化的特点之四，为独裁。这里所说的独裁，不是指政府首脑产生的过程，而是指如下两点。第一，政府首脑既经产生，其权力往往高于专制体制的元首所拥有的权力，往往是“一言堂”而绝不会是“集体领导”。这首先是因为政府各部门的领导都由总统一手挑选，用不着在党内党外寻找势力平衡。内阁部长人选虽须国会认可，如果国会在总统本党的控制之下，则认可纯粹是个表面形式，如果不是，也基本上是个表面形式。即使遭到国会的否决，换一个总统完全满意的人选也是易如反掌。此外，许多实际掌权的职位都非内阁成员，因而国会无权过问。比如，总统的顾问、助手、白宫幕僚长之流的实际权力往往在各部部长之上。无论是须经国会通过的部长还是国会无权过问的非内阁而握实权者，总统都拥有唯一的和绝对的罢免权。因此，总统在政府之内绝无遭人掣肘之患，亦无令不行、禁不止之忧。

其次，国会虽然就理论而言可以否决总统的法令，但实际上但凡总统真想实施的法令极少会遭遇否决。这不仅是因为国会的否决须经参众两院以简单多数通过，而且还因为总统有反否决权，而既经总统反否决之后，国会须有三分之二的多数才能否决总统的反否决。参众两院人数众多，人心难齐，凑足三分之二多数的可能性甚少。因此，总统基本上也无遭国会掣肘之忧。

美国制度号称行政、司法和立法三权分立，但掌握宪法解释权和司法的最后判决权的最高法院法官却不由选举产生而由总统任命，可见总统其实对司法的影响甚大，只是不干预日常具体工作而已。此外，总统有特赦权，因此，如果总统有意干预司法，并非束手无策。说“总统如果有意”云云，其实过于委婉。即使总统本来无意，也架不住左右亲信的游说，于是每逢总统卸任之前，少不得会看到一大批有幸者获得特赦。由此可见，美国总统实集行政和司法的大权于一手，虽其任期有限，然在任期之内若不称之为独裁，将何以名之?

说独裁为美国的文化特点，还在于美国企业一概为彻底的独裁。小企业多为一人所独有，业主掌握一切大权自不在话下。大企业名义上的业主是股票持有人，但大公司股票大都极为分散，持有股票最多者也往往不足总股票额的1%，因而无实际发言权。至于其他小股持有人，股份既少得无足挂齿，又通常是朝三暮四、时时倒卖手上的股票，业主的名份完全形同虚设。因此，美国的大企业实为无业主的企业。既无业主，企业主管实集一切大小权力在手。就理论而言，美国大企业的主管由董事会董事任命，但主管既为董事会主席，而董事又由主管聘请，因而二者的关系实为鸡与蛋的关系。自主管以下，从第二把手开始直至最后一位直接向主管汇报工作者，都由主管挑选、任命和罢免，任何他人不得干涉。一般来说，只要企业不连年亏损，主管一旦上任，除非自己另谋高就，均可连任至退休。在正常情况下，主管退休之后由谁接班，也是由主管指定。除主管之外，每一级行政管理人员都掌握升迁、贬斥和解聘下一级人员的绝对权力。由此可见，美国企业的管理不仅是独裁制，而且是彻底的独裁制。企业不是政府，但干预美国人的日常生活、为美国人提供饭碗的，并非美国政府而是美国的企业。因此，美国企业独裁对国计民生的影响，绝不在政治独裁体制下政府对国计民生的影响之下。唯一的不同在于企业是多元的，此地不留人，另有留人处。但凡在某独裁企业下混得不愉快者，皆有到另一独裁企业中去另谋出路的自由。不过，无论走投何处，其为独裁体制则无二致。俗话说："端谁的碗，服谁的管"。美国人可以破口大骂总统，却不敢对其顶头上司说三道四。

美国文化特点之五，为殖民地心态。美国成立时的十三州本是英国殖民地，尔后通过吞并和收购纳入美国版图的其他各邦也大都是欧洲列强的殖民地，美国独立的历史不过二百年有奇，这二百年来不断有新移民从美国的前宗主国迁徙美国。综合这些因素来看，美国文化具有十足的殖民地心态并不足为怪，甚至可以视作理所当然。只是一般中国人往往对此视而不见，故值得特别点明。美国文化殖民地心态最显而易见的一面，是但凡与高品味有关的观念，诸如高尚、典雅、雍容、华贵等等，美国人无不取则于欧洲前宗主国。比如，高档的服饰、家具、轿车和饮食业无不竞以欧式风格相标榜。其中可能更为深入的一面，是出于美国人对于英国王室的眷念。

美国文化特点之六，为地方主义。简言之，美国的地方主义可以归结为以下四点。其一，各州有立法权。正因为此，美国才会出现各州有各不相同的婚姻法、交通法、税收法等等在习惯于中央集权的中国人看来难于理解的怪现象。就理论而言，州法不能同联邦的宪法相冲突。就实际而言，有悖于联邦宪法的州法并非不存在。不仅并非不存在，而且如果无人申诉并经联邦最高法院否决，虽有悖于联邦宪法却依然有效。由此可见，美国地方立法权之独立性。其二，各州、市、县以及村镇的政府一律由当地居民选举产生，不由任何行政机构或首脑任命，仅对当地居民负责，不隶属于联邦政府或任何其他地方政府。比如，联邦总统不是州长的上级，一州之长不是该州所辖范围内的任何市长、县长的上级，其余依此类推。其三，各级地方政府均可有独立的税收，从而具有相对的财政独立。其四，各级地方政府自行招聘武装警察以维持治内的治安，由各级地方政府招聘的武装警察仅听命于其地方政府而不隶属于任何其他警察系统。

美国地方主义的根源何在？论者多归之于美国成立前各州本是互不相属、各自为政的殖民地的事实。这种说法显然言之有理，只是忽略了两点。其一，美国的地方自治不止于州，而是下至市县以至于村镇。州以下的地方行政单位与美国的成立并无瓜葛，因而其所以自治如此，必然存在与美国的成立历史不相干的原因。其二，欧洲前美国宗主国无论其为联邦与否，均有下至村镇的地方自治传统，这种传统正好能解释美国下至村镇的地方自治之来由，也正好是美国地方主义的根本原因。欧洲地方自治的传统从何而来？曰从封建而来。这里所说的“封建”指封土建国的社会制度，这种意义既是“封建”二字在中文的本意，也是英文 feudalism 的唯一定义。

其实，欧洲的 feudalism 大致相当于中国先秦的封土建国的帝制，而完全不同于自秦迄清的非封土建国的帝制。两种帝制虽然都尊奉皇帝或天子为国家的最高首脑，权力的分配却完全不同。在封建的帝制下，各级诸侯拥有各自独立的疆域、各自独立的武装、各自独立的税收，诸侯的地位一旦确立，其地位是世袭的，皇帝无权罢免，因而皇权是相对的，有限的，帝国的统治权由皇帝和各级诸侯分享。反之，在非封建的帝制下，各级诸侯贵族名存实亡，无尺寸之地可据、可守、可资以对抗皇权，皇帝对帝国治下一切领土和人众均拥有绝对的统治权，各级地方政府都是中央朝廷的派出或代理机构，不具备任何自治的权利或义务。不难看出，以美国为代表的现代西方民主制与中国先秦的封建帝制或欧洲过去的 feudalism 极为相似，唯一的不同，是现代西方民主制下各级行政首脑不再世袭而由选举产生。

自清末以来以至于今，中国大都侈谈国家一级的选举和立法、司法和行政在国家一级的分权，却罕有论及地方选举之重要性以及中央与地方之间的分权之重要性者。其实，除非小国寡民，否则国家一级的选举难免不为党派所操纵、为宗教所胁持，为政客所愚弄，为新闻媒介所欺瞒，只有地方一级的选举方因地狭、人寡、事简，方能免此种种流弊，从而能比较真实地反映选民的意向。唯其存在中央和地方的分权，中央政府无权干预地方行政，国家一级选举中的流弊才不会泛滥成灾，殃及全国。众所周知，美国不属于小国寡民，美国的民主制之所以能在美国差强人意，维持多年的相对稳定，正是因为存在地方主义的结果。中国人喜欢把“封建”看成是“民主”的对立面，喜欢把民主之不在中国产生归咎于漫长的封建社会，其实，地方主义既是西方民主的基础，而封建又是地方主义的根源，应视“封建”为“民主”的温床方才符合事实。西方的民主之所以不在中国产生，绝不是因为中国的封建社会漫长，恰恰相反，是因为中国经历的是西方不曾经历过的漫长的非封建的中央集权帝制的结果。

美国文化特点之七，为极端个人主义。中国人的社会大致以家庭为最小单位，在美国则至个人无疑。子女长成到能够立的年龄，即与父母分居。父母年老之后一般不能指望依靠子女照顾。与子女同居者大都须向子女缴纳房租水电，如同外人。夫妻反目，大都不会因考虑到年幼子女的利益而不分手。虽在卿卿我我、恩爱无比之际，也大都财产分户，泾渭分明。呼朋唤友聚餐，大都各付己账，锱铢必较。无论是家庭还是学校教育，均强调充分表现和充分发挥个人的特性。美国人也谈集体合作，公司雇人的时候甚至特别注意应聘者是否能与人合得来。但集体的地位毕竟是次要的，政府和舆论均绝不提倡为家庭、为集体甚至为国家牺牲自我的利益。部队对士兵的教育不是为国捐躯，死而后已，而是不作无谓的牺牲，保全性命第一。

个人主义致使社会和家庭结构松散。比如，在美国一个人遭谋杀或死于意外，多日不被人发现的例子屡见不鲜，因为鸡犬之声相闻，老死不相往来的现象极其普遍，同亲友失去联系者多于过江之鲫。这不能不说是缺点。但个人主义因不讲情面之故，也迫使社会关系完全以法律和合同为维系。这一点却可视为法治，特别是商业法治的基础，不能不说有其长处。

最后，也同时是最令人意外的文化特点，是美国人虽然极端个人主义，却同时又具有强烈的爱国主义。这两点如何能够河井水不犯河水，乍看之下，似乎费解。细思之，其实不难。唯恐他人侵犯其个人利益，必然唯恐他人破坏保护其个人利益的制度和文化。故虽表现为爱国主义，其动机却是个人主义的。不过，既然有强烈的爱国主义表现，无论其动机为何，都应视爱国主义为美国文化的特色之一。凭什么说美国人的爱国主义强烈？因为美国人不只是唯恐他人侵犯美国的利益，而且颇有输出其文化的倾向，大概是认为有更多的国家和民族在文化上美国化，美国人的利益就更能保险无虞。美国人卷入朝鲜战争、越南战争、以及对伊拉克的战争，都是这种倾向的具体表现和发挥。

6.4 美国文化输出

朝鲜战争和越南战争都不曾以美国获胜告终，对伊拉克的战争是否会有如意的结局尚在不定之数。不过，倘若据此而以为美国文化输出并不成功却大错而特错。事实上，美国文化如今大有在全球泛滥之势。任你走遍天涯海角，说话离不开美式英文“OK”、“吉普”、“咔叽”，穿衣难免美式时装牛仔裤、球鞋，吃快餐躲不开美式快餐“麦当劳”、“肯德基”、“必胜客”，喝冷饮无非是美式饮料“可口可乐”、“百事可乐”、“百威”啤酒，听音乐少不得美式音乐“摇滚”、“滚石”、“爵士”；电影一任美国好莱坞统领风骚，游乐总由美国“迪士尼”独占鳌头，新闻广播看美国“CNN”风头出尽，股票市场唯美国华尔街的马首是瞻，如此等等，不一而足。可见说美国文化“全球泛滥”，是不容否认的客观事实。

美国文化的全球泛滥大约始于第二次世界大战结束，当时欧洲列强表面上各有胜负，其实是不仅两败俱伤，而且伤得元气殆尽，于是美国文化趁虚而入，随着马歇尔重建欧洲的经济计划进入欧洲，所向披靡。至于日本，则是接受美国统治多年，受美国的监护以至于今，因而日本战后的政治和经济体制完全由美国一手包办，原以中国文化为基础的日本文化迅速美化，以美式英文为主体的日语外来语如决堤之洪水，一发而不可收拾，而创造这些外来语的必要性却似雾中之花，依稀朦胧甚至无有。举此一端，可见其美化程度之广之深。

马歇尔计划本来也包括中国在内，因众所周知的原因而未遂。不过，随第二次世界大战之结束而来的美国文化浪潮却依然波及中国。事实上，美国文化之进入中国早在 20 世纪之初即已开始，而且不是像对欧和对日的文化进入那样出于机会和偶然，而是出自美国政府和国会的计划。1900 年八国联军攻占北京，强迫清政府签署城下之盟，勒索赔款白银 45,000 万两，史称“庚子赔款”。美国为八国之一，却于 1908 年宣布有条件退还部分赔款，其条件是所退赔款只能用于培养留美学生。如此退赔的用意，不在退赔而在文化输出明显之至。在如此退赔的方案下，美国不仅在中国建立了美式学校（比如，清华大学的前身即为凭借退赔庚款而创始的留美预备学堂），栽培了一批依靠退赔庚款而留美的学生，并由此而掀起一股留美的热潮，造就一大批虽非凭借退赔庚款却同样留美的学生。

上面提到日本自从接受美国的统治和监护之后出现一大批以美式英语为主体的外来语，类似的现象目前正在中国出现和流行。比如，“托口秀”源自 talk show，“克隆”源自 clone，“多媒体”源自 multi-media，“鼠标”源自 mouse，电子计算机软件术语“菜单”源自 menu，如此等等，不一而足。出现外来语，为文化受到影响的迹象，盲目制造外来语的下一步极可能是干脆放弃中文而用英文。这话也绝非凭空设想。台湾和香港两地大学理工科教材都用英文而无中文版就是极好的明证。香港或可归咎于直接受治于英国多年，台湾则除文化上沦为美国的殖民地外，无可解说。

美国文化以英语为表现形式，无疑是促成美国文化输出的第二个最重要的因素。大英帝国积数百年殖民经营，不仅打下一大片以英语为官方语言的天下，而且使英语成为世界第一大外国语。伴随大英帝国没落而兴的美国，坐享其成，承继这批文化遗产。除财富和英语之外，美国文化的以基督教为根源，当为美国文化输出之所以成功的另一主要原因。基督教文化对世界的影响之深之远，不复赘说。促成美国文化输出的第四个因素，同美国为白人的天下不无关系。美国虽然号称民族混溶的锅炉，混溶的结果却始终以白人为主流，因而美国的文化，始终就是白人的文化。

7 附录：美国二十个最佳生活与就业地区

美国的生活条件从南到北，从东到西基本相去不远。但毕竟幅原辽阔，天时、地利、人和不能尽同，差别还是存在的。因此，哪些地方比较更适宜安居乐业，也就成了人们感兴趣的问题之一。每年不止一家报纸和杂志对美国各地区进行评比，虽然各报纸杂志所依据的数据来源大致相同，但因为取舍的标准和观察的角度有别而往往得出不同的结果。在为数众多的评选之中，以《就业月刊》（《Employmnet Review》）的评选比较中肯，因为《就业月刊》的评选基于对生活指数、住宅价格、税收、失业率、就业增长率、工商业、交通、教育、医疗、犯罪指数、文娱，和气候等多种因素的综合分析，而不是像大多数报章那样仅侧重于某一两个因素。

生活指数测量物价的高低，以一百个主要城市和地区的平均物价为生活指数的基准，定作100。一个地方的生活指数愈高，说明该地的物价愈贵，却不一定说明该地居民的购买能力愈低，因为生活指数并没有计入因地区不同而造成的收入差额。住宅价格或取平均价格，或取中间价格，目的在于反映中等房产的贵贱，在房价差别不大的地区，平均价格比较有意义，在房价差别极大的地区，中间价格就更能具有代表性。然而，价钱相当却也不一定表示实际房产贵贱相等，因为不同地区的房产质量并不尽同，在某地区的中等房屋，换到另一个地区完全有可能变成高档或低档房屋。美国官方所谓的失业人数，仅指有资格申请失业救济者而言，有资格申请失业救济者限于被雇主辞退的人。凡是第一次找工作的人，比如，刚从学校出来的学生；或是自动辞职之后再找工作的人，都不予失业者之列。因此，美国人说的失业率往往比实际上的失业率为低。犯罪指数是联邦调查局的一项统计数据，以人口十万作为统计基准。比如，某地人口为1,000,000,犯罪指数为50,000,说明该地当年总共发生刑事案件500,000起。

美国的主要税收可分为六类，第一为联邦政府所征所得税，就理论上而言，凡是收入达到抽税标准者，都要缴纳联邦所得税，但事实上法律漏洞颇多，不少有钱而应当缴纳大宗所得税者反而可以分文不纳。联邦政府所征所得税同纳税人的居住地点无关，因而不在本文的介绍范围之内。第二类税收为州政府所征所得税，这一类税收没有统一的规定，征与不征，征多征寡均由各州立法当局决定。大多数州都征取所得税。第三类为地方政府所征所得税，所谓地方政府，可以是县政府，也可以是市政府。只有极少的市政府征收所得税，县政府似乎还不曾有征所得税的例子。第四类是州的买卖税，同州所得税的情形一样，征与不征，征多征寡均由各州立法当局决定。一般来说，如果某州不征所得税，则买卖税率或财产税率必然偏高，否则，州和地方政府的开支会无着落。所谓买卖税，是购物时须付出的一笔额外开支，由卖方替政府代收。记得曾在国内某杂志上看到一篇介绍美国货币的文章，说如果不是美国人喜欢把货物价迹的尾数定为9毛9分，美国的一分钱硬币就会派不上用场。该文的作者似乎不知美国有买卖税一事，美国人的确是喜欢把货物价格的尾数定为9毛9分，但买方付款时并不是付9毛9分，因为要加上买卖税才能成交。第五类是地方政府的买卖税，大多数市和县政府另征买卖税，作为市和县政府开销的来源之一。第六类是地方政府的财产税，这是市和县政府的主要财源。各地对财产的定义，税率的制订方法，和税率的高低都不尽同。大部分地方只视房屋和土地为财产，有的也计入汽车，有的州甚至有计入家具的历史。有的地方把财产税率定为财产的市场价格的百分比，有的却定为人为估价的百分比。所谓市场价格事实上仍是一种估价，不过是以同类型的财产出售的成交价作为标准。所谓人为估价，有的同市场价格构成衡定的比例，有的却关系不明。为明确简单起见，凡是同市场价格构成衡定比例的估价税率，本文一律折算成市场税率。其余各项参数其义不言自明，勿庸复赘。

1996年《就业月刊》选取的二十个最佳生活与就业地区，依排名高下为序，分别为：佐治亚州的亚特兰大（Atlanta），德克萨斯州的奥斯汀（Austin），亚利桑那州的菲尼克斯（Phoenix），华盛顿州的西雅图（Seattle），德克萨斯州的达拉斯（Dallas），俄亥俄州的辛辛那提（Cincinnati），俄勒冈州的波特兰（Portland），印第安纳州的印第安纳波利斯（Indianapolis），明尼苏达州的明尼阿波利斯（Minneapolis），密苏里州的圣路易斯（St. Louis），田纳西州的纳什维尔（Nashville），犹他州的盐湖城（SaltLakeCity），宾夕法尼亚州的匹兹堡（Pittsburgh），马萨诸塞州的波士顿（Boston），宾夕法尼亚州的费城（Philadelphia），俄亥俄州的克利夫兰（Cleveland），内华达州的拉斯维加斯（Las Vegas），肯塔基州的路易维尔（Louisville），加利福尼亚州的圣何塞（San Jose），和北卡罗来纳州的罗利（Raleigh）。以上二十个地名都是城市的名字，这里之所以称之为“地区”而不称之曰“市”，是因为每一个地名在这里所指的不仅是城市，而是包括城市周围地区在内的所谓“metropolitan area”。把“metropolitan area”译为“市区和郊区”未见其妥，因为中国的“郊区”是城市的一个组成部分，在行政上属市政府管辖，而美国的“metropolitan area”中除“都市”（“metropolis”）本身以外，其余的地区并不是该都市的一部分，不属该都市管辖，也没有严格的界限，如果该都市临近州界，其“metropolitan area”往往可以跨越两州，甚至多州；称这部分地区为“卫星市镇”也并不恰当，这首先是因为一个都市周围的市镇并不自认为是该都市的附属品，有的甚至有更长久的历史，视其为“卫星市镇”不免有孛于人情和时间的逻辑；其次因为有些地方是所谓“unincorporated”地区，非市非镇，非村非集，而是直属于县，而所属的县可能全在同一个“metropolitan area”之内，也可能不都在内。不曾在美国生活过的人，很难意识到“unincorporated”地区的存在，因为这种地区不存在地名，而是借用附近市镇的名字做地址。要言之，所谓“metropolitan area”，是一个既与行政区划无关，又无严格界限的概念，所以，只有含糊不清的译作“地区”。以下是以上各地区的简介：

7.1 亚特兰大

亚特兰大建市于1847年，位于布鲁山山麓，海拔约305米，地跨四县，气候温和，年平均温在摄氏18度左右。亚特兰大曾是南北战争的主要战场之一，1864年11月几乎完全毁于战火，如今北郊一座俯瞰市区的小山上尚有当年留下的炮台和大炮，美国的历史短浅，这一百多年前的战场陈迹在美国人看来已经是值得凭吊的感慨之地。也是在北郊，还有一座馒头形的石山，是火山熔岩缓慢流淌而成。像这种因力道不足未能喷发的火山世上少有，除供观赏外，在地质学上也颇有研究价值。石山的一面坡度平坦，攀援可登峰顶；另一面则是绝陡的石壁，石壁上面凿有南北战争时南方将领的浮雕，造型平庸，刻工低劣，其艺术价值与腊斯摩尔山四总统头像石刻不可同日而语。内战结束后，亚特兰大迅速恢复，1868年成为佐治亚州临时首府，1877年成为永久性首府，自六十年代以来现代化的摩天大厦如雨后春笋般破土而出，令市区面貌为之一新。今天的亚特兰大业已成为美国东南部的商业、交通、文化和通讯的中心。然而，工商业的兴旺也使市区的种族矛盾激化，治安状态恶化，其结果之一是，自七十年代以来白人纷纷迁出市区，使市区人口持续下降，郊区人口则不断上升。1996年亚特兰大市区人口为40万，郊区人口约为150万；生活指数接近平均水平，为99.7；平均住房价格为$160,100；州所得税率在1.0%和6%之间，视收入多寡而定；财产税因县而异 ；失业率为3.7%，就业增长率为6%；市区犯罪指数为66,280。亚特兰大地区有医院43所；公立中小学700所，私立中小学200所，大专院校和中等专业学校40所；州立的佐治亚理工学院（Georgia Institute of Technology）和私立的艾莫理大学（Emory University）均为美国著名高等学府；主要企业有at&t，The Coca-Cola Company，Cox Enterprises，Delta Airlines Inc.，Georgia-Pacific Corporation，The Home Depot，Inc.，The Southern Company，和Turner Broadcasting System，Inc.。at&t在中国有生意，属于Turner Broadcasting System，Inc.的CNN电视新闻台想也早为国内人所熟知，至于 The Coca-Cola Company 生产的可口可乐更是家喻户晓的饮料。亚特兰大有职业篮球队，橄榄球队和棒球队各一，棒球队是当前的冠军，篮球队水平居中流，橄榄球队则属下乘。

作为 1996 年夏季奥运会的主办城市，亚特兰大无疑已经名扬四海，但也有少数人持论公允不阿。比如，在奥运会开幕之前，一行有关人员对亚特兰大作了一次私访，得出的结论是亚特兰大的治安状况还不如战火刚刚平息的马其顿首都萨拉也夫。此言一出，亚特兰大市负责人和奥运会主办人咆哮如雷，大言不惭地声称亚特兰大的治安绝对不亚于世界上最安全的城市。结果，在奥运会其间发生一起爆炸案，致使两人丧生，一百多人受伤。爆炸案发生后不久，又有两名保安人员横遭抢杀，无异于给亚特兰大市负责人和奥运会主办人一记耳光。除此两案之外，在奥运会开幕前不久还有一起纵火案，虽未造成伤亡，却也足以说明亚特兰大种族关系紧张，随时有爆发的危险。亚特兰大是以南北战争为背景的小说《Gone with the Wind》（中文译本题名作《飘》）的作者玛格丽特·米切尔（Margaret Mitchell，1900-1949）的故乡，其故居本已荒芜不堪，亚特兰大市政府拨款为之修葺一新，准备在奥运会期间开放为旅游观光点。孰料竣工伊始就化为灰烬，据说是因为小说中有侮辱黑人的词句所致。记得五年前初访亚特兰大，在一个星期六的早晨和几个朋友一起从可口可乐博物馆步行前往 CNN 电视新闻台，沿途一个黑人紧跟在我们身后破口大骂“中国鬼子”。由此可见，亚特兰大种族关系紧张不仅是黑白之间，黑人对于近年来逐渐增多的华人显然也心怀不满。

既然种族矛盾严重，治安也颇成问题，亚特兰大怎么仍能被选为最适宜生活和工作的地区？这首先是因为种族矛盾和治安是美国大城市普遍存在的问题，美国人大约已经司空见惯。其次是因为这两个问题都基本上仅局限于市区，同绝大多数非市区的居民关系不大。

7.2 奥斯汀

奥斯汀建于 1838 年，原名滑铁卢，次年成为从墨西哥分离出来的德克萨斯共和国的首都，适逢被称之为“德克萨斯之父”的斯提芬·奥斯汀（Stephen Austin，1793-1836）逝世，遂改称今名。1842 年，因担心墨西哥人入侵，德克萨斯共和国迁都休斯顿；奥斯汀人不愿迁都，以扣留政府档案的手段相迫胁，史称“档案之战”（“Archives War”）。这手段居然生效，1845 年政府被迫迁回奥斯汀。同年，德克萨斯共和国加入美国，奥斯汀遂成为德克萨斯州的首府。奥斯汀市方圆 217.8 平方英里，基本上位于科罗拉多河（此科罗拉多河与发源于科罗拉多州，以水利工程著称的科罗拉多河无关）北岸的丘陵之上，地势起伏不平，海拔介乎130至305米之间，海兰人工湖群自西北流入境内，水光山色，陪衬着摩登的建筑和夹道的树荫，使市容光彩倍增。气候属亚热带型，年平均温为摄氏20度；冬季温和，1月平均温为摄氏10度；夏季炎热，8月平均温为摄氏29度；年平均降雨量约为350毫米。在1980年至1990年这十年间奥斯汀地区人口增加35%，至今人口增加的势头方兴未艾。1996年市区人口接近50万，市郊区一起接近100万；生活指数略高于平均数，为100.9；中等住房价格为$96,200；失业率为3.3%；就业增长率为6.6%；市区犯罪指数为43,077，严重的犯罪率极低。德克萨斯州和奥斯汀地区都不征所得税；州的买卖税率为6.25%，奥斯汀地区不再另征买卖税；财产税率为估价的2.394%。

奥斯汀市有专科医院13所；大学6所，大专1所，其中奥斯汀德克萨斯州立大学（University of Texas at Austin）规模庞大，水平一流。这所大学建于1883年，初建校时虽然校园广袤，却面临资金短缺的困境。1924年在校园内发现石油，从此财源滚滚，成为美国资金最雄厚的大学之一。奥斯汀德克萨斯州立大学的崛起，不仅使奥斯汀市成为美国重要的学术和研究中心之一，同时也使奥斯汀成为全美文化程度最高的地区。奥斯汀地区的工业以高科技为主，主要企业有IBM，3M，Texas Instruments，State Farm Insurance，Dell Computer，Max Serv等。IBM早已在中国盛名远播；3M，Texas Instruments，和Dell Computer在科技界想必也不是陌生的名字。喜好户外运动的人在奥斯汀不愁消遣，登高，行船，走马，垂钓，散步的游所良多。喜好斯文的人有机会听交响乐，看芭蕾舞，上歌剧院，或去凭吊幽默短篇小说大师欧·亨利的故居。

7.3 菲尼克斯

菲尼克斯是在一座古代废墟上重新建立起来的。公元1450年一个在今天的菲尼克斯所在地的印地安部落突然神秘地消失，后人因而称之为“Hohokam”（“消失者”）。“Hohokam”部落留在人间的唯一痕迹，是由“Hohokam”人兴建而至今仍在使用着的灌溉渠道。十九世纪六十年代，白人殖民者同亚利桑那地区土著间的武装冲突日益激烈，1864年美国政府以平息动乱为名派遣军队驻进亚利桑那，美军选在菲尼克斯所在地结寨安营，从而开始了菲尼克斯复兴的第一页。1867年，两名白人殖民者迁来菲尼克斯定居，并着手修复“Hohokam”人留下的灌溉渠道，其中一人把他们的住地命名为“Phoenix”。“Phoenix”是古代埃及神话中的一只神鸟，相传每隔五百年赴火自焚，然后从灰烬中获得再生。取名“Phoenix”，无非是希望该地能从“Hohokam”人的废墟上复兴的意思。可能是因为图画中的“phoenix”有些类似中国古代神话中的凤凰，有些人，甚至有些字典，竟然把“phoenix”译为“凤凰”，因而也有人把“Phoenix”译作“凤凰城”。这种曲解和误译对菲尼克斯市想来没有什么不利，用凤凰做商标的中国民航却极可能因此而蒙受经济损失。有人在国际电脑网络上嘲笑中国民航不懂西方文化，说用一只葬身火海的鸟做航空公司的商标，怎能企望生意兴隆？有好几位美国相识也问过类似的问题，我解释说凤凰不是 phoenix，可是他们拿出北京外语学院编写的《汉英字典》，在其“凤凰”词条下分明印着“phoenix”，白纸黑字，令人有口难辩。

菲尼克斯的复兴梦在 1887 年随着铁路的通车而渐渐成为现实，1889 年成为亚利桑那领地的首府，1912 年亚利桑那领地在几经周折后成为美国的一个州，菲尼克斯顺理成章成为亚利桑那州的首府。自本世纪六十年代以来，冷气设备的普及使美国南部的所谓阳光地带的经济发展突飞猛进，菲尼克斯地区是这股工商业南迁潮流的主要受益者之一。近三十年来菲尼克斯的就业增长率一直居全美前五名，即使在全国性的萧条期间，菲尼克斯的经济也能保持继续发展的势头。目前菲尼克斯地区的工商业以生物工程、医疗服务、电子工业和旅游为主，其中又以旅游业尤其兴旺，平均每年有七百多万美国和加拿大人到菲尼克斯观光度假。

菲尼克斯市方圆 419.9 平方英里，海拔 386 米，坐落在马利科帕县境，乾涸的盐河（Salt River）河道将菲尼克斯切为南北两部。气候炎热少雨，年平均温摄氏 22 度，1 月和 8 月平均温分别为摄氏 10.6 度和摄氏 31.7 度，年平均降雨量为 180 毫米。1996 年菲尼克斯地区人口近 253 万，生活指数为 100.8，平均房价 $138,000，失业率 3.3%，就业增长率 5%，有医院 45 所；市区犯罪指数高达 108,131。亚利桑那州的所得税率在 3.8% 至 7.0% 之间，视收入的多寡而定，州买卖税率为 5%；菲尼克斯地区不加征所得税，市区加征 1.0% 至 1.2% 的买卖税，马利科帕县外加 0.5%；财产税率为市场价格的 0.95%。菲尼克斯地区的中等教育水平在全美平均水平之上，主要高等院校为亚利桑那州立大学（Arizona State University），以学生数量而言，亚利桑那州立大学居全美第五位，其商学院和教育学院堪入二流，其余则不足道。菲尼克斯地区的主要企业有 Allied Signal，Honeywell，Intel，Samaritan Health System，American Express，The Ponite Hilton Resorts，The Dial Corp.，Phelps Dodge Corp.，Pinacle West Capital Corporation 等。菲尼克斯的职业运动有篮球队和橄榄球队各一，篮球队水平不错；橄榄球队从圣路易斯迁来不久，来时就属末流，至今仍奉陪末座。

7.4 西雅图

西雅图创始于 1851 年，得名于印地安苏库密什部落酋长 Seathl（1790-

1866)。别名“绿城”（“Emerald City”），大约是因为绿树环绕之故。一百年前是个以伐木为生计的小镇，因加拿大玉崆（Yukon）和阿拉斯加发现金矿而暴发成大规模的城市。西雅图市方圆84平方英里，海拔157米，虽然地处北纬58度，却因受太平洋暖流影响，气候温和，年平均温摄氏10.7度，1月和8月平均温分别为摄氏4度和19度。城市东西两面均依山临水，一向以风景秀丽著称，只是终年阴雨连绵，难得一睹阳光，非喜欢晴爽者所宜居。自从第二次世界大战以来，生产飞机的波音公司（Boeing Co.）一直是西雅图最主要的经济支柱，70%以上的居民都直接或间接依赖波音公司为生。九十年代制作电脑操作系统和软件的微软公司（Microsoft Corp.）突然崛起，终于打破西雅图多年以来的单一经济格局。如今的主要企业有MicrosoftCorp.，Boeing Co.，Safeway StoresInc.，Group Health Cooperative of Puget Sound，WeyerhauserCo.，Albertson's Inc.，US West Communications，Nordstrom，Seafirst Bank，Fred Meyer Inc. 等。

西雅图的教育程度居全美第二，地区内有两年制的大专和的四年制的大学各十二所，其中华盛顿州立大学（University of Washington）的水平相当不错。1996年西雅图地区有人口约200万，有医院11所，生活指数偏高，为120.3，中等房产价格为$149,950，失业率为2.4%，就业增长率为3.2%；市区犯罪指数为55,753。华盛顿州和西雅图地区均无所得税；州买卖税率为6.5%，西雅图地区外加买卖税1.7%；财产税率为市场价格的1.415%。西雅图有职业篮球队，职业棒球队和职业橄榄球队各一，篮球队的水平不错，1996年在决赛中输给芝加哥，屈居第二；棒球队和橄榄队则名不见经传。

7.5 达拉斯

1841年一个叫约翰·布伦的律师迁来今天的达拉斯所在地定居，这位布伦于是被视为达拉斯的奠基人，他在150年前建造的小木屋如今还保留在达拉斯市区的一座公园中供人瞻仰。达拉斯的得名却是为了纪念美国第十二任副总统乔治·达拉斯（George Dallas，1792-1864）。美国副总统例兼参议院主席（President of the Senate），因为参议员为偶数，投票表决时赞同和反对双方可能打成平手，每逢此时参议院主席的一票就会起到决定性的作用。乔治·达拉斯所起的历史作用就是在1846年对沃克关税案投下关键性的一票，从而终止了保护性关税条款的施行。

不知是出于巧合，还是出于达拉斯人的这种反关税精神，达拉斯最终发展为美国最主要的进出口中心，目前达拉斯从事进出口生意的人数占就业总人数的 1/4，1991 年至 1994 年间达拉斯地区的进出口总额增加 41%，为全美平均增长率的两倍。1930 年以前，达拉斯地区的生意以农畜产品的加工和集散为主。1930 年达拉斯东南发现巨大的东德克萨斯油田，从此，达拉斯成为美国最主要的石油化工基地之一。近年来达拉斯又成为以电子工业为主的高科技工业中心，有人仿“硅谷”（“Silicon Valley”）之例，称之为“硅原”（“Silicon Prairie”）。曰“原”而不曰“谷”，不只是为标新，也因为达拉斯周围确实是一望无际的平野。平坦而无起伏本来谈不上美，可是美国盛况空前的电视连续剧《达拉斯》的序幕特写却把从一片荒漠之中拔地而起的摩天大厦和临空飞架的高速公路拍摄得极有气势，令人叹为观止。除去这广受欢迎、历时十数年而不衰的电视连续剧之外，使达拉斯蜚声美国的，还有多次夺得全美职业橄榄球大赛冠军的达拉斯职业橄榄球队“牛仔”队。不过，在美国以外，达拉斯恐怕更因为是肯尼迪遇刺丧生之地而闻名。事发地点如今已辟作公园以资纪念，三年前曾经走访，虽事隔三十载有奇，仍觉阴气逼人。不信的话，不妨前往一试。

达拉斯市方圆 333 平方英里，地势从北向南逐渐倾斜，陲尼提河自西北向东南穿城而过，周围湖泊众多，但可观者甚少。达拉斯的气候属大陆性，年平均降雨量近 750 毫米，雨水集中在四，五两月；年平均温近摄氏 19 度，夏季炎热乾旱，8 月平均温近摄氏 30 度；冬季基本上温和，1 月平均温近摄氏 19 度。1996 年达拉斯人口 290 万，在全美居第八位，在德克萨斯州居第二位，不及东南距达拉斯 240 英里的休斯顿；生活指数为 98.2；中等房产为 $153,000；失业率为 4.2%；就业增长率为 4.4%；市区犯罪指数为 98,626。达拉斯有医院 59 所，大专院校 44 所，中等技术和职业学校 100 所以上，各行各业的人都不愁没有事业上的机会；主要企业为 GTE，KImberly-Clark Corp.，Pissa Hut，Transamerica Real Estate Information Companies，Wells Fargo，CitiCorp，Exxon Corp.，Quaker State，TIG，at&t.。德克萨斯州和达拉斯地区都无所得税，州和地区买卖税率之和为 8%，财产税率为市场价格的 6.297%。达拉斯地区的职业运动除上文提到的橄榄球队外，尚有棒球队，篮球队，冰球队各一，除橄榄球队经常称王称霸之外，其余都不足观。

7.6 辛辛那提

凡是对美国稍有知识人，都会知道如今美国最大的城市是纽约，不过，如果问一百多年前美国最大的城市是哪一个，恐怕没什么人猜得到是辛辛那提。辛辛那提创始于 1789 年，得名于两个来源，其一，是古罗马帝国集英雄、将军和统治者为一身的 Lucius Quinctius Cincinnatus（519-439），其二是美国革命军人组织 Society of Cincinnati。辛辛那提市方圆 77 平方英里，海拔 265 米，南临俄亥俄河，过河即为肯塔基州，辛辛那提地区因而跨越两州，名为“辛辛那提国际机场”的机场也在河南岸肯塔基州境内。辛辛那提的气候四季分明，雨水充足；年平均温近摄氏 12 度，1 月和 7 月平均温分别接近摄氏零下 2 度和零上 24 度；年平均降水量为 1020 毫米。像大多数沿河的城市一样，辛辛那提在历史上的繁荣同水路运输紧密相连，在一百三十年前当辛辛那提作为世界最大的猪肉加工和集散地时，每天停泊在辛辛那提码头上的轮船不下八千艘。随着水路运输重要性的降低，辛辛那提从美国第一大都市转变为一个中等规模的城市。不过，辛辛那提地区的经济并没有随着河上船只的消失而萧条，而是走向多元化的结构，在美国轻重工业制造，批发和零售贸易，保险和银行业务等方面均占有重要的一席，其中最为著称的当数通用电气公司属下的飞机发动机公司（GE Aircraft Engines）和以生产家庭用品而闻名于世的宝洁公司（Proctor & Gamble）。曾经为大城市的历史和如今不再是大城市的现实，使辛辛那提兼有大城市的文化和小都会的风情。据说正是这种特殊的环境使辛辛那提人的生产效率高于美国平均水平 35%。

1996 年辛辛那提地区的人口为 180 万；生活指数为 98.9，中等房产价格为 $96，500；失业率 3.8%，就业增长率 2.7%；市区犯罪指数极低，为 26，931。俄亥俄州的所得税率在 0.743% 至 6.9% 之间，视收入多寡而定，州买卖税率为 5.0%；辛辛那提市加征所得税 2.1%，地区加征买卖税 0.5%；财产税率为 1.0% 至 2.0%。辛辛那提有大学 6 所，大专 4 所，医院 30 所；职业橄榄球队和职业棒球队各一，棒球队曾经显赫一时，如今仍是劲旅，橄榄球队则属于末流。

7.7 波特兰

提起美国西海岸的城市，人们首先想到的会是旧金山和洛杉矶，其次也许是南端的圣迭哥，也许是北头的西雅图，却不大会有人想起北距西雅图 270 公里，南去旧金山 950 公里的波特兰，这情形正像波特兰的职业篮球队“拓荒者”一样，虽然接连多次进入决赛，却总因败北而默默无闻。1845 年一批从美国东北缅因州来的移民在如今波特兰市所在地安家落户，其中一些来自缅因州的波特兰市，为解乡愁，权称新乡作故乡，俄勒冈州的波特兰市因此而得名。波特兰位于哥伦比亚河和威廉米特河汇合之处；跨有俄勒冈州的三县和哥伦比亚河北岸属于华盛顿州的部分地区，总面积为 3650 平方英里；海拔不足 12 米，西距太平洋不足一百公里；像西雅图一样，受太平洋暖流影响，虽然地处北纬 45 度，却气候温和，年平均温为摄氏 12.7 度，1 月和 8 月平均温分别为摄氏

3.8 度和 18.9 度，年平均降雨量接近 940 毫米。波特兰最早是作为加利福尼亚和阿拉斯加金矿的后勤基地而发展起来的港口，二次世界大战期间兴起造船业，之后又先后进入机械制造，金属加工，电子元件，交通设备和木材加工等领域，近来旅游业也渐趋兴旺。目前波特兰地区的主要企业有 Fred Meyer Inc.，Providence Health System，Intel Corp.，Kaiser Permanente，Oregon Health Science University，U. S. Bancorp，Legacy Health System，Freightliner Corp.，NIKE Inc.。

本世纪六十年代波特兰市推行城市规划化和经济计划化，使波特兰在促进工商业发展的同时，避免了交通拥挤，环境污染等问题，成为美国城市发展的模范。1996 年波特兰地区人口约为 150 万；生活指数为 107.7，平均房产价格为 $199,575；失业率 4.4%，就业增长率 3.5%；市区犯罪指数 54,715。俄勒冈州的所得税率在 5.0%至 9.0%之间，视收入的多寡而定；波特兰市区不另征所得税；州和地方均不征买卖税；目前的财产税率为市场价格的 2.321%，最近通过的一项法案规定今后的财产税率不得超过估价的 1.5%。波特兰的两年制大专号称全美第一，四年制的大学为数不下十余所，只是质量无足称道。

7.8 印第安纳波利斯

美国的城市大都是由移民聚落发展而成的，美国首都华盛顿-哥伦比亚区和印第安纳州首府印第安纳波利斯却是例外，这两个城市都是按照美国国会的计划而兴建的。更有意思的是，1816 年当印第安纳成为美国第十九个州时，负责设计印第安纳州首府印第安纳波利斯的亚历山大·腊斯顿正好是 1790 年负责设计首都华胜顿-哥伦比亚区的法国建筑设计师皮埃尔·兰芬的助手之一。印第安纳波利斯（Indianpolis）得名于“印地安”（“Indian”）加上希腊文“城市”（“polis”），也就是“印地安城”的意思。

印第安纳波利斯位于印第安纳州中心，地势平坦，既无自然山川之胜，亦无人工建筑之美。气候属大陆性，年平均温为摄氏 11 度；冬季寒冷多雪，1 月平均温为摄氏零下 2 度；夏季温和多雨，7 月平均温为摄氏 21 度；年平均降雪量近 580 毫米，年平均降雨量高达 1016 毫米。印第安纳波利斯一向是美国铁路和公路运输的重要枢纽和农畜产品的重要集散地之一，多年来工商业发展平稳，不曾出现大起大落的现象，最近四年来市区建设和经济发展大有起色，增加就业机会两万以上。不过，使印第安纳波利斯成为家喻户晓的，仍然是由来已久称之为“Indianapolis 500”的一年一度的汽车大赛。1996 年印第安纳波利斯地区人口约 125 万；生活指数为 95.5，平均新房产价格为 $112,729，平均旧房产价格为 $97,173；失业率 3.7%，就业增长率 2.6%；犯罪指数不详；主要企业为 Eli Lilly & Company，Marsh Supermarkets，Inc.，Village Pantry Markets, Allision Transnission, GMC, Ameritech, The Associated Group, Federal Express, USA Group, Inc., Thomson Consumer Electronics, Boehringer Mannheim Corp. 等。印第安纳州的所得税率为 3.4%，买卖税率为 5.0%（食品和凭处方才能购买的药不征税）；印第安纳波利斯市加征所得税 0.06%，加征食品和饮品买卖税 1.0%；财产税率为市场价格的 0.885%。印第安纳波利斯地区有大型医院 50 所；中等教育名列前茅；有 15 所高等院校，水平均属下乘；印第安纳波利斯以北 100 公里和 200 公里的普度大学（Purdue University）和圣母大学（University of Notre Dame），印第安纳波利斯以南 75 公里的布鲁明顿印第安纳大学（Indian University at Bloomington）倒都是颇有声誉的高等学府，这三所大学除学术水平不俗外，也都以球类运动闻名全美。印第安纳波利斯有职业篮球队和橄榄球队各一，篮球队的水平不错，无奈同如今称霸的芝加哥队同在一组，难得有出头的日子；橄榄球队从巴尔的摩迁来不久，无足称道。

7.9 明尼阿波利斯

明尼阿波利斯的前身是 1849 年建立的一座叫做“众圣人”（“All Saints”）的村落。1856 年这村落改称“明尼阿波利斯”（“Minneapolis”）。在明尼阿波利斯一带原本有苏人（Sious）栖息，“Minne”是苏语的“水”。上文已经提到“polis”是希腊语的“城市”。所谓“明尼阿波利斯”也就是“水城”的意思。1866 年明尼阿波利斯由村落演变为城市，1872 年与比邻的圣安东尼（St. Anthony）合并，合并后仍称“明尼阿波利斯”。明尼阿波利斯地区也称为“双城”（“Twin Cities”），这是因为夹密西西比河东西两岸的明尼阿波利斯市与密西西比河东岸的明尼苏达州的首府圣保罗市（St. Paul）业已连成一片，是美国少有的沿河两岸均匀发展的地区。明尼阿波利斯地处北纬 45 度，不像西雅图和波特兰那样幸运，没有暖流过境，因而冬季漫长酷冷，1 月平均温为摄氏零下 11.5 度，平均最低温近摄氏零下 17 度。为适应这种寒冷的气候，明尼阿波利斯和圣保罗市区的商业楼宇都设有地下停车场，楼与楼之间也大都建有封闭式空中走廊相连接，上班的人从停车场到办公室，从办公室去餐馆吃午饭，或是趁午休的时间去商店买东西，都可以足不出户。明尼阿波利斯的夏季短暂而凉爽，8 月平均温为摄氏 21 度。年平均降水量为 700 毫米，雨雪大致平分秋色。

明尼阿波利斯地区的居民大都为北欧人后裔，尤以瑞典人居多，素以保持环境整洁著称。十几年前，某电影制片人要找一条破败的街道做背景，明尼阿波利斯市政府闻讯后毛遂自荐，因美国电影的城市背景向来无非是纽约、旧金山、洛杉矶或芝加哥，制片人觉得换个其他城市未必不是个好主意，却不料派人前往明尼阿波利斯市实地考察之后，发现想要把明尼阿波利斯市政府所说的那条破败的街道糟蹋成制片人心目中的破败的街道，还得再投资二百万美元才行，遂不得不作罢。我曾在明尼阿波利斯勾留过两天，未曾留下宏伟壮观、清新秀丽或别具一格的印象，看来明尼阿波利斯的不上镜，除去不够破之外，也还别有原因。

明尼阿波利斯地区的经济原本以木材和面粉为主，第二次世界大战之后，走向多元化，除生产电脑，电子元件，和农业机械外，同时还是地域性的金融和贸易中心，目前的主要企业有 DaytonHudson，3M，NorthwestAirlines，Inc.，General Mills，Honeywell，SuperValu，Inc.，Cargill，Inc.，Carlson Companies，Inc.，Norwest Corp.，Best BuyCompanies，US Bancorp。1996 年明尼阿波利斯地区人口约 250 万；生活指数接近平均数，为 100.9；平均房产价格为 $80,393；失业率 2.5%；就业增长率 0.0%；市区犯罪指数 41,300。明尼苏达州征所得税 8.3%，州买卖税率为 6.5%，地区不额外征所得税，但额外征收 3%的买卖税；财产税率为估价的 12%。明尼阿波利斯有医院 28 所；中等教育居美国大中城市之冠；有 13 所四年制大学，6 所两年制大专和多所中等技术职业学校。其中明尼苏达大学（University of Minnesota at TwinCities）规模庞大，常有学生四，五万人；水平不错，工学院和法学院皆入第一流。明尼阿波利斯有职业橄榄球队和职业棒球队各一，水平皆一般。

7.10 圣路易斯

圣路易斯的历史可以上溯至 1700 年，当年有一批属于圣法兰西斯-埃克斯维尔耶稣会的传教团来到狄琵尔河与密西西比河汇合之处安家落户，这两河交接之地正好是今天圣路易斯市区的最南端。1760 年新奥尔良的马克散特-勒克里德公司从法国政府获得在密西西比河谷同印地安人进行贸易的权力，1763 年该公司的皮埃尔·勒克里德从新奥尔良溯密西西比河北上，同年 12 月在如今圣路易斯市中心的地方登岸定居。皮埃尔·勒克里德称其定居地点为圣路易斯，以纪念法国国王路易十四（Louis XVI，1638-1715），一般文献因而都视 1763 年为圣路易斯开创之始。

圣路易斯位于密西西比河与密苏里河汇合之处，海拔 163 米；气候属大陆性，年平均温摄氏 13 度，年平均降雨量为 860 毫米，四季分明，夏季湿热，7 月平均温摄氏 26 度，冬季冷而有雪，1 月平均温摄氏零下 1.7 度，唯春与秋差强人意。圣路易斯地区地跨九县，四县在密西西比河西岸，属密苏里州，五县在密西西比河东岸，属伊利诺依州。东西两岸发展极不平衡，河西广而富，河东狭而穷，这种发展的不平衡似乎是美国沿河城市的特色。比如，临德拉维尔河的费城；临俄亥俄河的路易维尔、辛辛那提、哥伦巴斯、丹顿、匹兹堡；临密苏里河的堪萨斯城、欧马哈；密西西比河入海处的新奥尔良等都是如此。与费城隔河相望的堪顿和与圣路易斯对河而居的东圣路易斯都以贫穷、失业、吸毒、凶杀而恶名远播。圣路易斯虽然地处美国中心，却与东海岸的纽约，西海岸的旧金山，同被称为美国的“门户”（“gate way city”），这是因为1803年美国在史称“路易斯安纳购买”（“Lousian Purchase”）中，从拿破仑手上买下密西西比河以西，落基山脉以东的大片领土之后，向西部的开发都以圣路易斯为出发点，因而圣路易斯在历史上是美国的西部门户。如今挺立在圣路易斯市密西西比河西岸的弓形拱门，就是为纪念美国人从圣路易斯启程西征而设。这座由不锈钢建造的弓形拱门，高度与跨度同为192米，是美国最高的纪念碑，因其造形举世无双，登碑的吊车也与众不同，每年吸引上百万的游客，给圣路易斯带来不少经济上的好处。

圣路易斯人利用西部门户这一历史地位生利，这并不是头一回。早在1904年，圣路易斯就投资两千万美元，举办以纪念“路易斯安纳购买”一百周年为名的世界博览会，吸引美外游客近两千万人，获利近二百万美元，当时中国的清政府也曾参加这一博览会的展出，是为中国第一次在国际博览会上参展。这次博览会在美国饮食业史上也有其特殊意义，如今风行全美甚至流行于全世界的冰激淋棒（ice-cream cone），热狗（hot dog）和冰茶（iced tea）都是在这次博览会上首次问世。不幸的是，就在博览会结束的次日，展览会场爆发一场大火，使代表各国不同风格的，美轮美奂的展览厅群几乎全部化为灰烬。展览会场的遗址辟为今天的“森林公园”（“Forest Park”），顾名思义，园中除去树木之外，所余不多。同是在1904年，圣路易斯还成为美国第一个主办夏季奥林匹克运动会的城市，可谓盛况空前。所谓盛极必衰，1904年也标志着圣路易斯市的顶峰，虽然如今的圣路易斯仍不失为美国中西部的重镇，昔日的那种辉煌已经一去不复返矣。

圣路易斯的经济原本以军用飞机制造、汽车装配、金属楼工、化工等重工业为主，自本世纪七十年代以来，美国经济出现结构性的转折，重工业衰退，服务行业兴起。作为所谓“生锈地带”（“rust belt”）主要成员之一的圣路易斯的就业状况，也在这转折中大受影响，自从1973年以来，圣路易斯地区从事工业生产的劳动力持续下降，服务性行业的劳动力则增长47%。在所谓冷战时期，圣路易斯是美国最重要的国防工业基地之一，以生产战斗机、导弹、电子武器等为主的麦克唐纳-道格拉斯公司（McDonnell Douglas）和通用动力公司（General Dynamics）都设总部于此。就业于国防工业的人原以为手里拿着的是受用不尽的铁饭碗，孰料所谓冷战，突然消失于一旦，眼见国防生意前景不妙，通用动力公司把总部从圣路易斯迁往哥伦比亚区附近，以便成为国防部的比邻，取得“近水楼台先得月”的优势；麦克唐纳-道格拉斯公司则在圣路易斯裁减员工四分之一，使圣路易斯地区的经济大受影响。被裁减的不只是工人，而且包括工程技术人员，有些人空怀一身设计或制造最先进的飞机或导弹的技术，却形同一无所长的废人。几年前圣路易斯发生一起法庭枪杀案，就同这一经济结构的转变有关。一名被麦克唐纳-道格拉斯公司裁减下来的工程师失业之后跑去西雅图，企图在制造民用飞机的波音公司中找一席谋生之地，不果后返回圣路易斯，正彷徨无计之时，其妻下堂求去，结果此人在法庭上忿而开枪，将其妻，妻之律师，审案的法官当场打死。圣路易斯如何改变以国防工业为主的经济格局，以适应冷战结束后的局面，成为美国经济学界拭目以待的问题。根据最近的统计，圣路易斯的失业率只有 4.0%，就业增长率却高达 4.3%，可见该地区在促进经济多元化上已取得显著成果。

目前该地区主要企业有 JBCHealthSystem，Boeing，UnityHealthSystem，Anheuser - Busch，Chrysler Motors，Trans World Airlines，Clark Oil & Refining，AT&T，Monsanto，Emerson Electric 等。像亚特兰大一样，圣路易斯市区的人口自七十年代以来持续下降，市外的人口则不断增长，1996 年圣路易斯市区人口不足 40 万，地区总人口却有 253 万之多。圣路易斯地区的生活指数在全美大都市区中最低，仅为 96.3，房产尤其便宜，平均价格只有 $146,833；伊利诺依州所得税率 3%，密苏里州所得税率在 1.5%至 6.0%之间，视收入多寡而定；圣路易斯市区额外征所得税 1.0%，各县则无论在伊利诺依州还是在密苏里州均不额外征所得税；财产税率因县市而易。圣路易斯地区的医疗水准在全美居领先地位，有医院和诊所 100 间以上；教育条件也不错，属公园道学区的中学被某刊物评为全美公立中学之首；四年制大学有 13 所，两年制大专 7 所，中等职业专科 100 所以上，其中私立的华盛顿大学（Washington University）属于一流，其医学院是美国最有地位的医学院之一；市区治安却不敢恭维，犯罪指数高达 60,505；郊外倒是一派山明水秀，恬适怡然的风光，无怪乎圣路易斯人要逃离市区。就业机会高和生活指数低无疑是吸引人在圣路易斯地区安居乐业的主要因素，同时，圣路易斯也不乏消遣的所在。圣路易斯美术馆原本是 1904 年国际博览会美术宫，幸免于火灾，今天名列美国十大美术馆之一。创始于 1880 年的圣路易斯交响乐团是美国第二个最老的交响乐团，据《时代》杂志的评比，其水平是美国目前最好的两个交响乐团之一。此外，圣路易斯有职业冰球队，职业棒球队和职业橄榄球队各一，还有大型游乐园一所，球迷和喜好紧张刺激的人也不愁没处去消磨时光。

7.11 纳什维尔

1779 年四百多人从北卡罗来纳州迁来如今的纳什维尔所在地安家落户，并将其住地称为“纳什泊落”（“Nashborough”），以纪念北卡罗来纳州的美国革命英雄法朗西斯·纳什（Francis Nash）将军。英文的“borough”相当于中文的“市镇”，所谓“Nashborough”也就是“纳什镇”或“纳什市”的意思。1784年改用今名，用法文的“ville”（也是“市镇”的意思）取代英文的“borough”，据说是因当地居民的反英情绪所致。1843年纳什维尔成为田纳西州的永久性首府。南北战争初起，作为南方重要后勤基地的纳什维尔旋即被北方攻占，1864年12月南方企图夺回这一战略要地，纳什维尔遂成为内战中最后的一个最为惨烈的战场，战后经过十年方才复原。纳什维尔的传统工业是印刷出版，如今这一行业仍是纳什维尔的主要经济支柱，但汽车，医疗卫生和旅游业也逐渐兴旺。然而，提起纳什维尔，人们立刻想到的还是乡村-西部音乐（Country-Western Music），自1920年以来，纳什维尔一直享有“音乐之都”（“The City of Music”）的美誉。

纳什维尔市坐落在密西西比河的支流卡贝兰河之南，方圆480平方英里，海拔168米；气候温和，雨水充足，年平均温摄氏15度，1月和7月平均温分别为摄氏2.7度和26度，年平均降雨量为1220毫米。1996年纳什维尔地区人口近100万，生活指数远低于平均数，为91.5；中等房产价格为$96,400；失业率和就业增长率同为2.9%；市区犯罪指数52,469；主要企业有Vanderbilt University & Medical Center，Columbia/HCA Healthcare Corp.，Saturn Corp.，Gaylord Entertainment，Nissan Motor Manufacturing Corp.，Kroger Co.，Shoneys，BellSouth，NationsBank等。田纳西州和纳什维尔地区均不征所得税，州买卖税率为6.0%，地区加征买卖税2.25%；地区的财产税率为市场价格的1.2%，市外地区为0.91%。纳什维尔地区有医院29所，是全美卫生医疗公司最密集的地区；中小学教育在美国属于上乘；有高等院校16所，其中11所有研究院，由铁路大王科尼流斯·凡德比尔特（Cornelius Vanderbilt，1843-1899）出资兴办的凡德比尔特大学（Vanderbilt University）名列美国高等院校的前茅，法、医、商、工学院都堪入一流。纳什维尔地区的最好消遣自然是听民间音乐，对于喜好户外运动的人来说，纳什维尔也是登山、垂钓和行舟的优良场所。

7.12 盐湖城

摩门教（Morman）首领伯明翰·杨（Brigham Young，1801-1877）于1847年率徒来到今天的盐湖城建城定居，命名曰“大盐湖城”（“Great Salt Lake City”）。盐湖城的得命，不论是当初的“大盐湖城”，还是今天省去“大”字的“盐湖城”，都是因为地临浩瀚的咸水湖“大盐湖”（“Great Salt Lake”）之故。大盐湖方圆6343平方公里，约为中国最大的咸水湖青海湖的 1.4 倍。湖面缭绕的盐雾，与湖北群山之颠终年不化的皑皑白雪，构成如诗如画的奇特意境。1848 年盐湖城所在地区归属美国，1850 年成为犹他领地（Utah Territory），但因摩门教实行一夫多妻制，美国国会拒不接纳犹他领地为犹他州，并于 1857 年发生所谓“犹他战争”。其实，发生的不过是一场舌战而非真枪实弹之战。犹他领地终于在 1890 年宣布终止一夫多妻制后成为犹他州。1896 年盐湖城成为犹他州首府。其实，所谓终止一夫多妻制不过是官样文章，一夫多妻的家庭直至今日在犹他州仍然屡见不鲜。某杂志就曾在犹他州采访过一位有四个老婆的年轻人，并刊登了此人同其三个老婆拖着一群子女的合照。据此人声称犹他州不仅不干涉一夫多妻的行径，而且对一夫多妻者关怀备至，因为一夫多妻有助于宏扬摩门教的宗旨。

盐湖城海拔 1300 米，四周群山环抱。气候属大陆性，年平均温近摄氏 10 度，1 月和 8 月平均温分别接近摄氏零下 2 度和零上 24 度；年均降雨量不足 390 毫米。1996 年盐湖城地区人口约 100 万，占犹他州总人口的 60%；生活指数为 95.6，平均房产价格为 $119,820；失业率 2.8%，就业增长率 3.5%；市区犯罪指数仅为 18,992；主要企业有 American Stores Corp.，Salt Lake County School District，LDS Hospital，Hercules Aerospace，Delta Airlines，American Express，Primary Children's Hospital，University of Utah，University Hospital 等。盐湖城已被选为 2002 年冬季奥林匹克运动会的主办城市，估计从现在到 2001 年盐湖城地区会因此而增加近两万个新的工作机会。犹他州的所得税税为扣除联邦所得税的一半之后的收入之 7.2%，州买卖税率为 6.25%（加工过的食品税率为 7.25%）；地区不再另征所得税，地区可加征买卖税 1.16%。盐湖城有职业篮球队一，水平中上。

7.13 匹兹堡

1754 年法国人在阿勒亘尼河和莫浓嘎腊河汇合为俄亥俄河的地方筑起道格斯尼要塞以同英国人争夺该地区的控制权。1758 年该地区为英国人攻占，英国人在该地筑起一座新的要塞和一个居民点。为纪念英国首相威廉·皮特（William Pitt，1759-1806），英国人称这新要塞为“皮特要塞”（“Fort Pitt”），称这新居民点为“匹兹堡”（“Pittsburgh”）。“burgh”是上文提到的英文“borough”在苏格兰语中的变体。因此，所谓“Pittsburgh”，也就是“皮特城”的意思。上文提到圣路易斯曾为美国历史上的西部门户，其实，早在 1776 年至 1790 年间，“西部门户”（“Gateway to the West”）之称已经属于匹兹堡，那时美国的领土仅有大西洋沿岸十三州，在如今看来属于东部的匹兹堡，在当时已是令人感叹“西出阳关无故人”的边陲之地，只是因为圣路易斯后来居上，匹兹堡之曾为西部门户遂为一般人所忘却。有意思的是，那座耸立在圣路易斯密西西比河岸上的西部门户纪念碑所用的每一块钢材，都是在匹兹堡锻造加工，然后运往圣路易斯的。

匹兹堡素以钢铁冶炼、煤矿开采和玻璃制造著称，在南北战争期间，美国1/2的钢铁和1/3的玻璃都出自匹兹堡。在1929年开始的大萧条期间匹兹堡经济发展严重受挫，在第二次世界大战期间依靠军事工业的需要得到恢复。大战结束以后，由于煤和钢铁的需求量日益减少，加之美国的钢铁工业在价格上竞争不过西欧和日本，匹兹堡又一度陷入困境，在1950年的时候几乎全面崩溃。当时有人问美国最有地位的城市建筑设计师法朗克·怀特（Frank Wright，1867-1959）对匹兹堡的前景有何高见，怀特的答复是三十六计，走为上计，以为除放弃之外已别无出路。可是靠钢铁和煤炭在匹兹堡发家致富的几个大富之家不肯一走了之，不惜巨资在匹兹堡建筑现代化办公楼宇，扩展金融业务，兴办医疗中心，开设商业和娱乐场所，资助高等教育和研究，结果不出数年匹兹堡竟然从一个空气和水严重污染的工业废墟，变成自然条件和人工环境皆臻良好的商业、医疗和学术研究中心。

匹兹堡市方圆55.6英里，海拔在212米至417米之间；气候基本温和，雨雪充足，年平均温为摄氏11.3度，年平均降水量为2032毫米；冬季偏冷而多雪，平均降雪量为1102毫米，1月平均温为摄氏零下1度；夏季不热，7月平均温为摄氏23.5度。1996年匹兹堡地区人口约为255万；生活指数偏高，为113.3；中等房产价格为$80,000；失业率为6%，就业增长率为1.5%；市区犯罪指数较低，仅为21,748；有医院35所以上，其中匹兹堡大学医学院的医疗中心的器官移植部门在规模和水平上均为世界第一；目前主要企业有USX Corp.，Westinghouse Electric，Alcoa，H. J. Heins，Miles，PPG Industries，Armoc，Allegheny Ludium，J&L Speciality Stell，PNC Bank等。宾夕法尼亚州的所得税率为2.8%，州买卖税率为6.0%，匹兹堡市区加征所得税2.875%，大部分郊区加征所得税1.0%；除征10%的娱乐税之外，匹兹堡地区不再另征买卖税。私立的卡内基-梅隆大学（Carnegie Mellon University）为美国一流高等学府。匹兹堡交响乐团水平一流；职业球队有冰球，橄榄球和棒球各一，水平都还不错。

7.14 波士顿

1630年一批清教徒（Puritan）迁来如今的波士顿所在地定居，因其中大部分来自英国林肯县的波士顿镇，波士顿因此而得名。同年波士顿成为马萨诸塞殖民地的首府，美国独立后顺理成章成为马萨诸塞州的政府所在地。波士顿在美国历史上创下许多“第一”，比如，在1635年成立第一个陪审团，开办第一所学校，在1639年创办第一所邮局，在1674年开张第一家银行，在1690年发行第一份报纸，在1775年4月19日打响独立战争的第一枪，如此等等，不一而足，称波士顿为美国文化、经济、政治的摇篮绝不为过誉。波士顿不仅是历史上的名城，同时也是今天美国高科技工业、国防研究和高等教育的中心。八十年代波士顿发展迅速，造成交通拥挤，物价腾贵等问题，九十年代初发展的势头受挫，又造成产业贬值和失业的问题，近来渐趋稳定。

波士顿地区海拔在4.5米至8.8米之间，市区面积甚小，只有48平方英里，大部分地区都由填海而成，据说因为填海的年代久远，工程技术有问题，所以不大能支持高层建筑。但波士顿虽然摩天大厦不多，市容却相当整齐可观，颇有欧洲城市的风味，在我的印象中是美国唯一能散步的城市。波士顿虽然纬度相当于中国的沈阳，气候却相当温和，年平均温为摄氏10度，1月和7月平均温分别为摄氏零下1.7度和零上22.5度；年平均降水量为1055毫米。1996年波士顿市区人口55万，地区跨地五县，总人口约为290万；生活指数高达139.2；中等房产价格为$173,200；失业率5.8%，就业增长率1.1%；市区犯罪指数53，078；主要企业有Fidelity Investments，Raytheon Co.，Reebok International，Cumberland Farms，Continental Cablevision，Hewlett Packard，Biogen，Genzyme，Boston University，IBM，John Hancock Mutual Life Insurance Co.，The Gillette Co.，Bank of Boston Corp.. 等。马萨诸塞州征所得税5.95%，州买卖税率为5.0%（食品和衣服不征）；波士顿市和周围的县均既不再另征所得税，也不再另征买卖税。

波士顿地区的医疗和教育均居全美领导地位，有大专院校68所，其中哈佛大学（Harvard University）和麻省理工学院（Massachusetts Institute of Technology）是举世闻名的高等学府。不过，两所大学的校园都相当乏味，不免令趁兴前来的参观者扫兴而归。波士顿也不乏消遣之处，波士顿交响乐团和民乐团驰誉全球，职业运动则有篮球队、棒球队、橄榄球队、冰球队各一。其中篮球队曾称霸多年，近年来式微，目前尚不见有起色。

7.15 费城

1681年英王查理把如今称之为宾夕法尼亚（Pennsylvania）的地方割让给教友会（Society of Friends，亦称之为Quakers）领袖威廉·宾（William Penn，1644–1718），藉以抵消欠威廉·宾父亲的债务。威廉·宾选中费城这块地方建立教友会在美洲的发展基地，名之曰“Philadelphia”，是希腊文“情同手足”的意思，大概是嫌音译“费拉代费尔”太长，读起来又绕嘴，所以中文很早就习惯于简称之为费城。教友派的信徒们不仅懂得如何推广其教义，也深谙生意的推销之道，他们在欧洲各国为费城大做广告，结果吸引大批欧洲人前来费城定居，其中包括一批德国教友会信徒，他们建立了美国第一个德国居民点。在费城早期的居民中有蜚声国际的名人本杰明·富兰克林（Benjamin Franklin，1706-1790），富兰克林不仅是美国革命中的主要角色，而且也是美国社会和学术界的领袖人物，曾创办美国第一家医院，第一座图书馆，第一个学术团体，同时也是（《宾夕法尼亚报》（《Pennsilvania Gazette》））的创始人和宾夕法尼亚大学（University of Pennsilvania）的策划者。费城是美国独立前独立运动的政治中心，宣布独立的所在地，也是独立之后1790年至1800年间的美国首都，内战期间是北方工业和经济的重要枢纽。目前费城的经济结构已从原来的重工业型走向多元化，服务性行业占总经济比重的三分之一。

费城市区面积135平方英里，海拔在1.5米至131米之间；气候温和，年平均温摄氏12.5度，1月平均温摄氏0.6度，8月平均温近摄氏24度，年平均降水量为1052毫米。1996年费城地区人口约为500万；生活指数偏高，为127.4；中等房产价格为＄119,500；失业率5.8%，就业增长率2.0%；宾夕法尼亚州征所得税2.8%，买卖税6.0%；费城市区加征所得税4.9%，邻近各县加征所得税的税率从0.0%到1.0%不等，地区额外征买卖税1.0%。费城地区的主要企业有Smith Kline Cham，Comcast，Kulicke & Soffa，Merk &Co.，Wyeth-Ayerst Laboratories，Unisys，Roy F. Weston，Genovo，ICS等。

费城市区治安极差，犯罪指数高达108,278，黑白之间的种族矛盾严重，曾在1960年爆发震动全国的种族冲突。费城地区有医院120所；大专院校80多所，其中宾夕法尼亚大学是美国最有地位的大学之一，尤以医学院和商学院著称。费城也是一座以音乐和艺术而闻名的城市。费城交响乐团属于世界第一流。费城美术博物馆的收藏在五十万件以上，在美国居第三位，收藏品之精则堪称第一，其中有关东方文物的收藏远非纽约大都会博物馆所能企及。比如，纽约大都会博物馆的所谓“明轩”是20世纪80年代初请苏州的工匠仿制的，而费城美术博物馆所收藏的明代建筑却是明朝大宦官王振的私宅实物。由费城美术博物馆管理的罗丹博物馆（Rodin Museum）据说是巴黎以外收藏罗丹作品最多的博物馆。费城有职业篮球队、职业棒球队、职业橄榄球队、职业冰球队各一，喜欢球类运动者不愁没有捧场的对象。

7.16 克利夫兰

1796年美国将军莫思斯·克利夫兰（Moses Cleaveland）受康涅狄亲土地公司（Connecticut Land Co.）的委托前来当时称之为“新康涅狄克”（“New

Connecticut”）的地方进行土地勘测。莫思斯·克利夫兰选择在如今的克利夫兰市所在地建立居民点，可是不久痢疾和蚊虫就迫使莫思斯·克利夫兰一行放弃该地，返回康涅狄克。1799 年一个叫罗壬措·卡特的人来到莫思斯·克利夫兰等人留下的遗址，重新予以开发，并命名“Cleaveland”以示不忘莫思斯·克利夫兰筚路蓝缕之功。如今克利夫兰市的英文拼写作“Cleveland”，系出自一位报纸排版人之手，因为版面排不下“Cleaveland”，此人便擅自省去原文中的第一个“a”，岂料竟然如此将错就错，一直错到如今以错为正，不可再写作“Cleaveland”。

克利夫兰沿所谓五大湖（其实是一湖五岔）之一的伊利湖南岸逶迤 31 英里，海拔在 18 至 25 米之间；气候偏冷，年平均温近摄氏 10 度，2 月和 7 月平均温分别为摄氏零下 3.6 度和零上 22 度；年降水量近 900 毫米。自 1813 年以来克利夫兰一直是伊利湖上连接东部城市的重要码头；1832 年连接俄亥俄河和伊利湖的运河通航，作为这条运河的终点，克利夫兰在水路运输上的作用变得更为重要。在南北战争期间克利夫兰是北方的重要后勤基地，内战结束以后成为以钢铁和造船为主的工业重镇。1870 年洛克菲勒家族在克利夫兰创建标准石油公司（Standard Oil，现已被英国石油公司收购），使克利夫兰成为美国第一座石油城。工业的迅速发展一方面使克利夫兰出现令人嫉妒的所谓“百万富族之家”（“Millionaires Row”）的豪华住宅区，另一方面也使克利夫兰地区污染得无以复加。水火之不相容，本为放之四海而皆准的真理，而 1969 年穿过克利夫兰市区中心注入伊利湖的库亚荷嘎河水，竟然因污染严重而着火，成为轰动全美的新闻。本世纪七十年代以来美国重工业江河日下，克利夫兰大受挫折，一度成为美国城市崩溃的代名词。自 1980 年以来致力于环境保护和经济多元化，成绩卓著。1996 年克利夫兰地区人口约 190 万；生活指数为 105.5，平均房产价格为 $104,400；失业率 5.1%，就业增长率 0.0%；市区犯罪指数 38,665；主要企业有 TRW Inc.，LTV，Sherwin - WilliamsCo.，National City Corp.，Society Corp.，Charter One Financial，Amercian Greetings Corp.，Parker Hannifin Corp.，Sealy Holdings，Standard Products Co. 等。俄亥俄州的所得税率在 0.743%至 6.9%之间，视收入多寡而定，州买卖税率为 5.0%；克利夫兰市加征所得税 2.0%，地区加征买卖税 2.0%；财产税率为市场价格的 8.1%。

7.17 拉斯维加斯

“拉斯维加斯”（“Las Vegas”）是西班牙语“草地”的意思。自从西班牙探险者在沙漠中发现这块水草丰茂的绿州以后，拉斯维加斯就被用来作为进入加利福尼亚的供水站。1855 年摩门教徒曾在此安营结寨，用为从盐湖城通向洛杉矶的一个据点，两年后又将这据点放弃。1867 年原本属于亚利桑那领地的拉斯维加斯地区被划归内华达领地。1931 年在拉斯维加斯东南的科罗拉多河上兴建胡佛水坝的工程使拉斯维加斯人口激增。同一年赌场在拉斯维加斯开张，揭开拉斯维加斯作为美国最大的赌城的第一页。自第二次世界大战结束以来，拉斯维加斯逐渐发展为美国的娱乐之都，每年从世界各地赶来吃喝嫖赌（拉斯维加斯地区有美国唯一合法的红灯区）和观看拳击比赛、歌舞表演等节目的游客多如过江之鲫，给拉斯维加斯带来近一百亿美元的岁入。

拉斯维加斯市方圆 83.3 平方英里，海拔 665 米；年平均温近摄氏 19 度，冬季温和，1 月平均温为摄氏 7 度；夏季炎热，8 月平均温摄氏 30.5 度；全年干旱，年平均降雨量仅得 106 毫米。内华达州不征所得税，买卖税率为 5.75%；拉斯维加斯亦无所得税，地区加征 0.25%的买卖税；财产税率为估价的 35.0%，以市场价格的 3.64%为上限。1996 年拉斯维加斯地区人口在 80 万以上；生活指数为 106.4；中等房产价格为 $119,299；失业率 5.5%，就业增长率 14.9%；犯罪指数 60,574；有综合性医院 9 所，专科医院 4 所；目前的主要企业有 Nellis Air Force Base，Nevada Testing Institute，Medco－Merck，Precision Steel，Conrey Media Group，Kerr－McGeechemical Corp.，Mikohn Gaming Corp.，International Game Technology，Collegiate Graphics，Good Humor Corp. 等；设在拉斯维加斯的内华达州大学（University of Nevada at Las Vegas）据说是西部发展最快的大学。

7.18 路易维尔

路易维尔的历史可以上溯至 1778 年，是阿巴拉契山脉以西最早兴起的几个居民点之一。初建时地点选在俄亥俄河中的科恩岛，次年方才迁往河南岸的现址。像上文介绍过的圣路易斯一样，路易维尔的得名也是为了纪念法国国王路易十四，所不同的是美国人在读圣路易斯（St. Louis）时，按照英文的读法，把“s”读出音来，而在读路易维尔（Louisville）时，却遵法文之例，把“s”给吞掉了。上文已经提到过，“ville”是法文的“城镇”，所谓“路易维尔”，也就是“路易城”的意思。路易维尔市区方圆 60.5 英里，海拔 149 米；气候温和，年平均温近摄氏 14 度，1 月和 8 月平均温分别为摄氏 0.75 度和 24 度；年平均降水量为 1113 毫米。

市区虽在俄亥俄河南的肯塔基州境内，地区却包括河北岸属于印第安纳州的一部分土地。历史上路易维尔的经济以采矿和农耕为主，自九十年代以来相当成功地使经济走向多元化，没有像大多数城市那样因为经济结构的变更而面临困境。1996 年路易维尔地区人口接近 100 万；生活指数相当低下，只有 90.5；失业率 4.0%，就业增长率 5.1%；主要企业有 United Parcel Services，Geberal Electric，Ford Motor Company，Columbia/HCA Healthcare Corp.，Jewish Hospital，Alliant Health Systems，HumanaInc.，LG&E Energy Corp.，Philip Morris USA，The Kroger Company 等；市区治安状况相对良好，犯罪指数只有 19,500；有医院 18 所，医疗开销比全美平均数低 8%；中等教育水平居领先地位；路易维尔大学（University of Louisville）开设有 23 个博士研究生专业，也算是一个有些名气的大学。不过，使路易维尔闻名遐迩的，还是自 1875 年以来，每年在路易维尔举行的肯塔基骏马大赛（Kentucky Derby Thoroughbred），这是美国电视网必播的节目，也是拉斯维加斯赌场上的一件大生意。肯塔基州的所得税率在 2.0%至 6.5%之间，视收入多寡而定，州的买卖税率为 6.0%；路易维尔地区不再另征所得税，额外征收 1.75%的买闯税，财产税率为市场价格的 8.67%。

7.19 圣何塞

早在 1777 年墨西哥人就在如今圣何塞这块地方建立了加利福尼亚第一个居民点，命名曰“San Jose de Guadalupe”，Guadalupe 是附近一条河，“San Jose”则相当于英文的“St. Joseph”。1950 年以前圣何塞只是一个水果罐头和干果的集散地，在 1950 至 1980 这三十年中，圣何塞的人口增加四倍，从一片果园发展为美国最重要的电脑工业中心，成为举世闻名的“硅谷”（“Silicon Valley”），被誉为世界经济的奇迹。目前圣何塞地区云集了全美最大的 2,500 家电子工业公司中的 1,500 家，就业于圣何塞地区 3600 多家高科技公司的人数多达 25 万。不过这奇迹的发源地并不在圣何塞，而在圣何塞以北的帕拉阿图（Polo Alto）。帕拉阿图是如今名满天下的斯坦福大学（Stanford University）的所在地，不过，五十年代的斯坦福大学并没有什么名气，只有全美国最大的校园。根据斯坦福大学创始人理兰德·斯坦福（Leland Stanford，1824-1893）在 1885 年兴办斯坦福大学时的规定，大学当局不得出售校园的土地，但却并未规定不得出租，这极可能是一时疏忽所致，却让五十年代斯坦福大学的负责人钻了空子，把大片学校用不着的土地廉价租给发展电脑技术的小公司，并同租赁者发展技术合作关系，其结果是既促进了电脑工业在斯坦福大学周围迅速发展，也使斯坦福大学在财政和学术水平上利益兼收。

圣何塞北距旧金山 44 英里，外地人都视之为旧金山的郊区；气候温和干燥，四季如秋，年平均温摄氏 15 度，1 月和 7 月平均温分别为摄氏 14 度和 20 度，年平均降水量仅得 352 毫米。1996 年圣何塞地区人口接近 150 万；生活指数大大高于平均数，为150；平均房产价格高过25万美元；失业率3.5%，就业增长率0.5%；市区犯罪指数为36,096；主要企业有Conner Peripherals，Cisco Systems，IBM，Hewlett Packard，VLSI TechnonogyInc.，Fujitsu America，Acer America，Adobe Systems，Novell Inc.，Cypress Semiconductor Corp.，Intel Inc.等。加利福尼亚州征所得税9.3%，买卖税4.75%；圣何塞地区不另征所得税，但另征买卖税1.0%。圣何塞地区在医疗和医疗研究水平上均居世界领先地位，医生同居民之比为美国第一。就圣何塞本身而言，谈不上什么消遣之处，但从圣何塞北上美国最受欢迎的旅游名城旧金山，南下西海岸的避暑胜地圣塔克鲁兹都轻而易举，东去风光秀丽的约塞米特国家公园也不过半日的行程。

7.20 罗利

美国独立之后，北卡罗来纳州人决定在州境中心地带择地建都，罗利于是因其地理位置而中选。城市得名于英国探险家兼作家瓦尔特·罗利（Walter Raleigh，1559-1618），建设开始于1792年，1794年落成，1831年毁之于火灾，1840年在原址上重建。如今的罗利方圆54平方英里，海拔107米；气候温和，四季分明，1月和8月平均温分别为摄氏4.2度和25.4度，年平均降水量为1137毫米，其中降雪量为193毫米。罗利同西北15英里的杜汗（Durham），杜汗西南5英里的教堂山（Chapel Hill）三镇之间的三角地带为美国著名的“研究三角”（“Research Triangle Park”）。“研究三角”地带集中了一批同尖端科技有关的公司和研究机构，其成功在很大程度上依靠的是罗利的北卡罗来纳州立大学，教堂山的北卡罗来纳大学教堂山分校，和杜汗的私立杜克大学，现已均侧身美国十大名校之列。1996年罗利地区人口大约为80万；生活指数为97.3；平均房产价格为$147,081；失业率3.0%，就业增长率1.3%；市区犯罪指数36,096；主要企业有State of North Carolina，IBM，North Carolina State University，University of North Carolina，Duke University，Wake County Public School System，NorthernTelecom，City of Raleigh，Wake Medical Center，Glaxo Wellcome，American Airlines，BNR，Food Lion Stores，SAS Institute等。北卡罗来纳州的所得税率在6.0%至7.75%之间，视收入多寡而定；州买卖税率为6%；罗利地区不另征所得税，却另征买卖税2.0%；财产税率为市场价格的0.92%。